CROSS-BORDER
E-COMMERCE
OPERATION ON
MULTI-PLATFORM

你会做吗?

跨境电商多平台运营,

董振国 贾卓◎著

中国海关出版社

图书在版编目（CIP）数据

跨境电商多平台运营，你会做吗？/ 董振国，贾卓著.
—北京：中国海关出版社，2018.1
ISBN 978-7-5175-0255-5

Ⅰ.①跨… Ⅱ.①董… ②贾… Ⅲ.①电子商务—
商业经营 Ⅳ.①F713.365.2

中国版本图书馆 CIP 数据核字（2017）第 309493 号

跨境电商多平台运营，你会做吗？
KUAJING DIANSHANG DUO PINGTAI YUNYING, NI HUIZUO MA?

作　　者：董振国　贾　卓
策划编辑：郭　坤
责任编辑：郭　坤
责任监制：王岫岩　赵　宇
出版发行　中国海关出版社
社　　址：北京市朝阳区东四环南路甲 1 号　　　　邮政编码：100023
网　　址：www.hgcbs.com.cn；www.hgbookvip.com
编辑部：01065194242－7585（电话）　　　　01065194234（传真）
发行部：01065194221/4238/4246/4227（电话）　　01065194233（传真）
社办书店：01065195616/5127（电话/传真）　　01065194262/63（邮购电话）
印　　刷：北京天宇星印刷厂　　　　经　　销：新华书店
开　　本：710mm×1000mm　1/16
印　　张：16.25　　　　字　　数：259 千字
版　　次：2018 年 1 月第 1 版
印　　次：2018 年 10 月第 2 次印刷
书　　号：ISBN 978-7-5175-0255-5
定　　价：48.00 元

前　言

我们从事跨境电商行业十几年，经历了跨境电商行业各阶段的变化。从最开始通过邮件联系业务，到现在通过亚马逊、速卖通、WISH 和自建站等平台销售自主品牌产品，我们深深地感受到了跨境电商的魅力。跨境电商能高效地将中国制造的产品，以品牌的形式销售到世界各地。随着国家"一带一路"倡议的顺利推进，跨境电商的前景必然会随着中国经济的崛起越发光明。作为山西本土的跨境电商从业者，我们希望通过跨境电商这一渠道重塑晋商辉煌。

我们两人一直工作在跨境电商的一线，在实际操作过程中不断摸索和形成了一套系统的实操方法，并将此方法通过培训传授给了我们的学员，学员的业绩提升非常快。与此同时，我们也得到了很多学员的反馈，收集了各种各样的问题并找到了相应的解决方法，丰富和完善了我们的实操技巧。

我们认为，跨境电商成功的路有很多条，不局限于做某一个站点，也不局限于做第三方平台。通过亚马逊、速卖通可以做好，通过 WISH、LAZADA 可以做好，通过自建站也可以做好，通过外贸 SOHO 更可以做好……只要有跨境电商的思维、全球化的格局，学习和掌握了适合自己的方法一定可以成功！

在收到中国海关出版社的出版邀约后，我们非常希望将我们总结的实操方法提供给更多的人来学习和交流。本来预计的成书时间为 2016 年 10 月，但由于跨境电商平台的规则更新较快，为了更加符合跨境电商最新实操流程，为读者负责，我们对书中的内容做了几次较大的修改，也一直推迟了成书时间。不过，在跨境电商行业，任何努力和付出都值得。写书的过程对于我们自己也是一个反思和提高的过程。

关于本书，我们肯定这是一本真诚的作品。我们总结梳理了一线的操作经验，由浅入深地讲解了跨境电商多平台的运营方法。本书适合跨境电商新人入门学习，也适合有一定的跨境电商基础但急需提高的人学习。

全书介绍了亚马逊、速卖通、WISH、LAZADA 四大跨境电商平台的运营方法，并且详细讲述了如何同时进行多平台运营的技巧。书中提供的每个网络工具和技巧都是我们通过实战总结出来的，相信对大家非常有益。我们希望通过我们的总结节省大家运营跨境电商的时间，少走弯路，快速提升业务水平。

跨境电商是高薪就业的最好选择；

跨境电商是个人创业的最好机遇；

跨境电商也会是中国品牌走向世界的全新通道；

我们希望和您一起走出去！

最后关于本书我们一定要感谢家人的默默付出，同时要感谢我们环球易贸跨境电商培训基地的各位学员为本书提供的建议和数据。另外，我们要非常感谢中国海关出版社郭坤编辑，她对于本书的出版和内容的把关付出了很多心血。

董振国　贾　卓

2017 年 12 月 11 日

目录
CONTENTS

第二章 025 重点推荐的四个跨境电商平台

第五章 163 跨境电商站外引流

第六章 205 跨境电商终极之路——创品牌、自建站

第七章 237 跨境电商创新选品以及创意营销

跨境电商近几年在中国迅猛发展，该行业市场空间巨大、利润高、创新成本低，越来越多的人投入此行业，本章将告诉跨境电商新人从事该行业需要具备的资质和做好跨境电商的方法。

第一章

跨境电商多平台创业——项目简介

第一节　为什么要做跨境电商

一、什么是跨境电商出口

（一）跨境电商简介

跨境电商包括进口和出口两个方向，我们在本书中所介绍的均为跨境电商出口。

由于跨境电商进口业务受到国家政策管制、需求资金量极大等因素的影响，并不完全适合普通创业者从事，因此在这里我们不做介绍。

（二）跨境电商出口在我国的发展现状

2000 年左右跨境电商在我国开始萌芽，但受从业人员对相关政策和跨境电商本身认知度低等因素的影响，只有沿海发达地区很少部分的人在从事此业务，并没有形成规模。当时，跨境电商从业人员主要是通过独立网站和 eBay 等平台将产品销售到国外。

2010－2014 年，跨境电商在中国得到迅速发展，国内的跨境电商卖家队伍迅速壮大，越来越多的企业和个人认识到这个行业所具有的巨大商机和发展潜力。

2015 年国家开始规范跨境电商行业，出台了一系列扶持政策。亚马逊、WISH 和速卖通等跨境平台在 2015 年发展迅猛，中国从事跨境电商的人数明显增多，从业者对跨境电商的认知度也逐渐提高。

虽然跨境电商在中国已经度过了野蛮生长期，告别了卖什么都赚钱的阶段，但总体来说，在全球这个巨大的市场面前，中国的跨境电商仍处于早期或者是中早期发展阶段，依然拥有着巨大的潜力和无数的机会。我们希望通过本书后面的介绍，帮助大家全面认识跨境电商。

二、做跨境电商的优势

（一）跨境电商启动资金少，利于新人创业

从事跨境电商目前仅需要注册一个有限公司即可。注册公司费用、财务记账费用一年也不过3 000元左右，加上注册商标的费用（国内商标1 000元左右，美国商标4 000元左右），总费用也不算多。另外，入驻跨境电商平台基本上没有前期费用，跨境电商平台大多采用成交后扣除佣金模式（速卖通需要预交10 000元技术服务费）。

关于进货费用，新手可以采用分销模式和先接订单后进货的方式（后文会详细介绍），这样可以大幅度减少备货资金。

因此，跨境电商相较于其他行业，创业所需启动资金可以说是最少的，对于新人来说是最好的项目。

（二）跨境电商市场空间巨大

中国有海量的适合跨境电商销售的产品有待开发。

中国近些年虽然人力成本等有了提高，但"中国制造"的商品的品质也一直在提高。从事跨境电商的人都有感触，世界上非常多的国家极其依赖"made in China"的产品，且很多产品仅中国才生产制造。因此，有更多中国制造的产品等着我们去销售到世界各地的市场。

1. 海外大量的市场有待开发

我们可以从电子商务占社会零售总额的比重这个数据来做分析。目前电子商务最发达的是中国和美国，电子商务占社会零售总额的12%，欧洲地区占比在3%~5%，世界其他国家/地区电子商务占社会零售额的比重为1%左右，此外，还有非洲这样的电商处女地。根据权威分析机构预测，电子商务占社会总零售额的合理发展比例为15%。因此，我们可以看到，世界各地的电子商务都还有巨大的发展潜力，跨境电商红利期远未结束。

2. 行业运营效率的提升空间巨大

目前，中国大多数跨境电商企业的运营整体上还比较粗放，远没有达到

天猫和京东那样的精细化运营操作，这意味着这个行业目前还处于发展初期。如果你有意识地加强对跨境电商运营的学习和实践，那么你在这个行业获得成功的概率要大很多。

3. 创业者可以广泛"参与"

在跨境电商平台未出现或者未对中国卖家开放之前，面对中国海量的性价比高的产品，和潜力巨大的海外市场，大多数普通创业者只能望洋兴叹。大家可以仔细思考一下，在跨境电商出现之前，外贸行业的从事者，主要是有实力、具备出口资质的制造企业，熟悉外贸进出口规则的外贸公司和一些具备非常多进出口经验的外贸 SOHO（Small Office Home Office，家居办公）人。普通人由于经验不足、技能缺乏和不熟悉政策规则等限制是非常不易参与其中的。

而现在不一样了，你只要有一个普通类型的公司，懂一些跨境平台的运营规则，掌握一些选品的技能，你就能加入跨境电商这个潜力巨大的行业。

（三）跨境电商竞争相对小

我作为一个从事国内电商（天猫、京东）近十年的人，认为做跨境电商的竞争程度比国内电商要缓和许多，如表1-1所示。

表1-1

平台名称	每日流量	卖家数量
淘宝（含天猫）	3 000 万	1 000 万
速卖通	1 000 万	20 万

（四）跨境电商利润较高

我们公司做跨境电商是以欧美市场为主。大家都知道欧美人生活水平高，经济基础相对较好，但生活水平具体高到什么程度，大家都只有一个比较抽象的认识，我通过一个例子为大家来说明。

2017 年 6 月 16 日，亚马逊以 933 亿元人民币（亚马逊历史上最大的并购交易案）收购了美国全食超市（Whole Foods Market）。

美国全食超市被称为食品界的奢侈品，成立于 1978 年，在美国拥有 460

家连锁店，是全球首屈一指的天然有机食品超市。它销售的产品有两大特点：

（1）贵，而且贵得离谱，一斤土豆人民币70元，一个鸵鸟蛋人民币400元，一斤草莓人民币300元……人均年消费超过人民币10万元；

（2）产品质量好，主打天然、有机和健康，生鲜产品流通时间不超过6个小时，店面环境极好，来了就不想走……

全食超市的成功充分说明了只要产品够好，价格不是问题。它也向我们做跨境电商的人说明了，只要我们的产品够好，够有创意，那一定能获得更高的利润。

案例1：

资本市场认可

2016－2017年有多达十几家的跨境电商公司相继登陆新三板或创业板，且2017年有通拓、价之链和有棵树等跨境电商龙头公司被上市公司天价收购。资本的嗅觉是最灵敏的，哪个行业最赚钱、最有发展潜力，资本就会迅速地奔向哪里，这从侧面说明跨境电商潜力无穷。

案例2：

优秀代表

ANKER，中国跨境电商的代表，也是行业当之无愧的第一名（NO.1）。2016年美国亚马逊全类目销售排行前五名。它依靠充电宝这一类产品，仅在亚马逊美国站开设了一个店铺，采取精品化运营策略，将产品打造到极致，成为美国最受欢迎的充电宝品牌，拥有大批忠诚的"粉丝"。

小狗电器是通过淘宝网崛起的优秀的小家电淘品牌，主营吸尘器等小家电。在 2014 年之前，它几乎占据着淘宝网小家电市场的半壁江山，但是随着淘宝网政策的调整和传统线下大品牌的进入，小狗电器的市场份额迅速下滑，目前的月销量只有美的旗舰店的零头。

　　但是，小狗电器迅速转型，在跨境电商领域开辟了新天地，成为速卖通官方宣导的龙头示范店铺。

　　小狗电器的产品避开了国内市场的白热化竞争，在国外市场获得了更高的利润。图 1-1 和图 1-2，分别是小狗电器的同一款产品在天猫和速卖通的售价，分别是 399 元人民币和 247 美元。我认为把产品销往国外，且售价比国内市场高，这样的企业是非常厉害的。

图 1-1

图 1-2

第二节　跨境电商新手所担心的问题

我们通过和众多同行以及线下培训的学员大量交流发现，大家对于从事跨境电商这个比较陌生的新兴行业最多的疑惑集中在以下三点，分别是：语言、物流和货源。

一、语言

（一）英语不好不会阻碍跨境电商创业

做跨境电商是和外国人做贸易，因此，主要使用的语言和文字是英文。有非常多英文不好的朋友把语言看成是一道无法逾越的门槛。其实我本人英文也很一般，而且我们的团队中还有一个初中都没毕业的同事，他做亚马逊也一样做得很好。

（1）在跨境电商的贸易往来中你会用到的英文词汇比较固定，经过一段时间的学习和熟悉你就能掌握。

（2）大多数跨境电商平台操作界面都有中文版，非常简单，如亚马逊、速卖通和 WISH 等。

（3）国外消费者都习惯于用邮件沟通，很少使用即时通信工具（如中国淘宝上用的阿里旺旺等），因此你有充足的时间去翻译和回复。

（4）学会利用翻译工具，例如，谷歌翻译（https：//translate. google. cn/）等。

（二）利用工具解决翻译问题

谷歌浏览器自带强大的网页翻译功能，这个是我认为目前最便捷、最准确的翻译工具，是跨境电商人士必备的工具，下面我为大家演示它的使用方法。

（1）通过谷歌浏览器打开英文网站，在地址栏最右边会出现一个翻译按钮，见图 1 - 3。

（2）点击"翻译"按钮，即可完成整个网页的翻译，见图 1 - 4。

（3）点击"选项"按钮，可以选择网页语言、翻译语言。如果你点击了

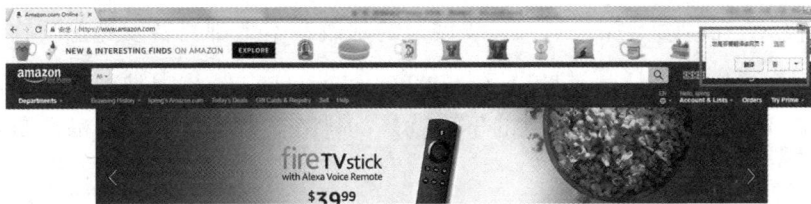

图 1 – 3

图 1 – 4

"一律翻译",之后你打开的所有英文网站都会被自动翻译,而不需你再去手动操作,见图 1 – 5。

图 1 – 5

通过以上几步,基本上可以让一个英文基础很薄弱的人无障碍地从事跨境电商。当然,在经营过程中你也要有意识地加强英文学习,英语水平越好对跨境电商的帮助当然也会越大。

二、物流

新手从事跨境电商工作第二个关心的问题就是物流，也就是如何把你销售的产品运输到国外。

这个问题在 2015 年以前确实是比较棘手的，所以从事跨境电商的人比较少。而近年来跨境物流的发展速度非常快，目前国际物流已经非常便捷。我主要为大家介绍两种方式。

（一）中国邮政

中国邮政旗下的国际物流产品主要有邮政国际小包、国际 E 邮宝（简称 E 邮宝）、国际 E 特快和国际 EMS 等。其中，E 邮宝的收费属于中等偏低，而物流速度属于中等偏高，是我们使用的主流产品。目前 E 邮宝支持派送的国家数量一直在持续增加，二、三线城市的邮政基本上都具备发送国际物流的条件。大家可以到官网（http：//shipping.ems.com.cn/）去查询和注册使用 E 邮宝，使用过程中需要注意的事项就是：利用 E 邮宝发货的产品总重量要低于 2 公斤。

E 邮宝的邮费也比较便宜，一个 300 克的包裹通过 E 邮宝发往美国的费用大概在 30 元人民币左右。

（二）货代公司

如果你所在的城市邮政不具备发国际物流的条件，还有一个解决办法就是通过货代公司。货代公司也就是货运代理公司，这些专业做国际物流发货的公司可以帮助你把产品发往世界各地，而且如果你的发货量大的话，他们的价格可能比中国邮政还便宜。

货代公司主要位于北上广深等大城市，你需要把货物发送到他们的所在地，然后由他们来发送。货代公司由于发货量大，一般都有运费折扣，比你自己发货要便宜。

目前国内比较大的几家货代公司主要是：

燕文物流（http：//www.yw56.com.cn/）；

递四方速递（http：//www.express.4px.com/）；

出口易（http：//www.chukou1.com/）。

大家可以分别到这些货代公司的网站查看运费试算，比如燕文的运费查询界面如图1-6所示。

（1）首先选择出发地，这个是根据你的所在地距离最近的货代发货地来选择的。

（2）选择目的地，即下订单买家所在的国家或地区。

（3）产品类型，即选择不同类型的快递方式。

（4）带电类型，选择产品是否带电和带电类型，不同的类型匹配的快递方式和费用也不同。

（5）重量，需要测算产品含包装的总重量，以克为计量单位，这个直接决定了运费。

通过对比各个货代的运费我们可以选择最实惠的方式。接下来就是联系客服，在货代网站上建立账户，将货物发到他们的库房，由他们进行国际物流发货。

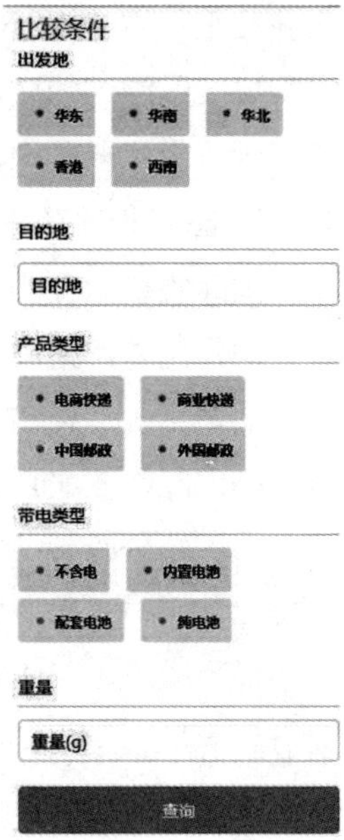

图1-6

三、货源

对于很多从未从事过商业贸易和电子商务的创业者来说，做跨境电商，选择什么产品卖到海外，是一个巨大的难题。那么，我要告诉大家找到可靠的适合跨境电商销售的产品非常重要。产品在跨境电商创业中的重要性超过60%，也就是说，找到好产品，也就成功了一多半。所以在本书第三章中，我们会用较大篇幅去介绍如何成功开发一个适合跨境电商的好产品。

第三节　做跨境电商的注意事项

一、做跨境电商需要具备的条件

（一）所需要的资质

1. 公司资质

目前入驻跨境电商平台的商家基本上都需要具有公司资质，以个人身份入驻几乎不被允许。在工商管理条例改革后，注册公司的成本大幅降低，原本需要实际缴纳的注册资金现在只需要认缴（即不需要实际出资），这极大降低了创业者注册公司的难度和费用。

2. 国际收款账户

国际收款中我们通常用的是由连连跨境收款提供的境外收款账户。这个账户的作用是用来收取你在跨境电商平台销售产品的收入。目前各大电商平台，如亚马逊、WISH、Ebay 等均不支持支付宝和国内银行卡收款，你必须注册一个国际收款账户来收取你在跨境电商平台的销售收入。

连连跨境收款（https：//global. lianlianpay. com）是由专业的第三方支付机构连连支付为中国跨境出口电商卖家量身打造的一款跨境收款产品，它可以帮助卖家安全、高效、灵活地管理跨境资金。连连支付的全球合作伙伴包括亚马逊、苹果、贝宝、美国运通公司、中国银行等，目前已为超过 1 亿用户提供支付服务，是跨境支付收款行业的领先者。开通一个连连跨境收款账户，你就相当于拥有了全球的银行账户。

下面我为大家介绍一下如何注册连连跨境收款账户，这个注册过程是完全免费的。

（1）访问连连跨境收款官方网站"https：//global. lianlianpay. com"，点击"注册"。

（2）注册连连账户。

首先，你要选择账户类型，由于目前入驻跨境电商平台基本上都需要公司资质，因此建议大家优先选择"企业用户"，见图 1－7。

点击"创建企业用户"或者"创建个人用户"，使用你的邮箱来创建登录账户，连连跨境收款平台将发送一封验证邮件到你的邮箱进行校验，见图 1－8。

校验完成后，在图 1－9 所示页面，设置你的账户密码、支付密码及密保安全问题。

（3）实名认证。

填写你的实名认证信息，企业用户填写企业信息，个人用户填写个人身份信息。请注意，在这里填写的实名信息，需使用提现银行账户户名所对应的身份信息，见图 1－10。

图 1-7

设置提现银行卡只能设置你实名认证后的本人银行账户，企业可以设置企业对公账户和法人的个人账户，见图1-11。

提交完这些信息后，就完成了连连跨境收款的账户注册。接下来我给大家分享一下如何申请境外的收款账户。

（1）申请境外收款账户

完成"实名认证"后，可以申请收款账户，选择你要申请的账户币种。

（2）选择账户币种，见图1-12。

（3）填写店铺信息，见图1-13。

填写店铺信息后，即可实时获得收款账户。拿到这个账户，你就可以将其填写在亚马逊卖家中心后台收款方式（Deposit Method）中，见图1-14。

图 1-8

在卖家中心设置完成后，这个账户就可以开始收款了。当亚马逊与你结算时，你的连连账户中就会自动收到这笔资金。在连连跨境收款中发起提现，这笔钱即可当日到达你设置的银行卡中。

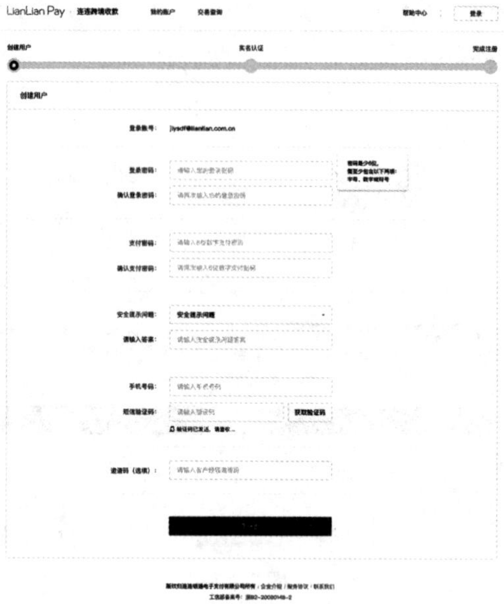
LianLian Pay
连连跨境收款
我的账户
交易查询
帮助中心
登录
创建用户
实名认证
完成注册
创建用户

图 1 －9

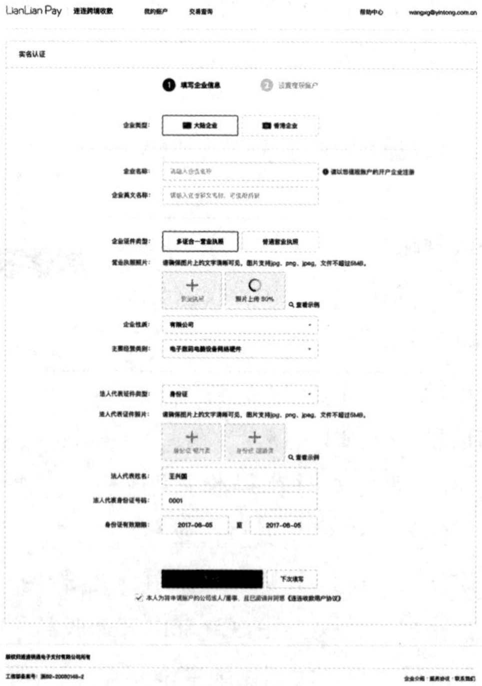
LianLian Pay
连连跨境收款
我的账户
交易查询
帮助中心
wangxg@yintong.com.cn
实名认证
填写企业信息
企业类型:
大陆企业
香港企业
下次填写

图 1 －10

图 1-11

图 1-12

3. 多币种信用卡

多币种信用卡是指你的国内银行的信用卡必须支持多币种结算，即你的信用卡卡片上必须有 VISA 或 Master 的标志。这样的信用卡主要是用在验证亚

图 1 – 13

图 1 – 14

马逊账户，支付亚马逊每个月的平台使用费等，其他跨境平台无须此卡。大
家可以看一下自己的卡片有没有这两个标识（有任何一个即可），如果没有，
你需要尽快去银行申请一张。根据我的经验，从股份制银行申请信用卡比较

容易，另外从自己平时资金流水较多的银行申请也比较容易。需要注意的是一定要和银行说清楚你申请的是多币种信用卡。

4. 品牌（商标）

有自己的品牌（商标）是你在速卖通进行跨境销售必须具备的资质。自己有商标或者取得授权商标都可以。目前在其他平台暂时还未有品牌方面的强制要求。

品牌是一个企业最重要的利器。打造一个好的品牌，能够使自家产品在众多产品中脱颖而出，赢得顾客的印象和好感。尤其是在对外贸易中，品牌更加重要。

品牌（商标）属于不可再生资源。也许你已经想好了产品的品牌名称和标识（LOGO），但是如果被别人抢注了，那你就永远也拿不到你心仪的品牌名称，只能去更换了。

品牌（商标）注册时间漫长，从注册到拿到正式注册商标，国内商标需要 2 年左右，美国商标需要 8 个月以上。因此，如果你确定要投身跨境电商行业，不妨现在就开始注册一个属于自己的商标。

（二）所需具备的知识和学习能力

做跨境电商一定要有终身学习和拥抱变化的态度。电商行业，唯一不变的就是变化，你一定要做到坚持学习并持续地进行实践和总结。

跨境电商人需要圈子，并且要学会花时间"玩"圈子。新手要"玩"新手圈子，高手要"玩"高手圈子。因为跨境电商的机会和陷阱总是层出不穷，圈子带来的一手信息，往往可以让你少走很多弯路。电商，几乎每个月都有新玩意、新创意、新模式和新规则出现，不玩圈子讨论这些，你真的跟不上发展速度。所以你要找到和自己同水平并且不断进步、愿意和你交流的商家。

二、做跨境电商的注意事项

（一）账号安全

跨境电商有着很多不同于其他行业的特殊规则，如果你不懂，或者没有人告知你，你很容易就掉进规则的陷阱中，并产生很严重的后果，比如，封账号等。因此，了解关于跨境电商的规则和注意事项是非常重要的。下面我为大家介绍最容易碰到的两类影响账号安全的事项。

1. 账号关联

（1）什么是关联？

我们首先要了解平台出台关于关联规定的目的。首先，平台制定关联规定是希望卖家之间的竞争聚焦在产品和服务上，而不是重复铺货以求得更多的曝光，进行不公平的竞争；其次，平台的关联规定体现的是一切以客户为中心，重视客户体验，重视商品，轻店铺。

所以，大多数的跨境电商平台只允许同一个卖家开设一个店铺，如果跨境电商平台通过技术手段获取卖家相关信息，匹配关联因素，判断多个账号属于同一个卖家，这个就叫关联。

（2）关联的后果。

根据关联因素的强弱，产生关联后的店铺有以下三种后果。

即刻执行：即所有关联在一起的店铺都被解除销售权限，被关店。这个结果通常是由强关联因素造成的（如在同一台电脑登录不同的账号），而且此类封店很难申诉回来。

缓期执行：即所有关联的账号仍可正常运营，和正常店铺没有任何区别，但若其中一个店铺出现问题，比如由于侵权、售假等导致被处罚、封账号，这很有可能会使其他相关联的账号受到牵连，被封店，一损皆损。

下架产品：关联账户且产品交叉（即上传有一模一样的产品），新账号的所有交叉产品会被强制下架。

由此可以看出，关联造成的后果是非常严重的，而最严重的是，如果店铺产生了关联，是没有办法解除的，即只要产生关联，就是不可逆的、永久性的，直到店铺不存在。这个也是新手遇见的最多的问题。我在做跨境电商初期也曾有关联的账号，因而我们需要了解如何能避免关联。

（3）如何防止关联。

①注册账号及登录后台账号时使用"干净"的电脑、手机号、网络及路由器。何谓"干净"即从未注册过跨境电商平台和登录过后台。简单地讲，在注册账号和登录跨境电商后台时一定要使用自己的个人电脑，并且尽量

在家中的网络环境下注册，切勿使用公用电脑和公用网络，因为你无法确定使用这个电脑和网络的人中有没有人也在做跨境电商。否则，很容易产生关联。做跨境电商，一定要养成不使用他人的电脑，不轻易登录他人的网络的习惯。

②如果你有不止一家公司要注册多个账号，那你一定要注意，注册时的账号信息一定要不同，包括注册时的电子邮箱、地址、密码、收款账号及其他所有要填写的信息。

③如果你有不止一个账号，那你一定要保证上传的产品有30%以上是不一样的。

④如果你有不止一个账号，在操作习惯上也要有所不同，比如，不要在固定的时间统一处理订单等。

2. 知识产权

知识产权在国外尤其是欧美，是受到高度重视和极其严格的法律保护的。侵权是中国卖家经营跨境电商店铺被处罚的最常见的原因之一，也是导致店铺受到处罚最严重的行为。

我们做跨境电商必须对侵犯知识产权的行为给予高度重视，要想达到这个目标，你需要做到以下几点。

①假货、仿货等严重侵权产品绝对不要碰，否则轻的处罚是关闭店铺，严重的情况还很有可能遭遇一场跨国官司。

②在店铺中不得使用未取得授权的企业名称和商标名称。要么用自己的品牌；要么用别人的品牌，但是一定要事先取得合法授权。

③在产品中不得使用未取得授权的品牌词。

④在图片中不能出现未取得授权的品牌图案，产品中的卡通图案，迪士尼和漫威动画的卡通图案是导致侵权的高危因素。此外，一定要小心服装产品出现外国模特，因为未取得模特的肖像权授权也很容易触发侵权。遇到这种情况解决办法也很简单，截取掉模特的面部，只展示服装即可，这个也是亚马逊上常见的方法，见图1-15。大家注意在图片中严禁打马赛克，有人做国内电商会将侵权的图案或者LOGO打部分马赛克来钻规则空子，但是在严格的欧美知识产权法律下，即使打马赛克，将侵权内容完全遮住，也会被认为该产品有侵权行为。

图 1 – 15

⑤产品设计不能侵犯其他品牌产品的外观和设计专利知识产权。这个较为复杂，需要大家平时多积累，而且要了解自己的产品，这类侵权在首饰产品中比较常见。

（二）不宜在跨境电商平台上销售的产品

1. 食品

首先，进出口食品类产品需要面对严格的检疫和检验，手续烦琐。例如，出口美国的食品必须有美国食品药品监督管理局的认证。

其次，由于跨境出口的物流时间较长，而某些食品保质期较短。

2. 过重、过大的商品

由于跨境物流的费用相对较高，占跨境运营成本的比重也很高。过重、过大的商品的跨境运费较高，会导致运营成本及退换货的成本提高。

3. 电池类、液体类和磁铁类产品

这几类产品是由于航空物流风险管制等因素导致不方便运输。

虽然我列出了这三类不宜做跨境电商的产品，但大家一定要明白，我所说的是"不宜"而并非绝对不能。这些不宜做跨境电商的产品是因为大家在新手阶段对产品、物流不熟悉，做这三类产品会遇到很多的障碍，但是随着逐步学习，逐渐熟悉物流后，是有办法通过渠道做这些产品的。而且这种有门槛的产品会过滤掉很多的竞争对手，从某种程度上来说，是更有潜力成为爆款产品的。

第四节 如何做好跨境电商

关于如何做好跨境电商，本身就是一个非常大的课题。展开来讲，需要非常多的内容和篇幅。针对新手，尤其是很多还没有开店的初学者来说，我主要做一下纲领性、概况性的介绍。

做好跨境电商，主要需要做好选品和运营两个方面。

这两者的重要性我认为各占50%，它们之间的关系，很像是歌手和经纪公司之间的关系。产品就像是一个歌手，有好的基本功和好的外形，加上好的经纪公司的包装（运营），那走红的概率一定很高（成为爆款）。

如果歌手能力、长相都一般（产品质量不好），再好的经纪公司也很难将其包装成功；或者歌手素质很高，但遇上了一个不可靠的经纪公司（运营不得当）也很难走红（成为爆款），因此，选品和运营相辅相成，缺一不可。

对于新手来说，开店后首先遇到的是选品问题，我们在后面专门准备了一个整章来介绍选品，这里我们先将运营的关键点给大家介绍一下。

一、做好跨境电商运营

想做好跨境电商运营，首先我们要了解电商行业提高销售额的通用公式：

$$销售额 = 流量 \times 转化率 \times 客单价$$

流量：即你的产品和店铺每天获得访客访问的总次数，流量越多对店铺的销售额越有帮助。

转化率：即当天在你店铺产生购买行为的次数占总流量的比率（如果你店铺每天有1 000人访问，其中有30人在店内下单购买，转化率为30/1 000 = 3%）。同样，转化率越高对店铺的销售额越好。

客单价：即所有在店内被下单的产品的平均售价。客单价越高，店铺销售额可能也越高。

了解了这三个影响店铺销售额的指标，那么我们来分别介绍下应该如何去优化这三个指标。

（一）流量的提高

1. 多店铺、多产品

每多一个店铺，多一个产品就会多一份流量，多一份出单的可能性，所以多平台、多产品操作一直是跨境电商行业最常见和最有效的操作手法。但我所提倡的并不是传统的无限制的铺货模式。首先，我们从众多的平台中精挑细选了四个跨境电商平台推荐给大家（亚马逊、速卖通、WISH、LAZA-DA），另外产品上传数量也要适度，要有合适的方法来选品。

2. 广告推广

目前，跨境电商总体的广告推广成本并不算高，效果也不错。尤其是亚马逊平台的广告推广确实可以起到协助打造爆款的作用。

3. 站内搜索优化

站内搜索优化需要我们认真学习每一个平台的搜索规则，并且逐步学会优化关键词等技能。

4. 站外引流

站外引流主要是指通过国外比较流行的社交软件，如 Facebook（脸书）和 Instagram（照片墙）等将流量引导到我们的店铺上来产生交易。

这个方法目前虽然也是比较有效的操作方式，但是我建议大家掌握好站内的搜索优化后再去学习站外引流，这是一个循序渐进的过程。

（二）转化率的提高

1. 图片质量

电商的本质还是通过图片来引导成交，因此，图片的质量对订单转化率和店铺销量的影响非常巨大。

这就要求我们首先对产品的拍摄要清晰，修图质量要高，产品展示的角度要全。另外，产品图片也要有创意，和同类产品相比有差异。这样才能在众多的产品中脱颖而出。

2. 产品价格

价格较低的产品赢得订单的概率更大。但是，你一定要注意利润率，不赚钱的买卖都是浪费时间。做跨境电商利润率是较高的，产品价格无须降低太多。

3. 好评

国外的电商买家和国内买家一样对于产品的评价非常在意。产品的好评率对于订单的转化率起到了决定性的作用。

而好评的获得和产品质量是密不可分的。这个也对我们做跨境电商选品提出了要求。你一定要找优质的产品来满足欧美高端消费者的需求，这样我们才可以获得更多的利润。

(三) 客单价的提高

1. 有竞争力的产品客单价

有竞争力的产品客单价可以有效地提高订单转化率，从而提高店铺销售额。

2. 品牌溢价

这个就是我们前面重点强调的品牌的作用。

3. 如何定价

对于做跨境电商的新人来说，如何定价是一开始就要面对的问题。我为大家来介绍一下定价的方法。

首先，产品的定价是由成本和利润率组成的，而成本主要包括产品成本、物流成本、运营成本、推广成本等。

这里面产品成本，即产品采购价很好确定，物流成本根据产品的重量、体积和主要销往的国家也可以很容易测算出来，而运营成本和推广成本等需要根据自己店铺的实际情况来做出大致的计算。

利润率也要自己根据公司的实际情况和你对产品的盈利预期以及产品本身在市场中的竞争情况来做出预算。

确定好成本和利润率后，我们还要了解每个平台对产品的销售都有佣金抽成，这个也是我们要重点考虑的成本支出。

亚马逊大部分类目的扣点是15%，那么我们假设产品定价是 X，通过一个简单的方程式即可计算得出：

$$成本 \times (1 + 利润率) = X \times (1 - 15\%)$$

得出 X 后通过人民币兑换美元的汇率计算出美元价格即可。另外，产品在不同时期的定价也可以根据不同情况设置。例如，新上架的产品处于新品期，你可以制定略低的价格，来迅速获取订单，提升搜索排名，积累好评。

产品逐渐能获得稳定的订单后，可以适当提高价格获取更多的利润。

产品在不同的市场环境中的定价也可以适当调整。例如，同样的产品在亚马逊和 LAZADA 上可以采取不同的定价，因为亚马逊主要以欧美高端消费者为主，而 LAZADA 面对的是东南亚的中低端消费群体。

二、要用做实体店的方法做跨境电商

如何理解这一点呢？首先，我们一定要明确，做跨境电商绝不是什么也不考虑。不做市场调查就把产品上传上去是很难做好跨境电商的。

我们可以设想一下，假如你要开一家实体店需要做哪些工作。

首先要选址，其次还要去了解你周围的竞争对手有多少，竞争对手的产品有什么特点，自己的产品有什么优势和劣势，还要知道周边的消费者大体是什么人群，收入水平如何等众多因素。

那么，我们做跨境电商也一定要考察这些因素，做一定的市场调查。对于竞争对手和产品的优劣势以及主要的消费者情况一定要有了解。如果你不做任何分析，盲目地去开店、进货、上传产品，获得成功的概率一定不大。

三、做跨境电商要稳扎稳打

做跨境电商要分为三个阶段。

第一个阶段，我们要当海绵，通过各个方式、各个渠道拼命地学习、实践来提高自己，迅速地掌握跨境电商各个方面的知识和运营技巧。

第二个阶段，从小卖家走向中卖家、大卖家，这一路上一定会遇到很多的竞争，包括正常的价格战以及不上台面的不正当竞争。这个阶段是最难过的阶段，我们必须更加强大才能顺利地走过去。如果无法应对激烈的竞争，那么我们就会停滞不前，甚至被市场淘汰出这个行业。

第三个阶段，如果我们经历千辛万苦度过了前两个阶段，成为行业领头人之一。那么此时我们可能是实现了财务自由、人生目标的大卖家，也可能成为被高价收购或者直接登陆资本市场的上市公司。

我们团队运营跨境电商多年，操作过很多平台。综合多种因素，我认为这四个平台是做跨境电商不容错过的，分别是速卖通、WISH、LAZADA和亚马逊。我将通过自己实战运营的经验和感触对这四个平台进行介绍。

第二章

重点推荐的四个跨境电商平台

第一节　速卖通

一、平台简介

速卖通，全称阿里巴巴全球速卖通（Aliexpress），成立于 2010 年，是阿里巴巴旗下的面对全球市场打造的在线跨境电商平台。速卖通是这四个跨境电商平台中唯一一个由中国公司创办、主要由中国卖家组成的跨境电商平台，也是目前全球电子商务网站中无论是流量还是交易量均排名前五位的电子商务平台。

速卖通早期被称为"国际版淘宝"，在 2016 年之前开店门槛非常低，只需一张身份证和 1 000 元保证金即可开设速卖通店铺。在 2016 年速卖通完成了店铺企业化和产品品牌化两项重大改革，用了一年时间走完了从淘宝到天猫十年的路。所以现在的速卖通也被称为"国际版天猫"。这两者的主要区别就是从 C2C 升级为 B2C，简单地讲，就是现在速卖通开店门槛高了，店家必须有公司资质，费用也随之提高。

（一）速卖通开店资质和费用

（1）开店资质必须是公司资质，个人身份无法再申请开店资质。之前通过个人身份开设的店铺也必须升级为企业店铺，否则会被关闭。

（2）发布产品必须有品牌，或者是自有品牌，或者是合法取得的授权品牌。

（3）大部分类目每年技术服务费 10 000 元人民币，销售额达到 40 000 美元全额返还，销售额达到 20 000 美元不到 40 000 美元返还一半费用，即 5 000 元人民币。

通过速卖通发布产品没有费用，大部分类目销售产品要扣取 8% 的交易佣金，即你的产品售价 100 美元，成交后平台方扣取 8%，实际到账是 92 美元。

（二）速卖通提高门槛的影响

虽然速卖通门槛提高增加了创业者进入的成本，但是对于专业从事跨境电商做速卖通的卖家来说其实是好事。通过资质和费用的增加天然地筛选和排除掉了非常多的不专业卖家，使市场得到净化。速卖通目前的卖家数量在 20 万左右，而在企业化和品牌化改革之前的卖家数量要数倍于这个数字。因此改革降低了竞争激烈程度，减少了很多不正当的竞争，留下来的卖家有机会获得更多的流量和订单。

通过大幅度减少不专业卖家的数量和产品的品牌化改革，在速卖通上销售的产品品质有所提升，逐渐得到了欧美发达国家的认可。

速卖通早期是通过低质低价的产品策略在俄罗斯以及南美洲迅速占据市场，而经过改革升级后，速卖通交易量排名全球第二的国家已经是老牌跨境电商亚马逊和 eBay 的发源地美国。此外，速卖通在英国和法国等国也取得了很好的成绩。在 2016 年的"双 11"，速卖通收到了来自全球 180 多个国家和地区的订单。速卖通在很多国家和地区也在进行大手笔的广告推广，比如在美国很多大城市的主要地铁站都有速卖通的大幅广告。

小贴士

速卖通近 40% 的订单来自俄罗斯，速卖通是俄罗斯第一大电商网站，在俄罗斯本土占据着压倒性的市场地位，相当于中国的淘宝。因此我们做速卖通的运营和选品时都要适当考虑俄罗斯市场的需求。

二、速卖通注册流程

速卖通店铺的注册流程不同于其他跨境平台的一个主要特点在于，速卖通需要先注册企业版支付宝。

（一）企业版支付宝的注册

（1）注册前提，你得拥有一家公司。

（2）打开"https://www.alipay.com"，点击右上角的快速登录后选择注册，见图2-1。

图2-1

（3）选择企业账号，注意企业账号注册只能使用邮箱，不能用手机号，见图2-2。

图2-2

（4）点击"立即查收邮件"后，进入邮箱点击收到的邮件中的"继续注册"按钮，见图2-3、图2-4。

（5）设置完密码后开始企业实名认证，填写企业的基本信息和法人信息，并上传企业营业执照和法人身份证图片。

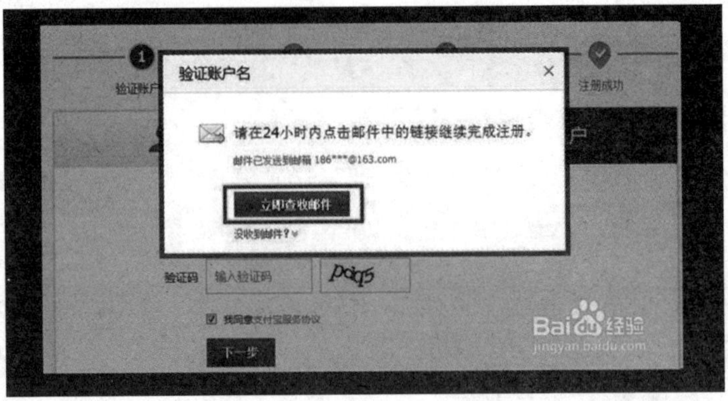

图 2 - 3

图 2 - 4

（6）认证企业银行信息。填写企业开户银行信息后，等待人工审核，审核通过后支付宝在 1~3 个工作日内会向企业开户银行打入一笔 1 元以内的资金。你收到后填写确认金额即可完成认证，见图 2 - 5。

（二）速卖通的注册

（1）打开"http：//seller. aliexpress. com/"。

（2）输入电子邮箱等常规信息进行注册，需要注意的是你填写英文名以后，店铺展示以及和国外买家联系过程中都显示这个英文名，所以最好取个好听、好记、不生僻的英文名，见图 2 - 6。

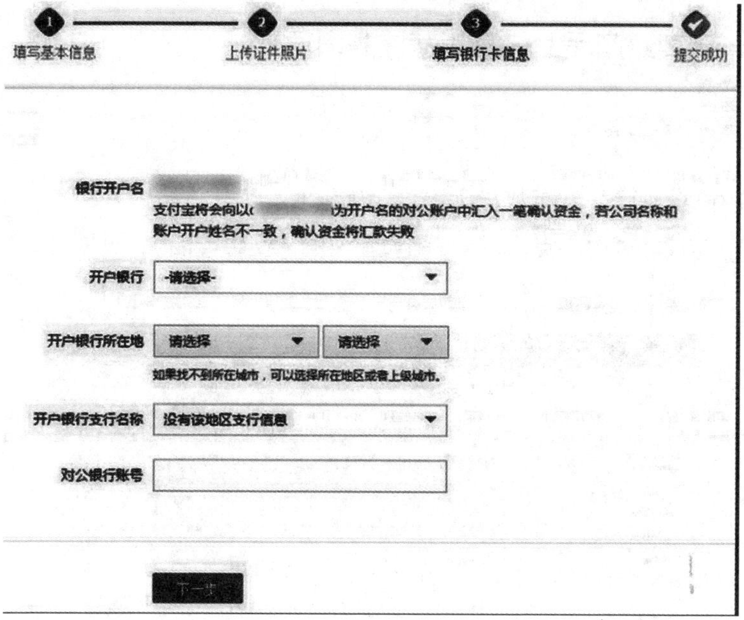

图 2-5

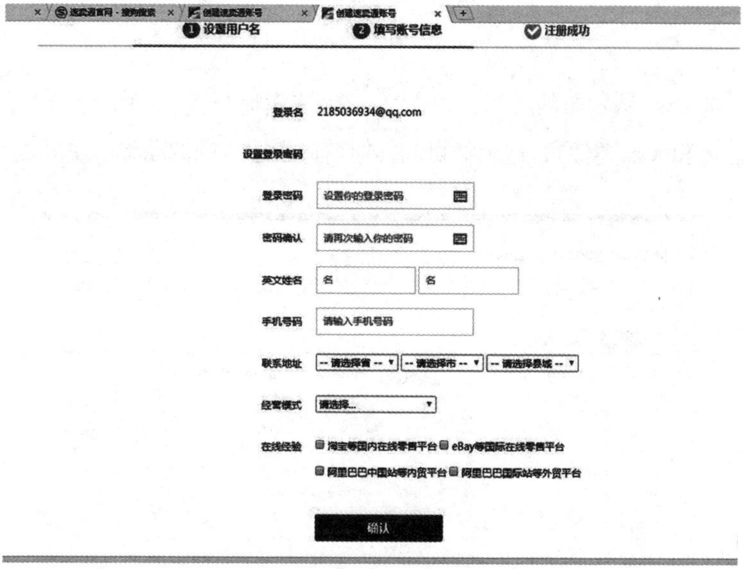

图 2-6

（3）注册完成后绑定好之前注册的企业支付宝即可完成速卖通店铺的注册。在提交品牌和缴纳费用后，你就可以正式发布产品，开始销售了。

三、速卖通产品上传及运营注意事项

(一) 产品上传

(1) 速卖通产品发布数量上限为 3 000 个。

(2) 进入卖家中心点击"产品管理"—"发布产品"，见图 2-7。

图 2-7

(3) 选择产品发布的类目，见图 2-8。速卖通只允许一个店铺发布一个类目的产品（和天猫类似），这个类目和你申请速卖通认证的品牌所属的类目相关。

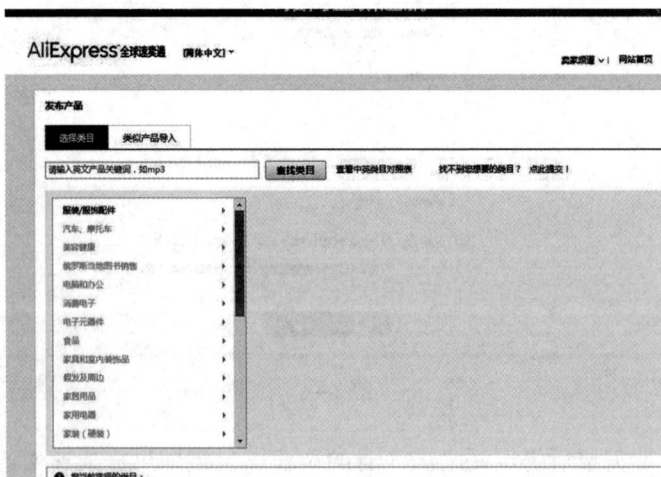

图 2-8

（4）填写产品信息，加"＊"号为必填项，非必填项也建议都填写完成，填的属性越完整，搜索权重越高，见图2-9和图2-10。

图 2 - 9

图 2 - 10

（5）产品图片要求不高，保证首图的像素为 $800 \times 800px$ 及以上即可。当然图片质量越高越有可能提高产品的转化率。

（二）产品价格

速卖通整体上的产品定位还是中低端，因此产品定价也应以适合中低端客户需求为主。运营速卖通经常要参加一些平台促销活动，而你产品的折扣越低越容易参加到活动中。为了保证产品的利润，你可以将产品的价格（原价或是市场价）定得高些，再通过速卖通打折工具将价格打折（其实和大家常见的淘宝商品的"原价99""折后价9.9包邮"一个道理）。

（三）速卖通商家与客户的沟通方式

1. 国际版旺旺
国际版旺旺类似于我们使用的淘宝网的旺旺聊天工具，但国外买家几乎不用这个，你基本上不用下载使用。

2. 站内信
站内信就是通过速卖通平台互相发送邮件，这个也是目前主流的沟通方式。由于国外客户的沟通习惯是通过邮件，他们对及时性不是很在乎，你可以有充分的时间去翻译文字，回复邮件。

（四）速卖通的发货时间

速卖通默认发货期为7天，遇到国内的节假日还可以顺延（比如春节的发货期在20天左右）。当然发货越快，货物越快到达买家手中，店铺和产品获得的评价会越好。

第二节　WISH

一、平台简介

WISH是近几年异军突起、发展十分迅猛的一个跨境电商平台。在我看来，WISH是一个很神奇、很独特的跨境电商平台。

WISH是一款纯移动端购物平台，即WISH是一款手机应用软件，买家的所有购物行为都发生在手机等移动设备上。它在2013年开始转型做跨境电商，发展极其迅速，在2016年年底已经拥有了3.3亿注册用户，日均活跃买家达到700万人。它目前是世界排名前五的电子商务网站。

WISH的两位创始人是来自欧洲的Peter和来自中国的张晟，两人在创立

WISH 之前分别就职于谷歌和雅虎。两人均为典型的技术狂人，他们将独特的信息技术（IT）和搜索算法引入 WISH，以至于目前没有多少人能弄懂 WISH 的搜索算法和商品推送机制。

WISH 的卖家 70% 以上是中国卖家，它的用户以北美人和欧洲人为主。客户定位在中低端，和亚马逊正好做出了差异化，亚马逊主要面对的是欧美的中高端人群。WISH 的客户年龄层次偏低，以"90 后"为主。70% 的用户是女性，而 30% 的男性用户占据了 WISH 支付金额的 70%。这个数据可以为我们做 WISH 的选品提供参考，即销售女性用品应该找价格偏低的商品，而男性用品可以选择价格偏高的商品。

二、WISH 注册

（一）WISH 的注册资质和费用

WISH 是目前唯一还可以以个人身份注册的平台，但是我们通过 WISH 的招商经理了解到，WISH 在中国区审核开店的团队仅有 6 个人，审核原则就是先审核具有企业资质开店的用户，再审核以个人身份开店的用户。因此通过个人身份申请 WISH 店铺的审核时间极长，失败率也高。C2C 个人开店模式逐渐被平台淘汰，所以，还是注册一家公司来做跨境电商更合适。

WISH 开店没有任何前期费用。你需要支付的就是商品销售佣金，大部分类目产品的佣金都是 15%。

（二）WISH 注册

（1）登录"https：//www. merchant. wish. com"，并点击"免费使用"，见图 2 - 11。

（2）进入"开始创建您的 WISH 店铺"页面，请注意，邮箱地址就是用户名，你要输入常用邮箱，以便接收订单信息，见图 2 - 12。

（3）进入"添加你的联系方式"页面，注意，地址必须精确到 × × 室，否则审核不通过。另外，需要注意的是此页面用中文填写，见图 2 - 13。

（4）进入"告诉我们更多关于您的店铺情况"页面，在这个步骤要填写你将要运营的 WISH 店铺的一些情况，这里需要填写你运营的其他跨境电商

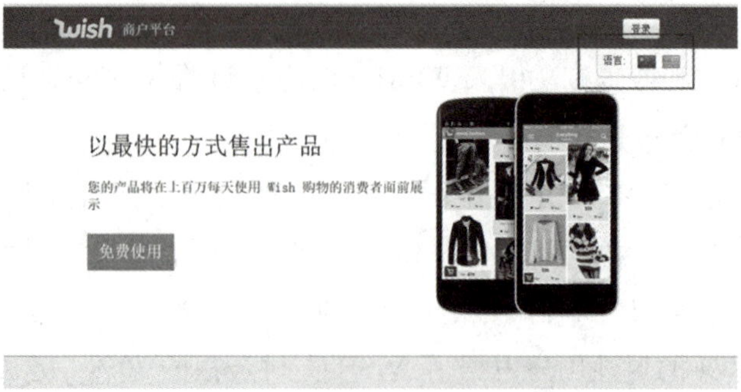

图 2－11

开始创建您的Wish店铺

邮箱地址　　示例：merchant@example.com

店铺名称　　店铺名称

密码　　输入密码

密码强度

确认密码　　请再次输入您的密码

验证码 ❷　　CXTFXI

请输入上面的代码

创建你的店铺

图 2－12

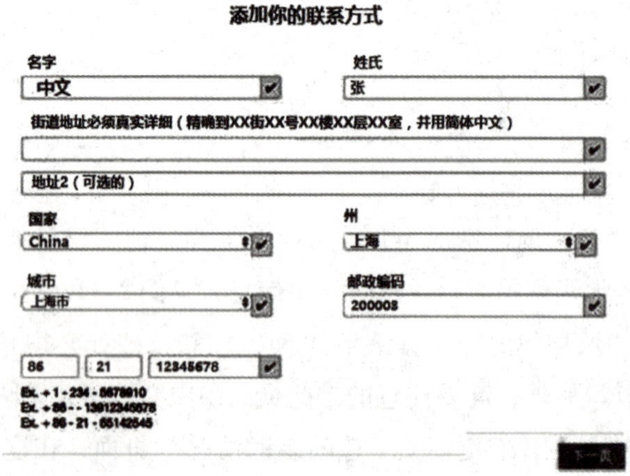

添加你的联系方式

名字　　　　　　　　　　　　姓氏
中文　　　　　　　　　　　　张

街道地址必须真实详细（精确到XX街XX号XX楼XX层XX室，并用简体中文）

地址2（可选的）

国家　　　　　　　　　　　　州
China　　　　　　　　　　　上海

城市　　　　　　　　　　　　邮政编码
上海市　　　　　　　　　　　200008

86　：21　12345678

Ex. + 1 - 234 - 5678910
Ex. + 86 - - 13912345678
Ex. + 86 - 21 - 65142545

下一页

图 2－13

平台的名称和网址。这是 WISH 对你公司实力的一个考核，如果你还没有其他店铺，那么搜索一个其他人的店铺填上，也是可以的，一定别空下，见图 2 – 14。

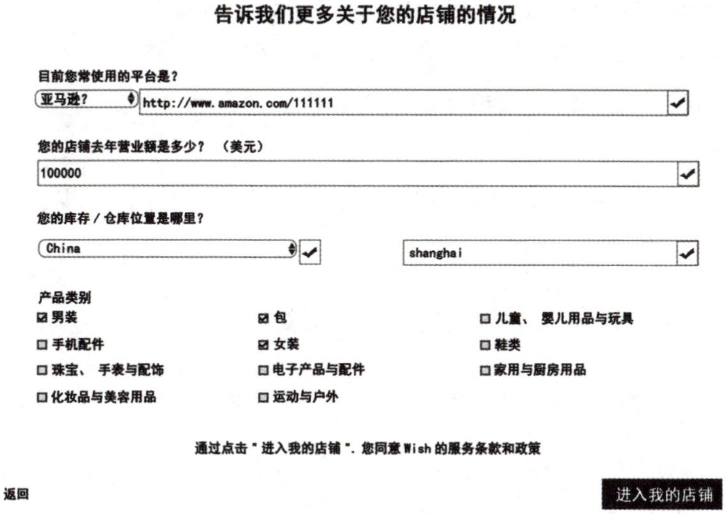

图 2 – 14

（5）验证邮箱和手机号。

（6）添加 Payoneer 卡，简称 P 卡，中文名叫派安盈，以便之后收款，见图 2 – 15。

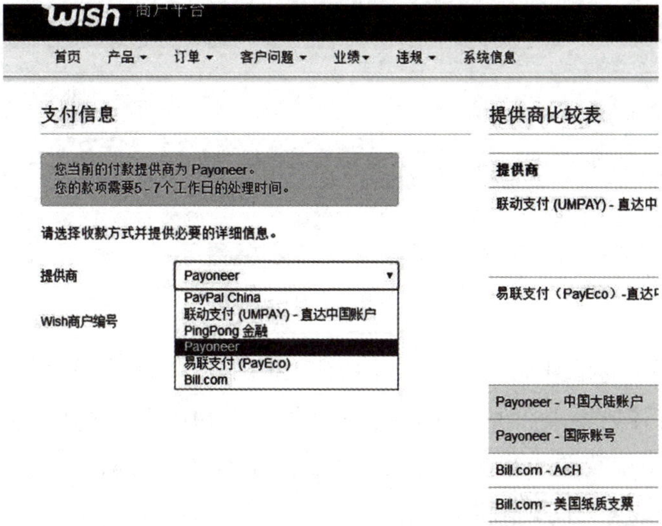

图 2 – 15

（7）在店铺中添加一个产品，此步骤在下一章详细讲述。

（8）最后一步也是最重要的一步，验证店铺。验证店铺需要法人手持当地、当天报纸和身份证拍照上传，特别要注意以下事项。

①拍照环境很重要，一定要以正规的办公场所为背景。

②照片一定要同时清晰地展现法人身份证信息和手持的当地、当天报纸的日期。

因为照片不合适是 WISH 店铺审核不通过的主要原因，所以，大家一定要重视这个环节。

三、WISH 产品上传和运营注意事项

（一）产品上传

（1）点击"添加产品"进入产品发布页面，分别用英文填写标题、描述、标签（标签特别重要，用于客户搜索产品，最多你可以设置 10 个标签，在第四章会具体讲解如何填写标签）、Unique ID（商品编码，可以自定义），见图 2－16。

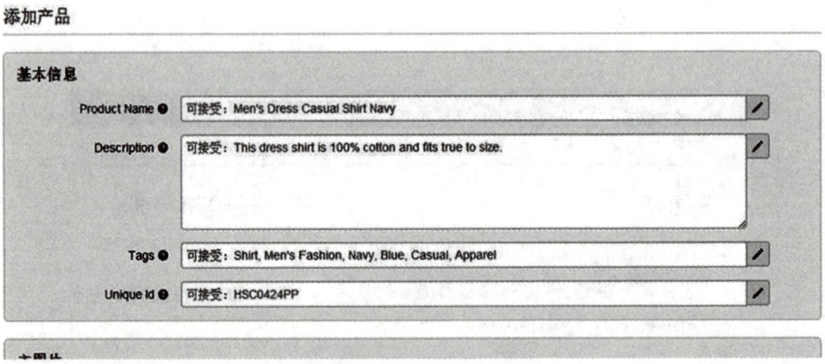

图 2－16

（2）添加商品图片。一共可以添加 10 张图片，图片像素大于 $800 \times 800px$ 即可，没有其他要求。但要注意的是，由于 WISH 产品都是在手机端展示，相对于 PC 端图片要小很多，所以图片上如果有文字的话要注意字体不能太小，以免造成客户阅读困难。

（3）价格、邮费、库存和运送时间的填写，见图 2－17。

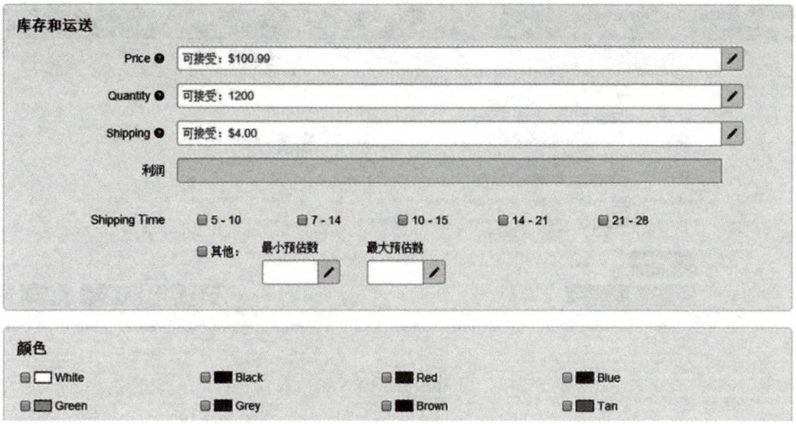

图 2 – 17

由于 WISH 规定商品不包邮，要设置邮费，所以你要分别填写产品的售价和邮费，单位都是美元。

运送时间要根据我们测试的实际情况真实填写，你要保证在填写的时间范围内货物能运送到达客户手中。

（4）WISH 默认有 5 天的备货发货期，切记要在 5 天内点击发货，否则会造成自动退款。

（5）WISH 上传产品的数量和类目没有限制，只要不是违禁品都可以上传。

（二）WISH 对仿品和侵权产品的审核极其严格

有时候自有品牌和独立设计的产品都会被判断为仿品。因此，大家在选品上一定要小心谨慎。另外，上架产品后可以立即用店小秘（一款能提高十倍工作效率的跨境电商专业 ERP，后面会为大家详细介绍）的仿品检测功能做个预先检查，也能在一定程度上查出是否为仿品，见图 2 – 18。

（三）利用 SNS 营销

WISH 的用户绝大部分来自于移动端，流量也有一大部分是来自于欧美流行的社交软件，如 Facebook、Instagram 等 SNS 平台。想做好 WISH 的卖家可以把这些社交软件作为营销渠道，通过互动活动等引导用户参与和关注你的

图 2 – 18

WISH 店铺，达到站外引流的目的。

（四）选择有特色的热销产品

WISH 平台销量排名前五的产品类目分别是：Fashion（时尚）、Gadgets（工具）、Hobbies（玩具）、Beauty（美妆）、Home（家居用品）。这些类目中的优质低价商品最受买家的青睐。卖家要根据买家的需求上传有特点、有创意的高性价比产品。

（五）标题、产品描述要清晰

WISH 平台淡化店铺的概念，也弱化了搜索，主要根据用户的行为判断用户的特点和喜好来推送商品。因此 WISH 产品的标题和产品描述应该简洁、清晰，不用堆砌关键词，把产品的基本要素描述清晰即可。WISH 平台推送权重最大的是标签（Tags），你一定要认真填写标签，而且要将 10 个标签都填写完整。在后文我会为大家介绍非常好用的帮助大家填写标签的工具。

（六）提高店铺活跃度

WISH 平台对店铺的活跃度要求很高，如果店铺能持续上新品，那么它获得的流量会不断提高。如果你没有那么多的新产品上架，我也教你个技巧来提高店铺的活跃度。你可以每天将店铺的一部分产品，比如 15 个产品的价格调低 0.01 美元，第二天再调回去。通过这样的操作也可以提高店铺的活跃度。

第三节　LAZADA

一、平台介绍

LAZADA 是东南亚地区最大的电商购物平台，无论知名度、市场占有率、流量和销量在东南亚地区都是首屈一指的。

LAZADA 是德国著名的创投公司 Rocket Internet 在 2012 年创建的，总部在新加坡（该公司另外创办有拉丁美洲最大的电商网站 Linio 和非洲最大的电商公司 Jumia，这两家同样创立在电商不发达地区的网站都拥有着巨大的发展潜力，也是我们公司重点考察的对象）。

阿里巴巴分别于 2016 年、2017 年各投资 10 亿美元，总计 20 亿美元入股 LAZADA，占 LAZADA 股份的 83%，取得绝对控股地位，也就是说 LAZADA 目前是阿里巴巴旗下的公司。值得注意的是阿里巴巴先是在 2016 年 4 月投资了 10 亿美元后，又于 2017 年 7 月，也就是短短的一年后，又追加了 10 亿美元，这足以看出阿里巴巴对 LAZADA 的认可和信心。

LAZADA 目前在东南亚地区六个国家开设站点，分别是马来西亚、新加坡、印度尼西亚、泰国、菲律宾和越南（越南目前暂时不对中国卖家开放），共覆盖近 6 亿人口。

东南亚地区的人口具有移动化和年轻化的特点。

（1）移动化：即智能手机普及率高，购物行为大部分发生在手机上。东南亚地区的宽带网络建设普遍比较落后，而移动网络发展迅速，智能手机普及率高，这导致该地区从个人电脑（PC）互联网时代直接跳跃到移动互联网时代。

（2）年轻化。东南亚地区 40 岁以下的年轻人占据总人口的比例高。年轻人多，意味着他们更能够接受网购的形式，这有利于该地区电商的发展。

（一）东南亚地区做电商的优势

1. 东南亚地区线下零售资源匮乏

在中国的大部分城市购物都很方便，到处都有小型便利店，每隔一段距离就会有大型超市。而在东南亚大部分地区，由于经济条件和地理环境等因素影响，便利店和超市资源都很匮乏，人们在线下购物不方便，自然会更多地选择线上购物。

2. 东南亚地区没有其他电商巨头竞争

电商巨头亚马逊 2017 年 8 月才在新加坡开设了东南亚第一个站点，开启与其他电商平台争夺东南亚市场的征程。而 LAZADA 在东南亚地区已经深耕多年，建立了巨大的竞争壁垒。

3. 东南亚地区并不穷

首先，新加坡是世界人均收入前十的国家，马来西亚的人均 GDP 是中国人均 GDP 的两倍，而泰国、菲律宾和印度尼西亚的人均收入与中国的人均收入大体相当。因此该地区虽然无法和欧美发达国家相比，但并不穷，有着相当大的购买力。

4. 东南亚地区电商发展迅速，近年来年均增长率均超过 30%

（二）中国卖家的优势

LAZADA 的卖家主要由三部分组成：东南亚本土卖家、韩国卖家和中国卖家。

由于东南亚制造业不发达，本土卖家并没有有竞争优势的产品；韩国卖家虽然产品款式好，质量优，但他们最大的劣势在于成本高昂，并不太适合在东南亚地区销售。而中国卖家无论是电商运营经验还是产品的丰富程度和性价比都远超其他地区的卖家。

目前 LAZADA 上中国卖家的数量其实并不多。2017 年 3 月，LAZADA 中国区总裁在杭州开新闻发布会给出的数据显示：LAZADA 平台上中国卖家目前的数量在 8 000 个左右。

并不是中国卖家不愿意入驻 LAZADA，而是很多人还不知道这个平台，没有这方面的信息。现在阿里巴巴已经通过淘宝和天猫网定向邀请一些卖家入驻 LAZADA 了，以后该平台中国卖家的数量肯定会快速增长，竞争也会相对激烈。所以希望有志于在跨境电商行业发展的卖家尽快入驻 LAZADA，淘金东南亚！

（三）2017 年 LAZADA 的重要举措

2017 年 LAZADA 要打造成为目前全球跨境电商市场唯一的支持货到付款

服务的平台。而这一政策，在我看来具有非常重大的意义，将会成为推动LAZADA 发展的重要助力。

目前限制东南亚地区电商发展的一个重要枷锁就是线上支付。由于东南亚地区信用卡普及率很低，也没有像我们常用的支付宝和微信等支付手段，这导致了很多人无法在 LAZADA 等电商平台上完成付款，流失了非常多的订单，制约了电商的发展。货到付款全面开通后，这一制约因素将不再存在，每个人都可以方便地在线上购物，收货时线下付款，顺利完成订单。货到付款服务预计在 2017 年年底全面实现，可以预见届时 LAZADA 的订单量一定会倍增，每一个卖家的销售额也一定会大幅提高。同时，LAZADA 也建立了其他电商平台与其竞争的巨大门槛，更有助于保持它在东南亚电商平台中领先的地位。

在我看来，就目前国内电商市场而言，为什么京东能成为阿里巴巴在电商领域唯一的竞争对手，和其自建物流发货系统，以及早早就开通了货到付款服务有非常重要的关系。

(四) 在电商冷门地区信息不对称可以带来高利润和高增长率

东南亚地区电商发展时间短，市场上蕴藏着巨大的机会。比如某公司开发的一类产品在 LAZADA 上属于独家产品，那它在该平台对产品的定价远高于其他平台，也一样能获得不错的订单。这个就是信息不对称带来的高利润和高增长率。大家在做 LAZADA 时也可以找有创意的产品，没有必要找太大众化的产品去打价格战。多用心寻找独特又有市场需要的产品能获得更多的利润和发展空间。

二、LAZADA 注册

由于 LAZADA 一直在升级，改进卖家中心后台，注册流程也一直在优化和改变。因此我们在这里不做截图演示，只为大家介绍关键流程和注意事项。大家注册时严格遵循你收到的 LAZADA 官方邮件的指引来操作即可。

(1) LAZADA 拥有马来西亚、新加坡、泰国、印度尼西亚和菲律宾五个站点，马来西亚是主站点，注册后上传产品都是只在主站马来西亚站操作。

(2) 进入 "http://www.lazada.com/sell/"，选择马来西亚国旗，点击 "sell with us" 进行注册，见图 2-19。

图 2-19

（3）填写卖家信息时要全部用英文。必须注意的是，填写的公司名称一定要和 P 卡中的公司名称一致，否则会导致申请被拒绝。填写完公司名称后上传营业执照并签署电子合同。

（4）激活卖家中心。卖家收到主题为"Registration for Seller Center"的邮件后，根据邮件介绍的方法重设密码并激活卖家中心。

（5）参加培训。卖家收到主题为"Get trained and pass the test"的邮件后，可选择参加"线上真人入驻培训"和"自行观看入驻视频和课件"，进行考试。入驻考试达到 85 分为通过。此考试为不限时开卷考试，只要事先对 LAZADA 有了一定了解并学习了官方课件，是很容易通过的。

（6）P 卡对接。卖家收到主题为"Sign up to Payoneer to get paid"的邮件后，按要求提供文件并绑定好 P 卡账号。在开通主站马来西亚站后，其他四个站点也需要分别绑定 P 卡。

（7）上传一个 SKU（Stock Keeping Unit，库存量单位）通过审核。卖家收到主题为"Upload your first SKU"的邮件后，按照要求上传 SKU 到卖家中心，等待审核（通常需要 3 个工作日左右）。因为要注册店铺必须至少通过一个 SKU 的审核，为了提高通过审核的概率，卖家可以多上传几个 SKU。

三、LAZADA 产品上传和运营注意事项

（一）产品上传

（1）LAZADA 包括五个站点，产品上传采用主站上传原则。我们只需将产品上传到主站马来西亚站，产品通过审核一段时间后，平台会自动将此产

品复制到其他四个站点。

（2）LAZADA 上的售价计量单位均为当地货币，不是美元，即产品标价在五个站点分别都是以当地货币来标价。所以大家在上传产品时一定要注意标价的币种和汇率。这个地方由于涉及的国家多、货币多，是很容易出错的。大家一定要认真仔细，并且在上传后要检查。

（3）产品上传步骤。

①选择类目。LAZADA 也可以全类目上传，没有限制，见图 2 - 20。

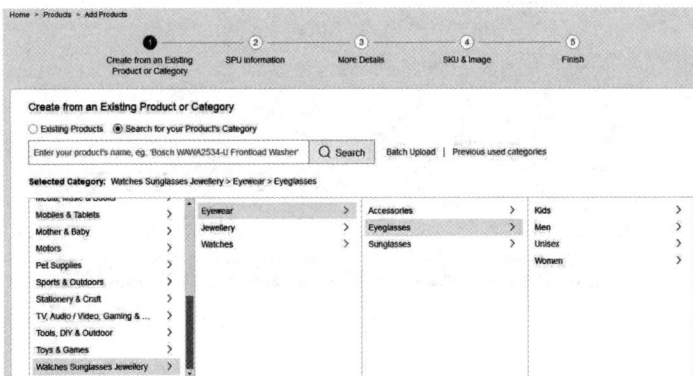

图 2 - 20

②填写产品基础信息。品牌为必填项，如果暂时没有品牌，可以填"OEM"，见图 2 - 21。

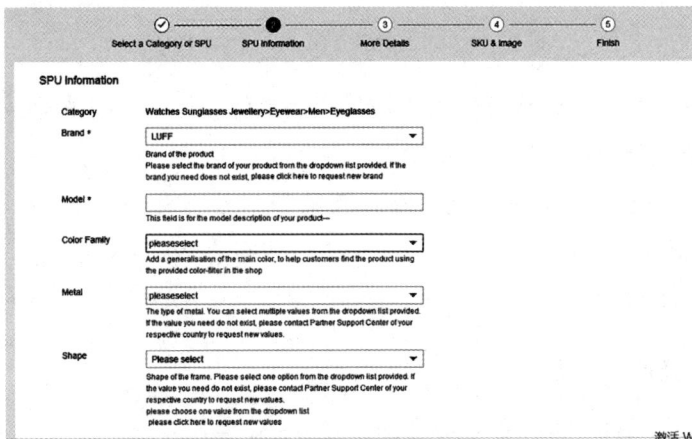

图 2 - 21

③保修信息。这个地方一定要注意，作为海外卖家的我们，一定要选择"无保修"。

④产品标题和描述。此处要注意的是，标题和产品描述都分别要求写英文和马来西亚文两个，马来西亚文处直接复制英文即可，无须翻译成马来西亚文，但必须填入，不能空下。

⑤填写 Highlights（亮点）。这个地方是要简明扼要地展示产品的主要特点和主要卖点，非常重要，有些类似于 WISH 的标签。你至少要填写三至八条，最好填满，需要注意的是 Highlights 前面必须加上圆点，见图 2 – 22。

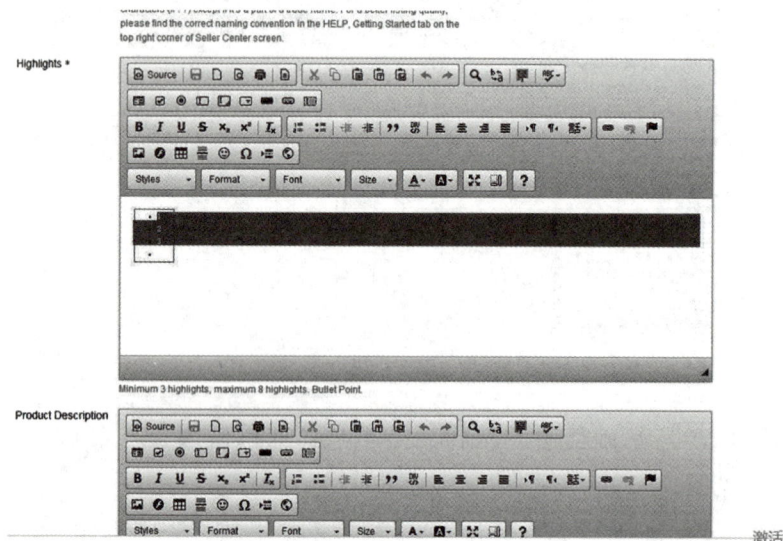

图 2 – 22

⑥填写价格信息时要分别填入原价、促销价和促销时间范围，这里再次强调，一定要填写当地货币，见图 2 – 23。

⑦填写包装信息时要分别填写包装清单（也要用圆点排列）、包裹的重量和长宽高，见图 2 – 24 和图 2 – 25，注意在税务栏"Taxes"处一定要选择"default"。

（二）产品图片要求

LAZADA 对图片的要求不算太高，大致有如下几点。

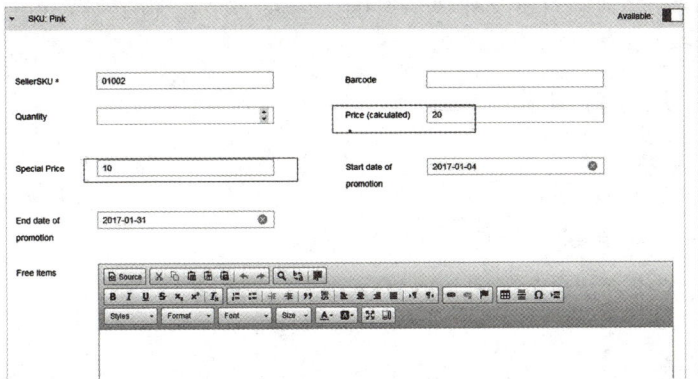

图 2 - 23

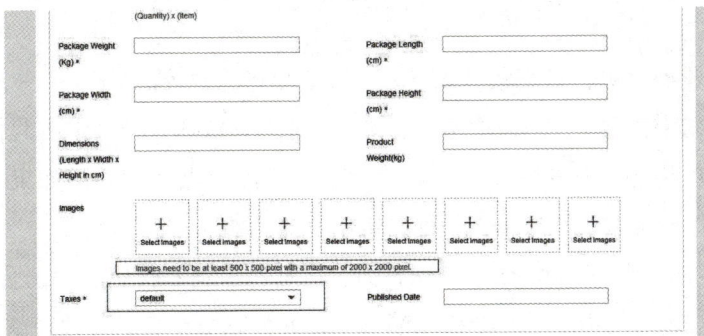

图 2 - 24

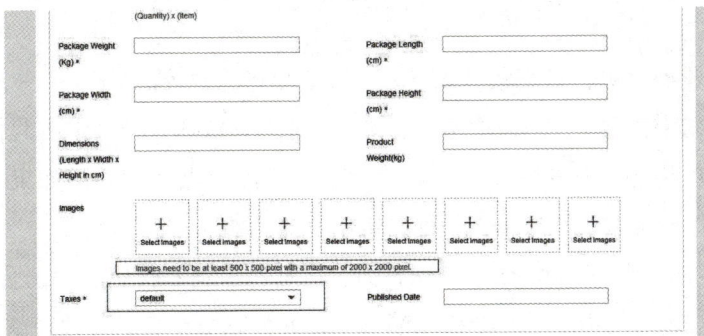

图 2 - 25

（1）主图的尺寸要求：800×800px 以上（可以实现放大镜功能），大小在 500KB 以内即可。

（2）比例为 1∶1 的正方形，不能加边框。

（3）图片上可以有文字和标识（LOGO），但不能过多，或遮住产品主体。

（4）由于当地宗教及文化风俗影响，内衣、泳装等的模特穿着不能过于暴露。

（5）图片允许使用非白底。

（三）管理订单

1. 订单处理流程

LAZADA 中订单处理的大致流程如图 2－26 所示。

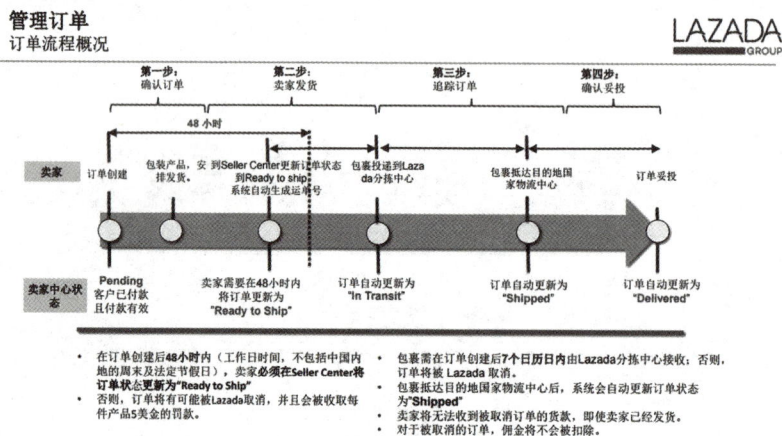

图 2－26

（1）收到订单，且买家付款有效，订单状态为"Pending"。

（2）卖家需要在 48 小时内（工作日，如遇到双休日及法定节假日可以顺延）将订单状态点击更新为"Ready to Ship"（即"点发货"）。如果在规定时间内未操作，会被取消订单，并处以每单 5 美元的罚款。

（3）在收到订单后的 7 个工作日内，将货物送到 LAZADA 中国分拣中心。如果未在规定时间内送达，会被取消订单，并处以每单 5 美元的罚款。

2. 不要合并订单发货

务必不要合并订单发货，即如果一个买家分别在店铺购买了两件商品，也要分开发货。如果一个订单内的多个商品需要分别"Ready to Ship"，即拆开发货，必须使用不同的包裹和不同的物流标签发货。

总结：可以拆不可以合。

3. 打印发票和物流清单

务必从卖家中心打印 Invoice（发票）和 LGS 物流标签。Invoice 随产品置于包裹内；LGS 物流标签贴在包裹上。（Invoice 即为发票，但不同于国内的发票，国外的发票类似于购物清单，无须从税务局申请，卖家可自行通过卖家中心打印即可，销售额也不计入中国的税务系统）

4. 跟踪包裹动态

查询包裹物流"http：//times－oms.com/backend/auth/login"。

查询包裹退件"http：//www.times－reverse.com/backend/auth/login"。

输入登录名称和密码：这两项均为马来西亚卖家中心的 Seller ID，见图 2－27。

查找 Seller ID，要进入马来西亚站的卖家中心页面，点击"卖家中心名"，再点击"Profile"下面的"General"，即可看到 Seller ID，见图 2－28。

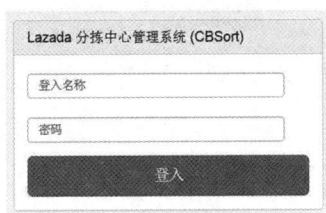

图 2－27

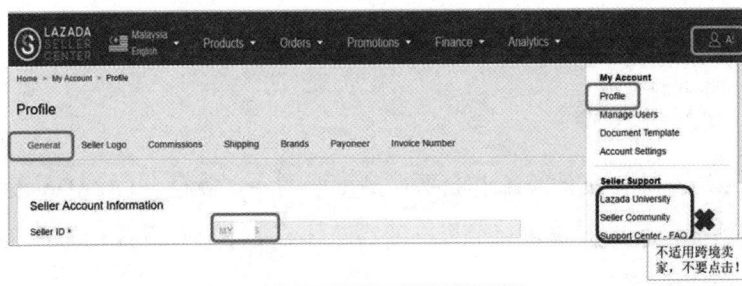

图 2－28

5. 退货管理

LAZADA 跨境卖家所售产品均享受"100% 消费者保护"退货政策保障。当客户收到的商品与 LAZADA 承诺不符时，顾客有权在 7 日内退货并获得全额退款。

LAZADA 已在印度尼西亚设置跨境中心，处理投递失败/退货，但仍可继续销售的产品。在印度尼西亚停留的四个星期中，如果产品被重购将直接从印度尼西亚当地寄送。如在此期间内并未出单，将按照一般退货程序退回卖家。

由于"发错产品""产品质量问题发错产品"或者"缺少部件或产品""使用过的产品"等原因造成的退货，或者"缺少部件或产品"，LAZADA 将收取每件产品 5 美元的罚款。罚款细节可在财务报表中查看。

管理退货，见图 2－29。

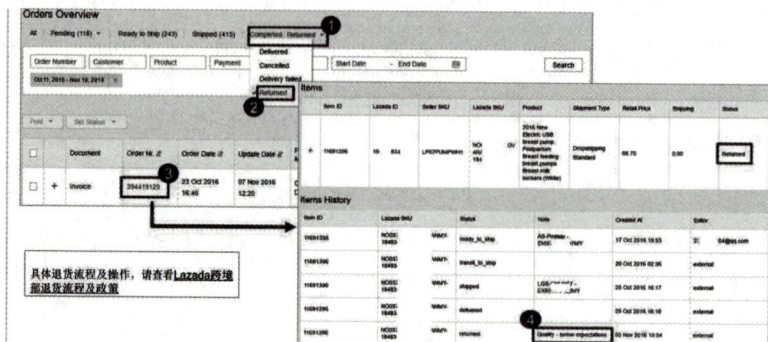

图 2－29

在卖家中心，点击"Orders"（订单）——"Manage Order"（管理订单）——"Completed Returned"（已完成的退货）——"Returned"（退货），在此查看退货记录。

点击"Order Nr."（订单号），查看该订单产品的退货原因。

（四）LAZADA 物流

LAZADA 区别于其他跨境电商平台最重要的一点就是，LAZADA 不依赖第三方物流，而是投入巨资建立了自己的物流体系 LGS（Lazada Global Shipping，LAZADA 全球物流）。

中国卖家将订单包裹寄往 LAZADA 国内分拣中心（分别位于深圳和义乌），然后由 LGS 运送到东南亚各地。寄送产品需要注意以下几点。

（1）一定要确保订单产生后 48 小时内点击"Ready to Ship"，并保证 7 个工作日内将包裹送达 LAZADA 中国分拣中心，否则平台将取消订单并罚款，这对店铺的搜索权重有很大影响。（若担心运输速度慢，可以发顺丰，即使运费贵点也比被罚款强）

（2）LGS 物流收费较为合理，且从 2016 年至今还降了两次费用。大家可以从 LAZADA 大学中下载 LGS 费率表，详细了解，并依此对自己的产品合理定价。网址"https：//www. lazada. com/sell/university/tutorials/lgs/"。

（五）LAZADA 禁售产品

1. 常见的禁售产品

（1）未取得授权的产品、假货、仿货及二手产品。

（2）宣传暴力、犯罪、色情及与宗教信仰冲突的产品。

（3）烟草、香烟类和酒精产品，包括电子烟。

（4）食品、食品补充剂、保健品及医疗用品。

（5）黄金首饰、铂金首饰和钻石。

（6）武器，包括刀、枪及武器的任何组件配件。

此外，每个国家还有更具体的，不同于其他国家的禁售品规定。大家一定要详细了解，参考 LAZADA 大学网站。网址"https：//www. lazada. com/sell/university/tutorials/list - your - products/"。

2. 常见的禁售品牌

（1）中国卖家不允许上传国际大品牌产品。

（2）所有未经授权的卡通形象产品禁止售卖。

你可以去 LAZADA 大学下载各国禁售品牌，进行详细了解，网址"https：//www. lazada. com/sell/university/tutorials/list - your - products/"。

3. 禁售品违规处罚

（1）产品下架。

（2）征收罚款，每件商品 2 美元。

（3）限制卖家账户的交易活动。

（4）卖家三次被平台检测销售仿冒侵权产品，将被永久性关闭店铺以及停止财务付款。

（5）提起法律诉讼。

（6）报告相关司法机构。

由此，可见销售禁售品的处罚是相当严格的，大家一定要了解相关政策，绝对不要去碰相关产品。

（六）LAZADA 促销活动

LAZADA 的各项促销活动是目前卖家出单的主要方式，促销产品的销售额占据了卖家销售额的大部分，也是最大的流量来源。因此，可以说做LAZADA 运营最重要的部分就是"报活动"。

下面我为大家介绍下如何参加 LAZADA 的促销活动。

（1）进入"卖家中心"后台，在订单数据下面显示的就是目前你可以参加的促销活动，每个活动都可以报名，见图 2 – 30。这些活动都是经常更新的，所以，你要养成每天打开"卖家中心"后台查看的习惯，不漏过任何一个促销活动。

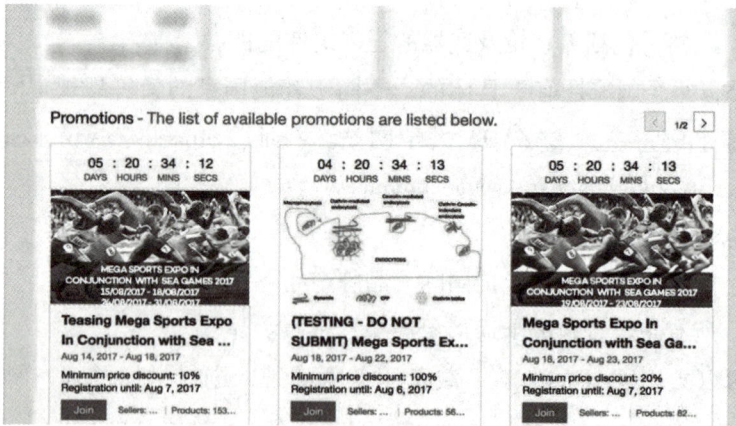

图 2 – 30

（2）点击任一促销活动进入后，查看和了解活动的内容和时间，点击"Select Product for Promotion" 选择产品参加促销，见图 2 – 31。

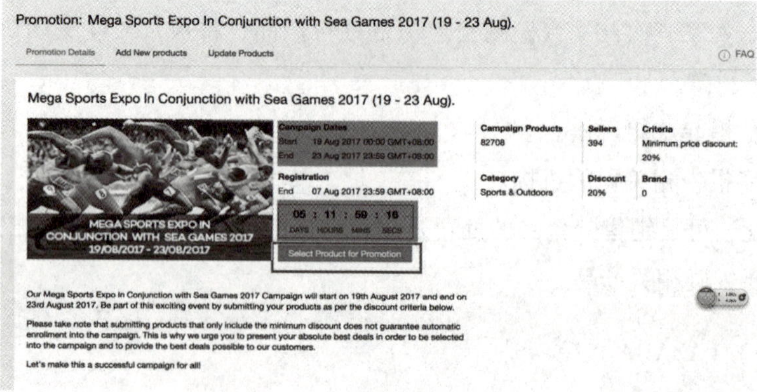

图 2 – 31

（3）进入选择产品页面后，你可以看到系统已经筛选出店铺内符合此次活动条件的所有产品，红方框内的价格是产品参加这次促销活动的最高价格，如果再降价你还有利润的话，可以继续降低价格，增加报名成功的概率。但你不可以涨价，如果觉得利润不合适，就放弃，见图 2 - 32。

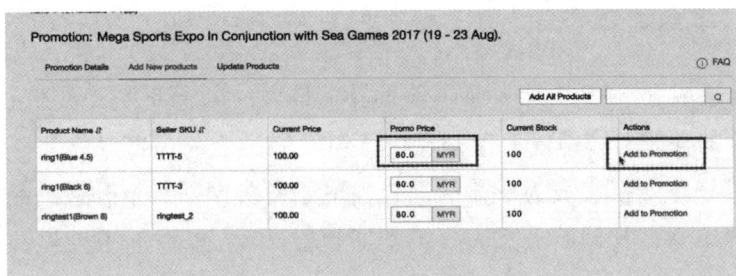

图 2 - 32

（4）报名成功后，你可以在促销页面查看审核情况，见图 2 - 33。切记，审核成功后系统将在促销活动期间锁定价格，无法修改。因此，你一定要预先算好促销价格是否合适，是否有利润。

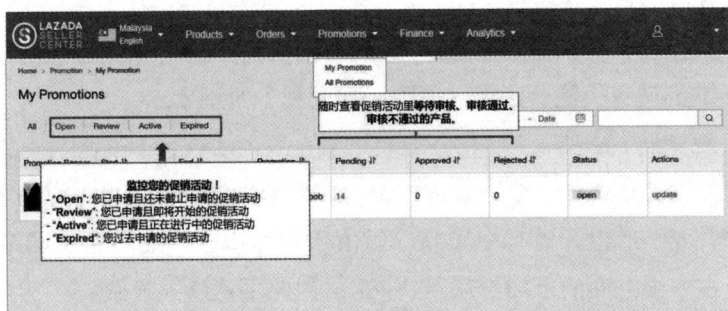

图 2 - 33

（5）LAZADA 主要的大型促销活动有以下几个：

①2 月，东南亚农历新年大促（同中国农历春节）；

②3 月，LAZADA 周年庆大促；

③6 月，斋戒月大促；

④7 月，LAZADA 最佳品牌活动；

⑤11 - 12 月，"双 11" + "双 12" 大促，同淘宝一样，"双 11" 也是

LAZADA 全年最大的促销活动。

第四节　亚马逊

一、平台简介

亚马逊成立于 1995 年，是目前世界上最大的电子商务公司。它起初是一家自营的在线书籍销售平台，现在已经发展为全品类产品销售，集平台自营、第三方卖家售卖为一体的综合性电子商务网站。亚马逊的品牌价值排名世界第一，其创始人杰夫·贝索斯也在 2017 年登上了世界首富的宝座。亚马逊在 2012 年通过"全球开店"项目对中国卖家开放，引入了大量中国卖家进入。

（一）亚马逊的规模

亚马逊网站覆盖了世界上大部分的发达国家。目前"全球开店"项目对中国卖家开放的是三个站点。

（1）北美站：美国、加拿大、墨西哥。

（2）欧洲站：英国、法国、德国、意大利、西班牙。

（3）亚洲站：日本。

卖家如果希望在这几个国家进行销售，要分别注册这三个站点的账号。

另外，亚马逊也开设有中国站，但由于种种原因，亚马逊中国站运营得并不好，占中国电商的市场份额不到 1%，因此不建议大家做。

亚马逊在国外其他地区的影响力巨大，市场占有率极高。做跨境电商在很多人看来就是做亚马逊，因此，亚马逊也成为主流跨境电商平台中最重要的一部分。

（二）亚马逊的注册资质和费用

亚马逊已经逐渐取消了个人注册，目前只有很少一部分人可以通过个人身份成功注册北美站和日本站，而欧洲站则要求卖家必须具有企业资质才可以注册。亚马逊的发展趋势是从 C2C 向 B2C 转型。大家还是以公司资质注册更加可靠。

亚马逊各个站点都会按照每个月39.99美元的标准收取月租费用。另外，按照每件商品的销售价格抽取15%（大部分类目是15%，部分类目不同）的销售佣金。

（三）亚马逊客户质量高

亚马逊覆盖了欧美发达地区，全球收入最高、对商品品质要求最高的人群。因此，我们运营亚马逊一定要摈弃在某些平台上销售低质、低价产品的风格，要在选品上找到有特点、有创意的"三高"产品，即高客单价、高品质、高利润的产品。

（四）中国卖家可以入驻的亚马逊三个站点的特点

1. 北美站

美国市场的需求量非常大，大部分中国卖家都主要在美国市场发展，因此，竞争也是最激烈的。加拿大和墨西哥市场虽然体量小，但是竞争也小得多。选对产品找准差异化，也能获得不错的收益。

2. 欧洲站

欧洲五国整体的利润率要高于北美三国，很多中国卖家都主要选择在欧洲站销售"三高"产品。需要注意的是，欧洲站五个国家分别使用五种语言，运营欧洲站对于外语的要求较高。

3. 日本站

日本站是于2016年才对中国卖家开放的，目前无论卖家数量还是产品数量都比较少，还属于蓝海市场，也是我们非常看好的市场。日本人的收入和消费能力，以及对产品品质的要求都比较高。

二、亚马逊的注册

亚马逊的三个站点北美站、欧洲站和日本站需要分别注册，但流程差不多，我们以北美站为例来介绍。

（一）需要提前准备的资料

（1）公司法人的多币种信用卡，即卡片上有 VISA 或者是 MasterCard 标识、可以支付外币的信用卡。

（2）国际银行收款账户，即 P 卡。

（3）公司账户近三个月流水清单。亚马逊要这个资料并不是来考核公司的实力，只是看公司近期是否在正常经营。因此，你不用担心公司流水少，只要有交易发生就行。

（4）公司或者法人近三个月的水电煤气或者是通信账单（通常用手机话费单比较方便）。

（二）注册流程

（1）登录"https：//gs. amazon. cn/？ ld ＝ ASCNAGSFooter"，选择"立即开店" - "北美站"，见图 2 - 34。

图 2 - 34

（2）填写卖家名称（即给自己取个英文名字，方便以后和买家交流）、邮箱和密码，见图 2 - 35。

（3）输入企业的名称，点击同意（注意要与 P 卡注册时的企业名称一致），见图 2 - 36。

（4）填写地址信息，如果你不会写英文的地址，可以用拼音代替。如果你也在其他网站上开店，可以把店铺 URL（Uniform Resource Locator，统一资源定位符）复制过来；如果没有就不用填，它不是必填项。不过，我建议你填写，这会有利于提高店铺的注册通过率，见图 2 - 37。

图 2 - 35

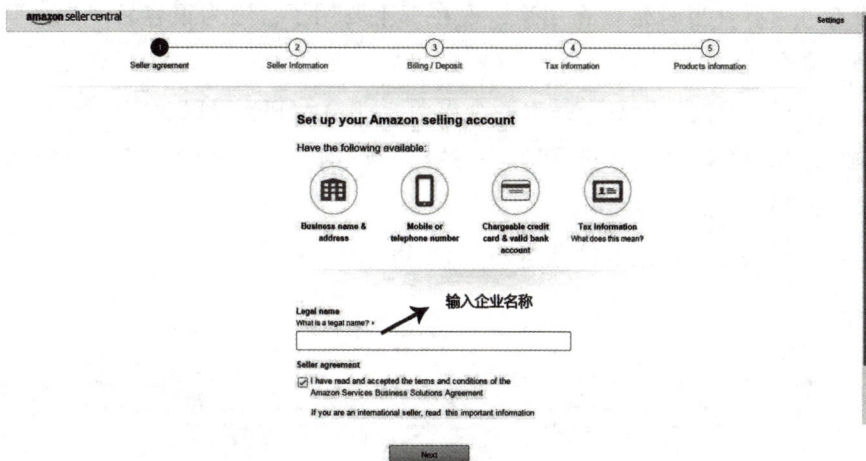

图 2 - 36

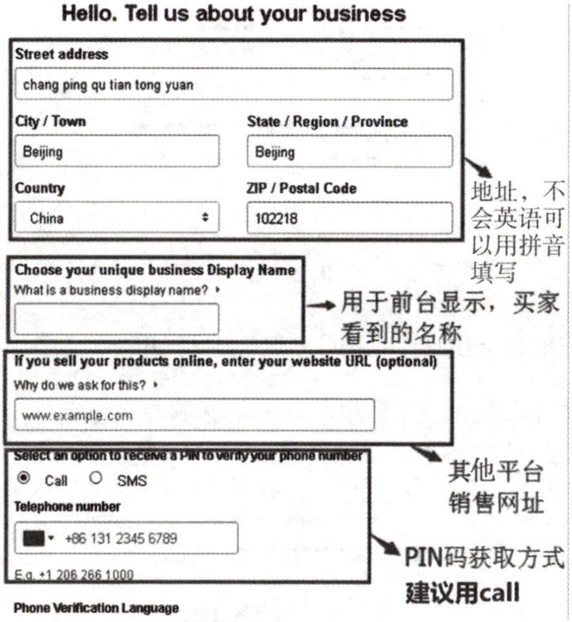

图 2 - 37

　　然后是电话验证，此处需要注意以下几点。

　　①选择 CALL 即电话验证要注意，如果你是中国电信的号码，你很可能接不到电话，要及时更换为 SMS，即短信验证，你只有三次验证机会。

　　②特别注意：确认你填写的手机号之前是否在亚马逊卖家系统出现过。

如果有过，不管当时是什么用途，现在都不要用了，因为很容易产生关联，要换一个全新的手机号。

③选择 Call 时，网页会弹出一个界面要求输入 PIN 码以及四位数字，电话响后，你根据语音输入进去即可；选择 SMS 时，你会收到一条四位的 PIN 码，输入到弹出的页面即可。

（5）填写法人信用卡信息，见图 2 - 38。

图 2 - 38

（6）提供你的税务信息，见图 2 - 39、图 2 - 40。

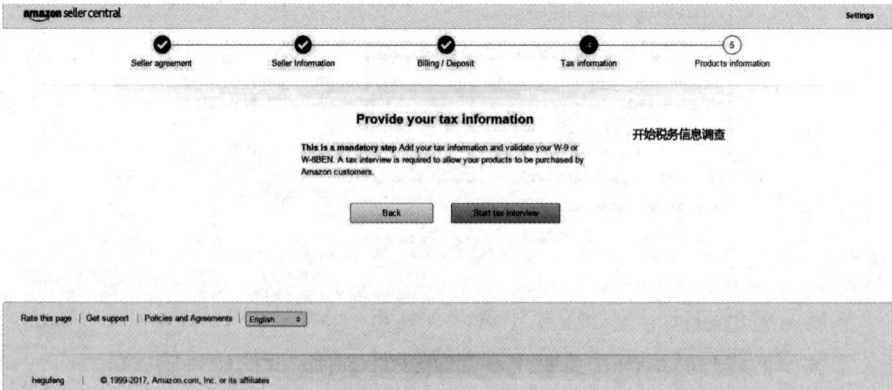

图 2 - 39

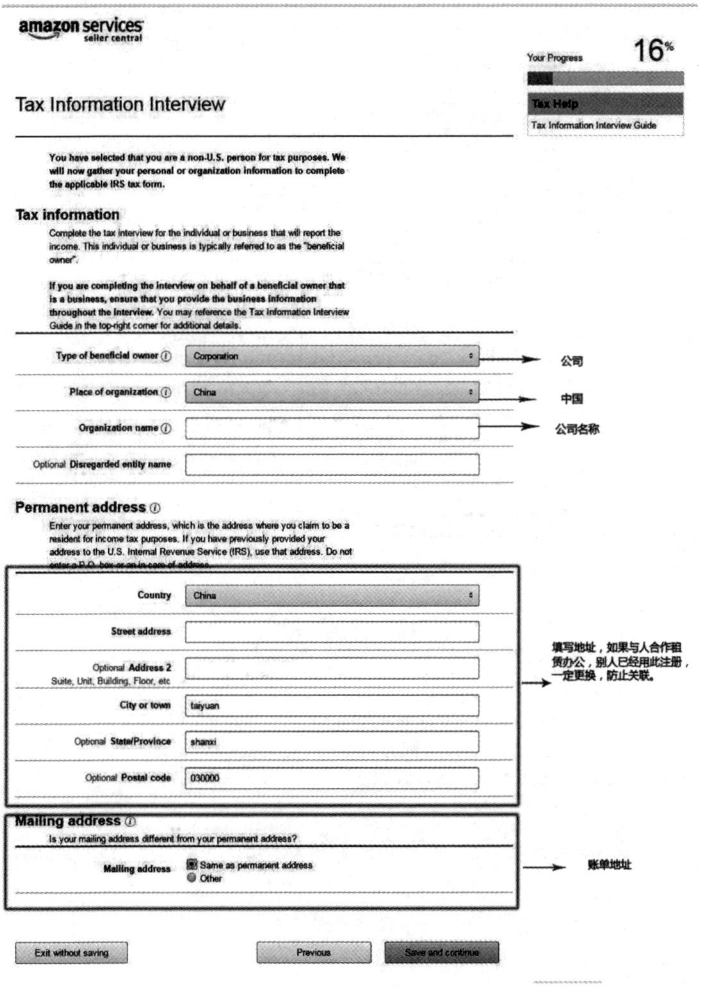

图 2 - 40

（7）提供电子签名。为了省事，这个地方选择电子签名后，会弹出多选项和输入框。把这些选项都选上，然后写下公司名或者你的名字、邮箱地址以及国家或地区的名称，点击"Finish"即可，见图 2 - 41。

（8）填写产品信息。填写产品编码、品牌、预计上传多少个产品等相关信息，见图 2 - 42。

（9）选择销售分类。此处是多选项，如果你卖多品类产品的话，可以都勾选上，最后点击"Finish"，见图 2 - 43。

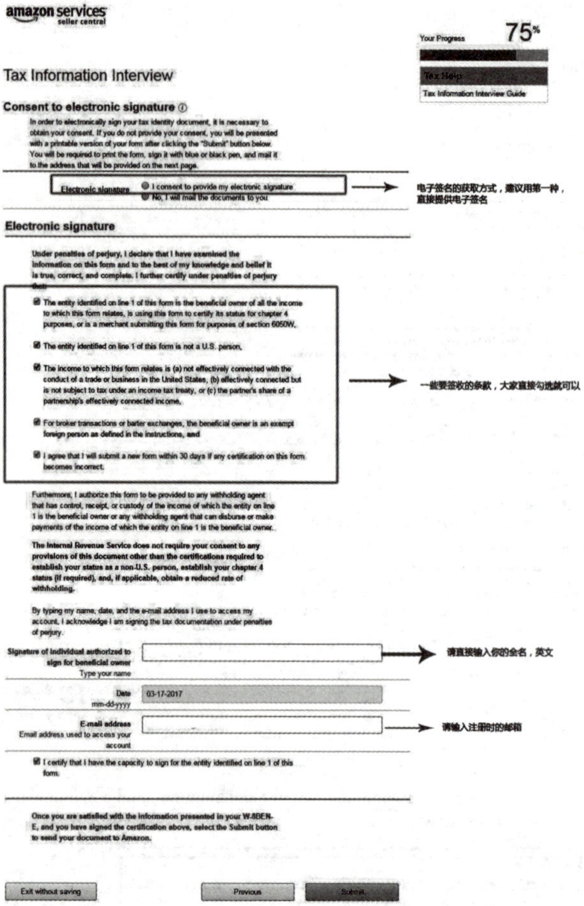
amazon services seller central
Your Progress 75%
Tax Help
Tax Information Interview Guide
Tax Information Interview
Consent to electronic signature
In order to electronically sign your tax identity document, it is necessary to obtain your consent. If you do not provide your consent, you will be presented with a printable version of your form after clicking the "Submit" button below. You will be required to print the form, sign it with blue or black pen, and mail it to the address that will be provided on the next page.
Electronic signature
I consent to provide my electronic signature
No, I will mail the documents to you
电子签名的获取方式，建议用第一种，直接提供电子签名
Electronic signature
Under penalties of perjury, I declare that I have examined the information on this form and to the best of my knowledge and belief it is true, correct, and complete. I further certify under penalties of perjury that:
The entity identified on line 1 of this form is the beneficial owner of all the income to which this form relates, is using this form to certify its status for chapter 4 purposes, or is a merchant submitting this form for purposes of section 6050W,
The entity identified on line 1 of this form is not a U.S. person,
The income to which this form relates is (a) not effectively connected with the conduct of a trade or business in the United States, (b) effectively connected but is not subject to tax under an income tax treaty, or (c) the partner's share of a partnership's effectively connected income,
For broker transactions or barter exchanges, the beneficial owner is an exempt foreign person as defined in the instructions, and
I agree that I will submit a new form within 30 days if any certification on this form becomes incorrect.
一些要签收的条款，大家直接勾选就可以
Furthermore, I authorize this form to be provided to any withholding agent that has control, receipt, or custody of the income of which the entity on line 1 is the beneficial owner or any withholding agent that can disburse or make payments of the income of which the entity on line 1 is the beneficial owner.
The Internal Revenue Service does not require your consent to any provisions of this document other than the certifications required to establish your status as a non-U.S. person, establish your chapter 4 status (if required), and, if applicable, obtain a reduced rate of withholding.
By typing my name, date, and the e-mail address I use to access my account, I acknowledge I am signing the tax documentation under penalties of perjury.
Signature of individual authorized to sign for beneficial owner
Type your name
请直接输入你的全名，英文
Date
mm-dd-yyyy
03-17-2017
E-mail address
Email address used to access your account
请输入注册时的邮箱
I certify that I have the capacity to sign for the entity identified on line 1 of this form.
Once you are satisfied with the information presented in your W-8BEN-E, and you have signed the certification above, select the Submit button to send your document to Amazon.
Exit without saving
Previous
Submit

图 2－41

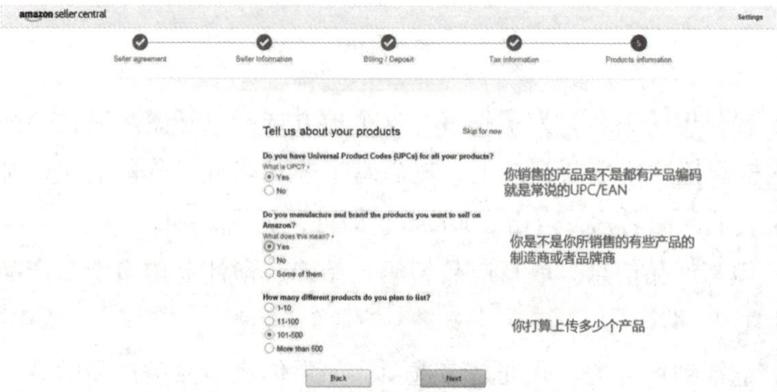
amazon seller central
Settings
Seller agreement
Seller Information
Billing / Deposit
Tax information
Products information
Tell us about your products
Skip for now
Do you have Universal Product Codes (UPCs) for all your products?
What is UPC?
Yes
No
你销售的产品是不是都有产品编码
就是常说的UPC/EAN
Do you manufacture and brand the products you want to sell on Amazon?
What does this mean?
Yes
No
Some of them
你是不是你所销售的有些产品的
制造商或者品牌商
How many different products do you plan to list?
1-10
11-100
101-500
More than 500
你打算上传多少个产品
Back
Next

图 2－42

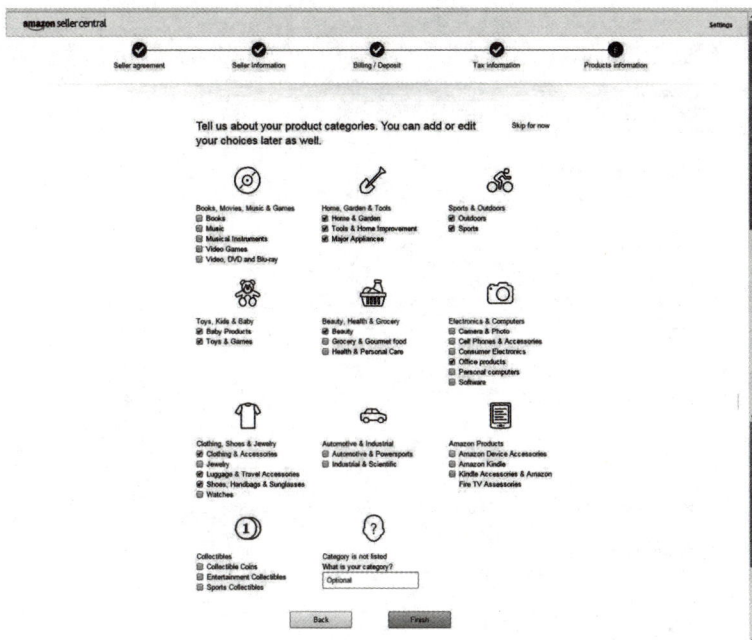

图 2 - 43

需要注意的是，如果你的公司有其他股东，要在"受益人"处填写其他股东的信息，否则容易造成审核不通过。

三、亚马逊产品上传及运营注意事项

(一) 产品上传

目前亚马逊各站点均开通了中文版操作页面，极大地方便了中国卖家的操作。

1. 确定产品分类

进入卖家中心，选择"库存"－"创建新商品"，见图 2 - 44，在列表中选择产品所属分类，点击"确定"后，即进入产品发布。如果你不确定产品具体属于哪个类目，有两个办法来确定。

（1）在搜索框中输入产品关键词（支持中文和英文），点击"搜索分类"，见图 2 - 45。系统会给出适合此关键词的所有类目，然后点击选择后发布产品，见图 2 - 46。

（2）你还可以采用在亚马逊搜索关键词，看其他同行将产品放在哪个类目

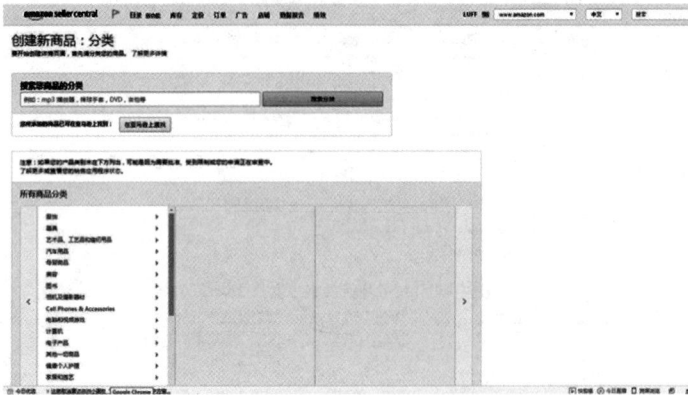

图 2 - 44

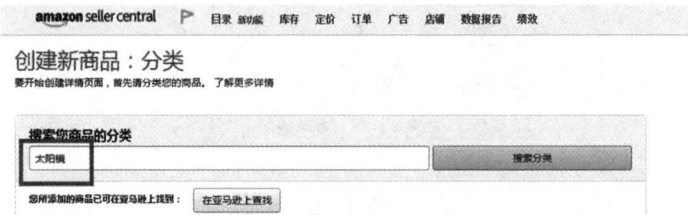

图 2 - 45

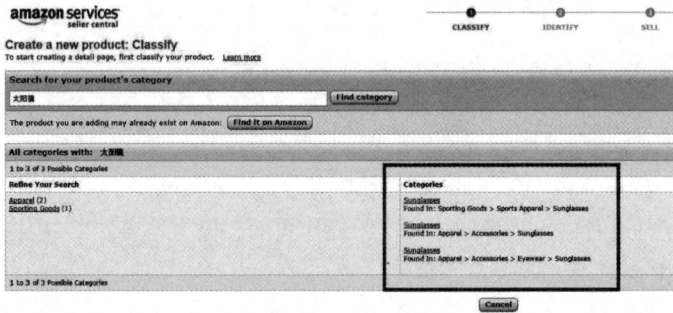

图 2 - 46

作为参考，见图 2 - 47。

2. 编辑页面

进入产品编辑页面，从左至右共 7 个选项卡，逐一进行编辑，有惊叹号的代表该页面有必填的内容（不同的产品有不同的要求），见图 2 - 48。

图 2 - 47

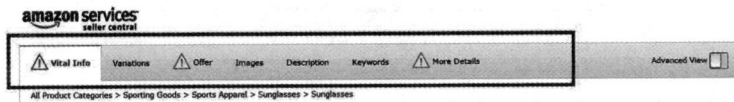

图 2 - 48

3. Vital Info（**重要属性**）

如图 2 - 49 所示，"Vital Info"选项下所填的内容最多，标星的方框为必填项。第一项产品标题对于产品的搜索流量非常重要，其他选项根据产品的实际情况填写。尤其要注意最后一项"Product ID"，即我们经常说到的 UPC

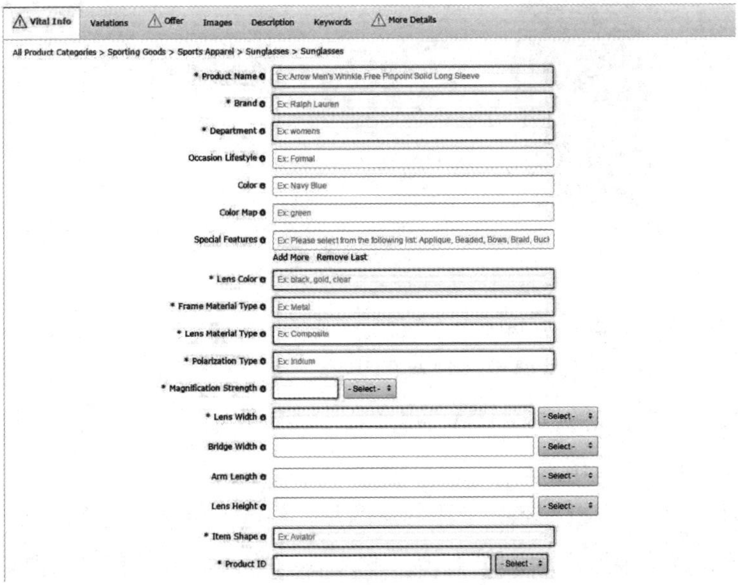

![图2-49 Vital Info 表单界面]

图 2 - 49

（Universal Product Code，美国统一代码委员会制定的一种商品条码），如果产品的品牌在亚马逊备案了，就无须填此项；如果产品品牌未备案，通常可以通过官网、相关论坛或淘宝网购买 UPC。

4. Variations（变体）

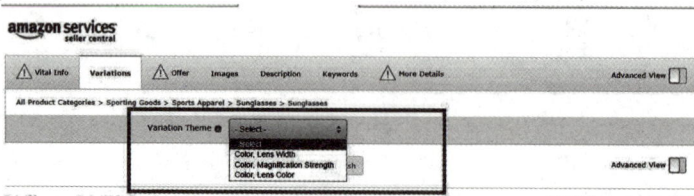

图 2-50

见图 2-50。变体的意思类似于淘宝多 SKU 产品，即一个产品具备多重属性，比如衣服的多个尺寸，多个颜色；鞋子的多个尺寸，多个颜色等。如果产品是多属性的，就需要在此位置添加变体，以保证所有的同款尺寸和颜色的 SKU 在一个产品页面中展示。如图 2-51，分别展示了产品的颜色和尺寸的变体。

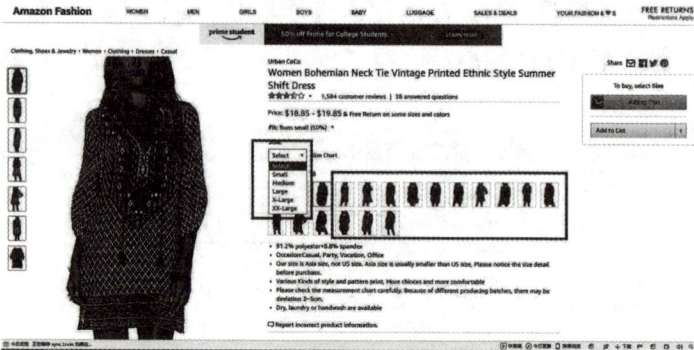

图 2-51

5. Offer（产品价格等信息）

见图 2-52。在此处要填入产品的售价、库存和新旧程度（亚马逊允许售卖二手产品，这一点和 LAZADA 不同）。

6. Images（产品图片）

见图 2-53。可以在此处上传产品图片，共可上传 9 张图片，第一张主图为必填项，其他根据产品情况上传，图片展示的越全面越有利于提高产品的转化率（图片具体要求见下文）。

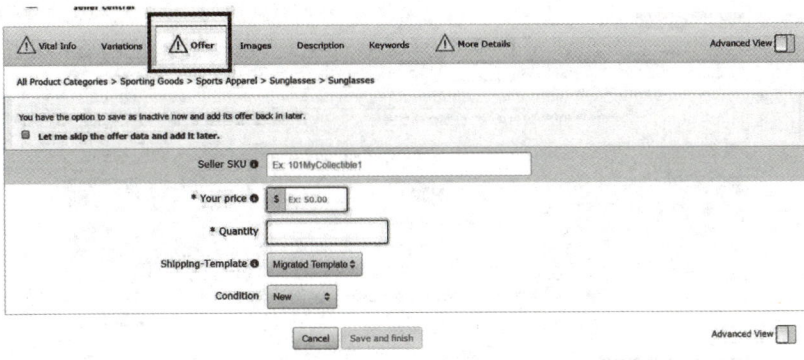

图 2 - 52

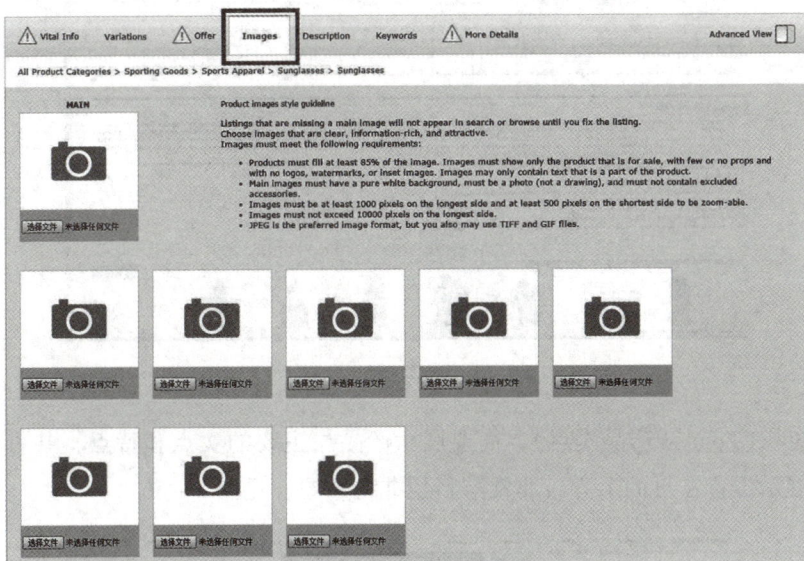

图 2 - 53

7. Product Description（**产品描述**）

见图 2 - 54。分别需要填写产品描述和产品卖点。这两项内容加上产品图片、标题和关键词构成了亚马逊产品信息最重要的五个组成部分。

Product Description 需要展示产品的详细信息、功能和特点等，用纯英文填写，无法上传图片（亚马逊产品和我们常见的淘宝产品不同，图片展示区只在上方的主图展示，产品页面没有图片展示，只能用纯文字，除了部分通过品牌备案的产品）。产品描述位于产品页面的下方，见图 2 - 55。

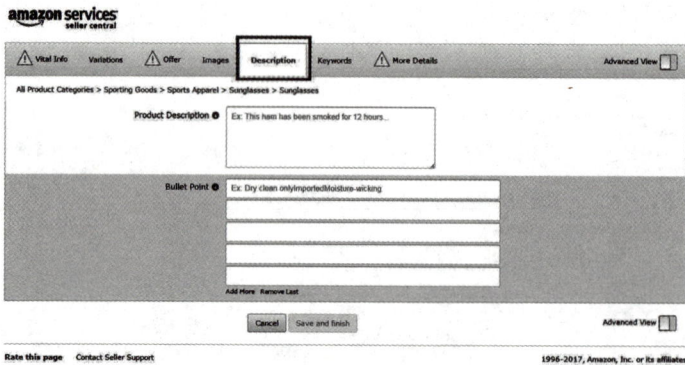

图 2 – 54

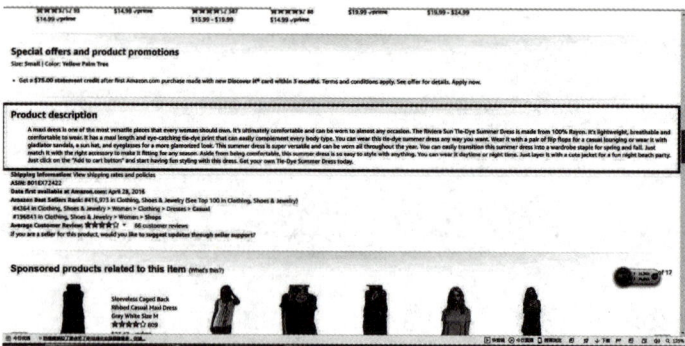

图 2 – 55

Bullet Point（产品卖点），简要展示产品最主要的卖点和特点，共可写五点。展示位置在页面上方，非常醒目也非常重要，见图 2 – 56。

图 2 – 56

8. Keywords（关键词）

共有五行，每行可以填写 1 000 个字符，可以将产品相关的所有长尾关键词都填入，提高搜索流量，见图 2 – 57。

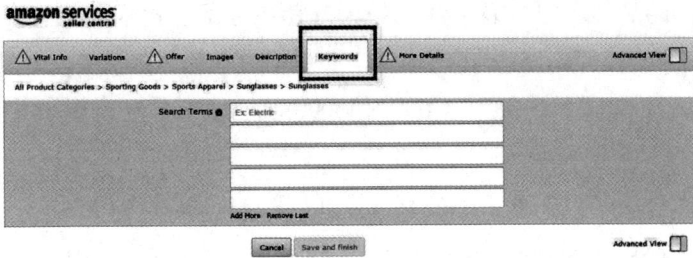

图 2 - 57

9. More Details（更多细节）

此处根据产品不同，所填入的内容也不同，按照指引填写完整即可，见图 2 - 58。

图 2 - 58

10. Save and Finish（保存并完成）

当所有必填项都填写完整后，页面最下方的"Save and Finish"按钮由虚变实，可以点击，这就意味着产品可以完成上传，见图 2 - 59。

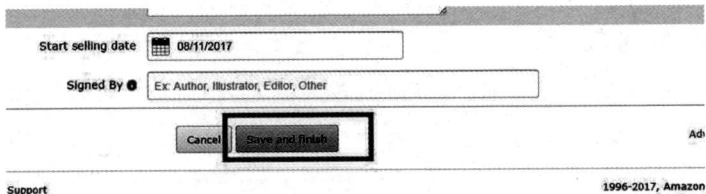

图 2 - 59

（二）产品图片要求

亚马逊对于图片的要求较高，在亚马逊强调商品，弱化店铺和保持亚马逊平台统一的品牌形象，去个性化的大方针指导下，卖家不能将商品的图片做得过于个性化，自定义太多的内容，要严格遵守亚马逊的要求。

（1）图片像素大于等于 1 000 × 1 000px，这样才能实现图片的放大镜功能。

（2）首图必须纯白底，不能有标识（LOGO）、文字等内容。

（3）产品图像面积占图片总面积的85%，并且要为实物图，不能为漫画或者是手绘图。

（三）亚马逊独有的跟卖政策

跟卖是亚马逊独有的运营政策，尽管它引发了很多问题，比如说侵权和价格战等，但跟卖作为亚马逊的根本规则之一是要长期存在的，我们也要对此有所了解。

1. 跟卖的简介

跟卖，即一个卖家创建了产品页面后，假如你有和他同款的商品，和他相比你的产品有价格优势和较高利润，那么你就可以在这个页面中创建一个按钮，将其链接到自己的同款商品上，完成跟卖。在图 2 - 60 的方框处可以看到有卖家在跟卖这款售价21.99 美元的太阳镜，而他的跟卖价格为 10.81 + 6.99（邮费）= 17.8 美元。这样很有可能会吸引对价格敏感的买家去跟卖产品的页面下单。

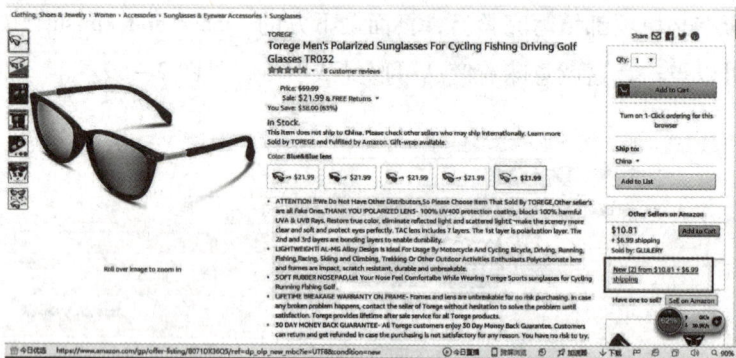

图 2 - 60

2. 跟卖产生的原因

在亚马逊的规则中，任何卖家上传的产品都属于亚马逊，而不是属于上传产品的卖家，这也是亚马逊和其他大部分电商平台的规则不同的地方。亚马逊平台认为，同一款商品，如果图片、介绍和产品功能是一样的，就没有必要再出现多个类似的页面。同一款商品被售卖的唯一区别就在于价格。因此，亚马逊允许多个卖家使用同一个 Listing（产品页面），即跟卖。

3. 跟卖的好处

（1）不用自己制作页面，用很短时间就可以完成跟卖产品上架。

（2）新卖家的商品可以分享被跟卖商品的巨大流量，从而快速出单。

4. 跟卖的风险

（1）容易被 Listing（产品页面）拥有者投诉，如果被跟卖方已在美国注册，且在亚马逊进行了品牌备案，那么跟卖方很有可能被投诉而导致账号被封。

（2）跟卖最容易引起价格战，而导致卖家没有利润。

5. 如何跟卖

找到你想跟卖的产品，点击图 2 - 61 方框处的 "sell on Amazon"，然后设置好价格和库存即可完成跟卖。

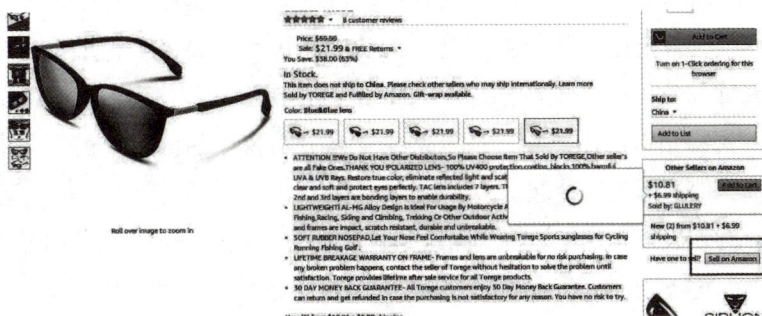

图 2 - 61

6. 跟卖的建议

（1）首先一定要确保你的产品和被跟卖的产品完全一样。不光要保证图片一致，还要看产品的描述中关于品牌、包装、生产厂家和产品功能等方面的描述是否和你的一致，尤其是电子产品更要注意。否则买家收货后发现你的产品和网站描述不一致，他可以向平台投诉。

你所跟卖的卖家也可能购买（TEST BUY）你的产品，如果他发现你的产品和网站描述不一致，也可以向平台投诉。这种投诉如果频繁出现，那么你的账号很有可能被亚马逊关闭。

（2）跟卖意味着必须设置比原商品更低的价格，所以你必须考虑是否有利润，不能单纯为跟卖而跟卖。

（3）若被跟卖方发邮件联系你，要求你下架跟卖产品，此时最聪明的做法就是不管你的产品是否涉及侵权，先下架商品。因为产品多的是，账号就一个，而且被同行盯上也必将带来很多麻烦。

（4）跟卖产品的选择要点。如果某产品销量大但又没有人跟卖，那很大可能是该产品有品牌备案和保护，你不能冒风险跟卖；如果产品跟卖的人太多，如10个以上，那么价格战肯定打得如火如荼，你去跟卖几乎是没有利润的，没有必要跟卖。我们主要是寻找跟卖人数少（有2~5个为佳），同时价格也没有被压得太低的产品。

（四）注重买家体验

亚马逊公司最重要的准则就是：对顾客体验痴迷，一切以顾客为核心（Customer Obsession）。我们作为入驻亚马逊的第三方卖家，必须遵守亚马逊的核心准则，否则很快就会被亚马逊淘汰。具体就是要做到，重视每一笔订单，尊重每一个客户，努力解决客户的每一个问题。

（1）选择销售优质产品，这个是在亚马逊销售产品的基础前提。没有这个基础，其他的都无从谈起。

（2）尽快发货，尽早地将产品送到客户手中。亚马逊客户对于时效性要求较高，而跨境电商的物流时效性较难把控，这个也是有非常大比例亚马逊卖家选择FBA（Fulfillment by Amazon，产品入亚马逊仓库，由亚马逊物流发货。后文有详细介绍）的原因。物流慢引起的投诉也是所有的投诉中较多的一种。

（3）及时回复客户邮件和买家问题。亚马逊对于邮件的回复有48小时的时效性考核，如果你超时不回复且屡次发生，会导致亚马逊对店铺账号的警告和关闭。

（4）及时处理客户的退货，尽量满足客户的要求。

（五）亚马逊物流FBA

FBA即由亚马逊为第三方卖家的产品提供仓储、运输、收款和退换货等服务。卖家将产品发到 FBA 的仓库后，后续的发货等操作就都由亚马逊来完成。利用 FBA 卖家节省了时间和精力，买家可以更快地收到商品，体验更好的服务。所以 FBA 现在是亚马逊主流的发货方式。

1. FBA **的优缺点**

（1）优点

①送货速度快，服务好，买家体验好，可以提高店铺和产品的好评率。

②加入 FBA 能够提高 Listing（产品页面）的排名，增加获得订单的概率，有效地提高销量。

③加入 FBA 的产品因为物流原因产生的差评，联系亚马逊都可以删掉。

（2）缺点

①仓储成本高，如果产品滞销，在仓库中存储时间长会被收取高额的仓储费。

②增加了卖家的备货成本，发 FBA 的产品必然要达到一定的库存，如果产品滞销，会增加卖家的资金压力。

③由于买家退货简单，可能会导致退货率上升。

2. FBA **的费用**

FBA 主要根据产品的重量计费，并要测量产品的长宽高，对产品进行综合计量得出 FBA 发货运费。另外，FBA 还根据订单数量收取订单处理费，根据产品个数收取打包费。

卖家将产品通过 FBA 处理后，一定要在后台查看 FBA 的费用，从而对售价做出调整。

选什么产品去销售是做跨境电商首先要考虑的问题，也可以说是最重要的一环。选对了产品可以说已经成功了一半。我将我们团队做跨境实操选品的方法进行了整理和总结，形成了由浅入深的三种开发产品的方法，本章分别介绍给大家。

第三章

如何在跨境电商平台高效开发产品

第一节　开发产品的第一种方法：分销

分销，即利用专业的跨境电商分销网站，便捷、迅速地将分销商品上传到自己的店铺，产生订单以后再付款采购产品并发货。

分销是跨境电商新人起步的最佳方式，你会很快体验到出单的感觉，并迅速了解跨境电商上传产品－产生订单－发货的整个流程。而这个从 0 到 1 的质变过程会帮你积累很多从事跨境电商的技巧。

因此，我首先为大家介绍几个分销模式和几个主要的分销网站。

一、越域网

越域网（www. kjds. com）是目前国内最大的跨境产品一键分销网站，在跨境分销行业处于领先地位。目前支持速卖通、WISH 和 eBay 的产品一键上传。

（一）使用方法

1. 注册
通过手机和邮箱完成注册，流程简单。

2. 账号授权
通过网站详细的操作流程来绑定已经申请的店铺（eBay、速卖通和 WISH），见图 3－1。需要特别注意的是，绑定账号时需要登录后台，这里一定要注意在平台账号对应的电脑和网络环境下操作，防止关联，eBay 和 WISH 平台尤其要注意。

3. 产品上传
账号授权完成后就可以进行产品上传了，下面我分别用速卖通和 WISH 来演示。

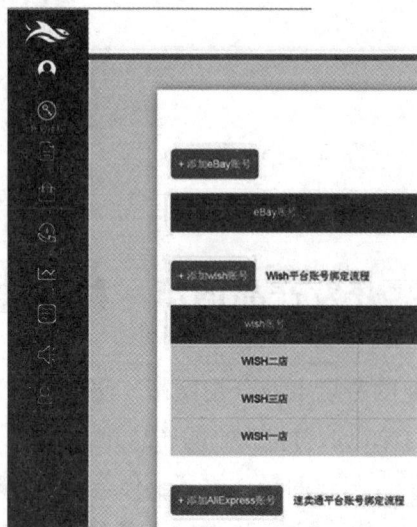

图 3 – 1

（1）速卖通分销产品上传。

①进入商城产品选择页面，分别选择好 Aliexpress（速卖通）和要上传商品的类目，以女装为例，见图 3 – 2。

图 3 – 2

②选择感兴趣的产品并打开，可以看到产品的图片、价格和尺码等信息，见图 3 – 3、图 3 – 4、图 3 – 5，通过这些信息我们可以了解到产品的基本情况，而且大部分产品的页面制作质量都非常好，图片清晰、信息完整，还有国外模特展示。

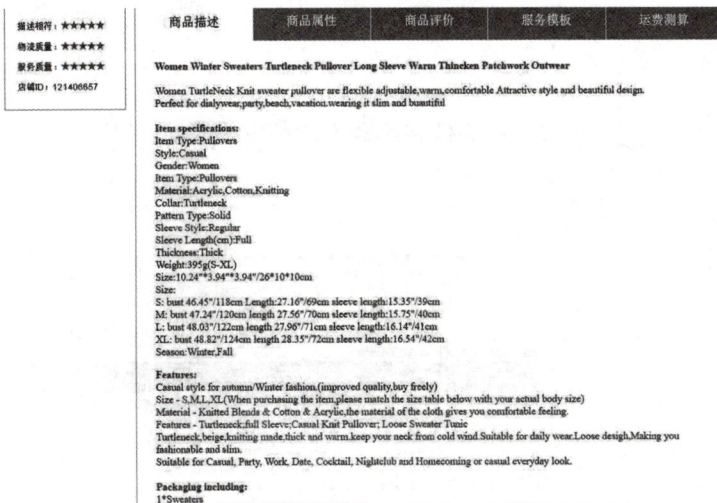

图 3 – 3

图 3 – 4

③计算售价。图 3 – 3 所示的产品页面标注有产品价格，这个相当于是产品的采购成本 38 元，那么你需要确定这件产品的国际物流运费是多少。越域网是不支持先将产品发国内快递给你，然后你自己再发国际快递的。他们是直接将你出单的产品按照订单地址发往国外。

通过网站的运费测算功能你可以计算出国际运费，见图 3 – 6。点击"运费测算"，选择目的国家或地区，因为订单产生前你并不知道具体是哪个国家或地区出单，所以只能找某一个国家或地区大致测算。因为速卖通以俄

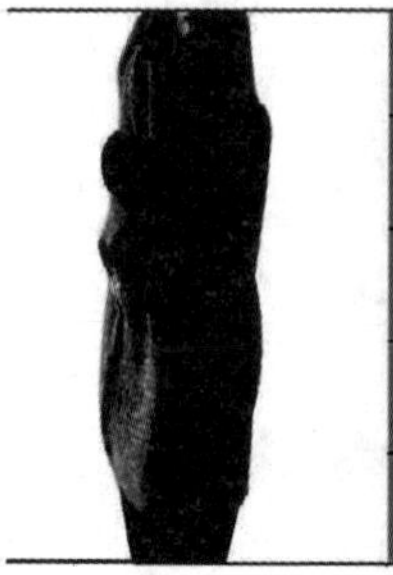

SIZE		Bust	Sleeve	Length
S	cm	118	39	69
	inch	46.45	15.35	27.16
M	cm	120	40	70
	inch	47.24	15.75	27.56
L	cm	122	41	71
	inch	18.03	16.14	27.96
XL	cm	124	42	72
	inch	48.82	16.54	28.35

图 3－5

罗斯的订单为主，所以在这里我们以俄罗斯为范例测算运费。运费测算会列出越域网支持发往俄罗斯的所有快递的价格，你按照实际情况选择即可，一般以选择 E 邮宝为主。

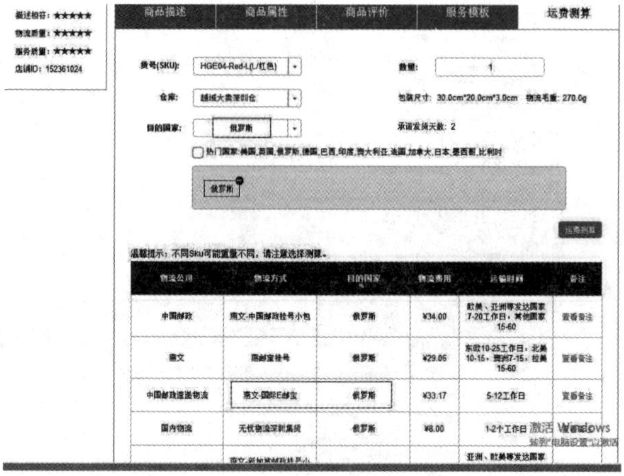

图 3－6

这样你就可以确定产品的所有成本，即产品 38 元，物流费 42.57 元，按照第一章第四节教给大家测算产品定价的办法，我们就可以计算出这件产品在速卖通店铺的真实售价。

④刊登商品。测算好销售价格后，就到了最终一步刊登商品。

在产品主页面点击“立即刊登”后，进入到刊登页面，见图 3－7、图 3－8，需要你填写的内容如下。

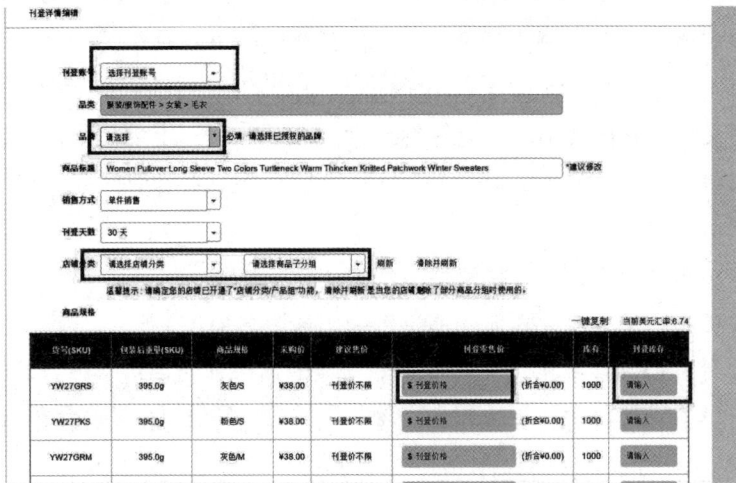

图 3 - 7

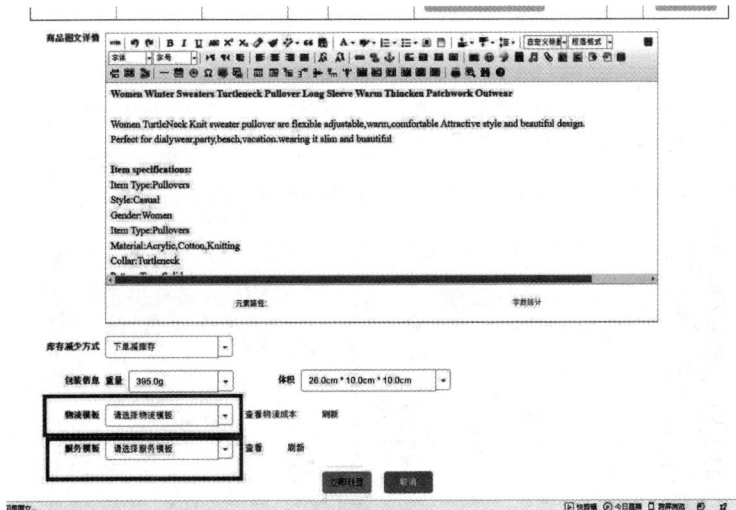

图 3 - 8

刊登账号：你预先授权绑定好的速卖通账号。

品牌：之前有过介绍，速卖通的品牌项是必填属性，这里填入你已经在速卖通通过认证的自有品牌或者授权品牌名称。

商品标题：标题默认抓取越域网已写好的标题，你可以修改，如果新人对标题的写法不熟悉，那就直接引用默认标题，无须修改。

店铺分类：此处选择你店铺预先设置好的分类，能让产品展示更有条理。

刊登零售价：填入刚才测试好的售价，标价单位为美元。

刊登库存：填入比越域网显示的系统库存小的数字，因为此库存为网站总库存，而又有多人在使用共享此库存，为防止超卖，一定要填入更小的数字。一般建议填写越域网库存数量的50%即可（即此商品的网站总库存为1 000，你写500即可）。

物流模板：填入预先在速卖通设置的店铺物流模板。

服务模板：填入预先在速卖通设置的店铺服务模板。

点击"立即刊登"即可完成此商品在速卖通店铺的上传。

通过以上刊登过程，大家可以看到，你主要做的事情是测算价格，而将测算公式通过 Excel 表格的公式功能预设好后，可以更快地测算价格。这样你刊登一个产品的时间大概不到1分钟，并且上传刊登的是一个有高质量图片的高性价比的产品。

（2）WISH 产品一键上传。

WISH 产品的一键上传大部分操作和速卖通一样，这里我仅仅将不一样的地方和需要注意的部分进行讲解。

①在越域网界面选择 WISH 平台，见图 3 - 9。

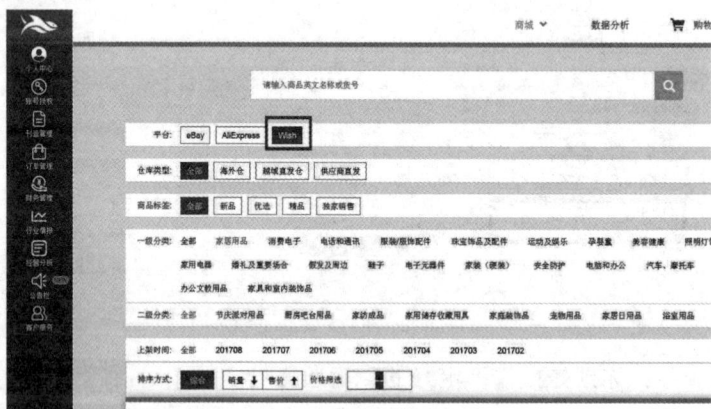

图 3 - 9

②运费测算国家或地区建议选择美国，因为 WISH 的买家以美国为主，因此按照目的地为美国测算运费更准确，见图 3 - 10。

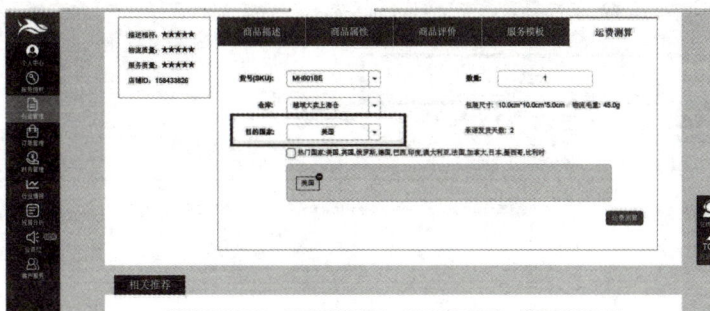

图 3 – 10

③Tags，即 WISH 标签，这个是 WISH 搜索和推荐产品的重要依据，最多填 10 个，见图 3 – 11，你一定要填满。具体如何填写，在第四章会有详细的介绍。

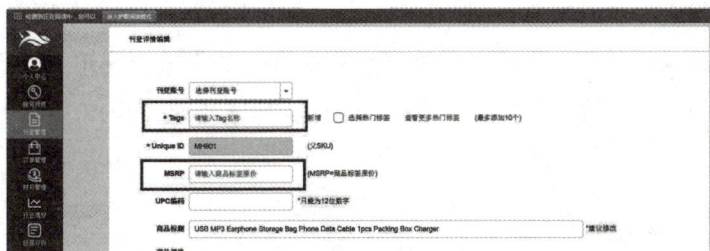

图 3 – 11

④MSRP，即产品的原价或者市场价。比如我们的产品真实售价是 19 美元，这里可以填上 29 美元来展示原价，它会给客户一种促销的感觉，见图 3 – 11。

⑤UPC 编码，此处不用填写。UPC 商品编码只有在亚马逊是必填项。

⑥运费，此处要注意的是，WISH 规定所有商品的价格必须不包含邮费，因此运费为必填项，见图 3 – 12。假如你的产品真实售价确定为 19 美元，那么你可以在产品售价处写 15 美元，在运费处填写 4 美元，来组合成最终的售价。

⑦配送时间，此处要注意的是，时间的选择一定要根据你产品的真实运输时间填写。填的时间太短，如果买家在规定时间内没有收到货物而提起申诉，WISH 会判定给顾客全额退款，产品也无法退给卖家；写的配送时间太长，会影响顾客下单，降低转化率。因此你要根据实际情况真实填写。

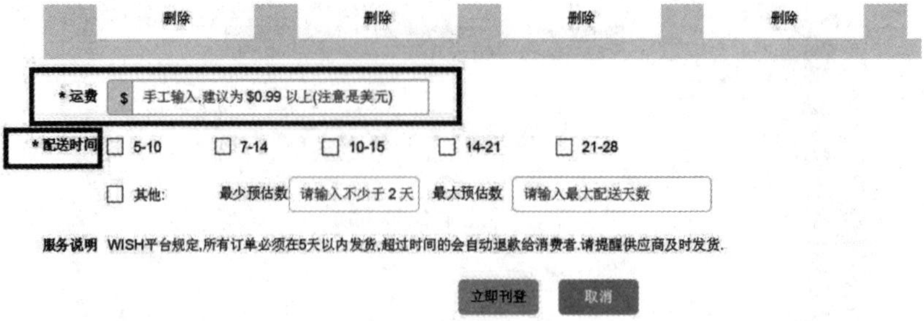

图 3 - 12

4. 订单发货

在刊登好一部分商品后，不久你可能就会收到订单。你如何来完成发货呢？

（1）采购商品。在越域网的"订单管理"中你可以看到已经产生的订单，显示状态为"未付款"，你点击并选择好物流后就可以通过支付宝付款。

（2）自动同步订单发货。付款完成后系统自动生成快递单号。你无须操作，等待一段时间后，系统会自动将单号同步到速卖通、eBay、WISH 的后台完成发货。

（二）扩展功能

越域网目前只支持 eBay，WISH 和速卖通产品的一键上传，而通过网站的扩展功能，你也可以用其他的方式来采集商品，上传到你的亚马逊店铺。

1. 下载数据包

图 3 - 13 所示的是越域网的"下载数据包"功能，通过此功能，你可以下载产品的所有图片，复制页面的标题和文字描述，进而可以很轻松地将此产品通过亚马逊后台直接上传。

2. 订单发货

当你通过越域网下载数据包的方式将产品上传到亚马逊后，如果产生了订单，越域网和亚马逊没有 API 接口（API 接口是操作系统留给应用程序的一个调用接口，应用程序通过调用操作系统的 API 而使操作系统去执行应用程序的命令）对接，是无法同步订单并且自动发货的。针对此情况越域网也为我们提供了"手工下单"功能来解决这个问题。

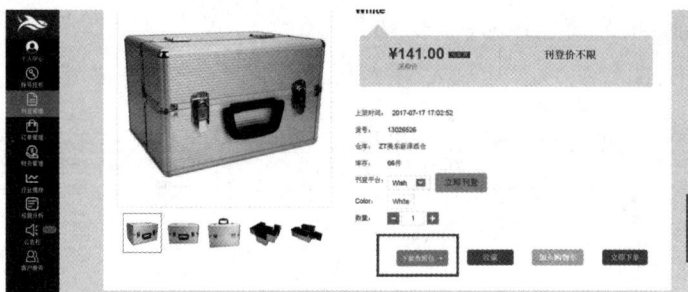

图 3 – 13

（1）点击产品"立即下单"按钮，见图 3 – 14。

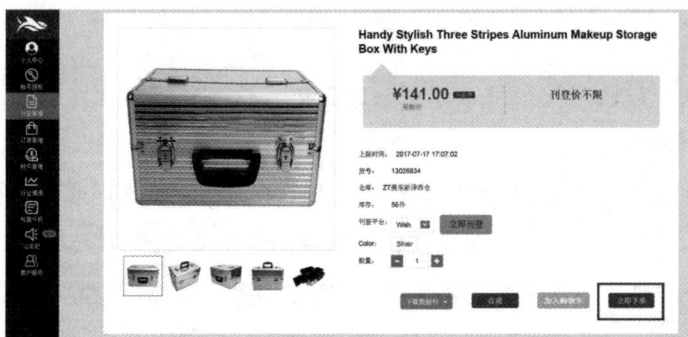

图 3 – 14

（2）填写订单信息，将亚马逊后台的订单详细内容复制到对应框中，切勿写错，否则会造成派送失败，见图 3 – 15。

图 3 – 15

（3）确认商品信息并付款，见图 3 – 16。

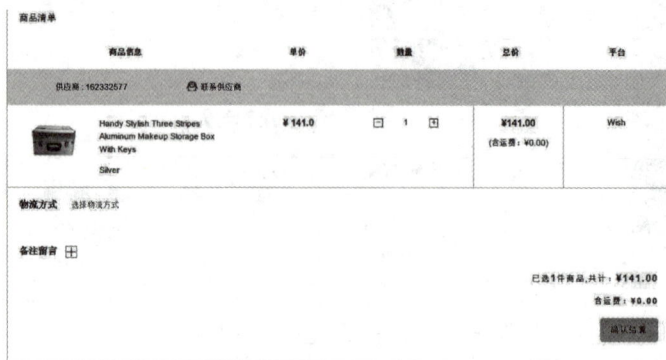

图 3 – 16

付款后，越域网就会将这笔亚马逊订单发送到指定的买家地址，这样就完成了整个流程。

你要注意的是由于 LAZADA 需要卖家将货物发到他们深圳或义乌的仓库中，再由 LAZADA 的自有物流公司发送到东南亚，因此越域网的手动下单方式是无法支持 LAZADA 的。大家切勿使用这个方法，导致 LAZADA 无法完成发货。

（三）海外仓功能

越域网的海外仓功能是在 2017 年 7 月推出的高级版功能。它是通过将货物存储在越域网的美国仓库中，让美国客户在下单后可以更快地收到货物，且退换货更加便利。该功能的具体使用方法如下。

（1）在越域网首页选择"海外仓"，见图 3 –17。

图 3 – 17

（2）在商城页面选择产品进行上传，需要注意的是，很多海外仓产品都是包邮的，也就是说你在计算产品售价时无须考虑邮费。

（3）目前越域网只在美国有海外仓，因此产品也只能销售给美国本土客户。

二、海卖宝

海卖宝（http：//central. tcesoho. net/）是由中国邮政集团公司福建省分公司搭建的跨境电商货源服务平台。它类似越域网，是支持速卖通和 WISH 产品一键上传分销的网站。

（1）网站注册及店铺绑定，绑定完成后，你可以在"平台首页"，"店铺管理"界面，对绑定的店铺进行管理，见图3－18。

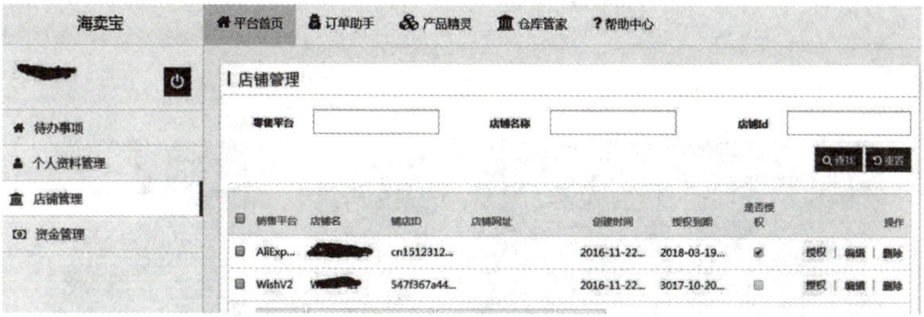

图 3 – 18

（2）产品刊登，在海卖宝主页点击"产品精灵"，找到页面中"产品选售"，选择好产品后点击"选售"，然后在刊登页面中即可完成一键刊登，见图3－19、图3－20和图3－21。

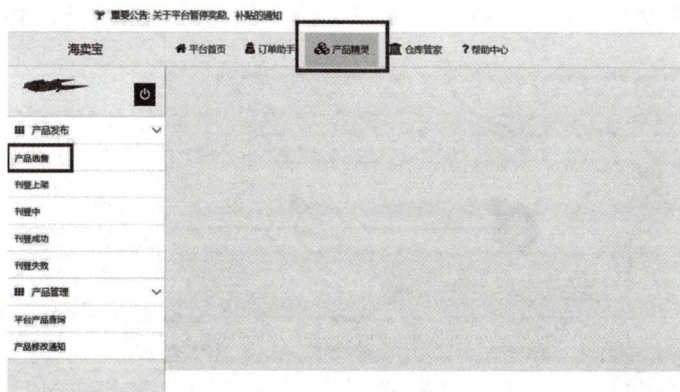

图 3 – 19

图 3 - 20

图 3 - 21

（3）订单发货，进入订单助手页面，先进行订单同步，然后付款采购，系统随后完成发货并同步订单，操作方法类似越域网，因此不做赘述，见图 3 - 22。

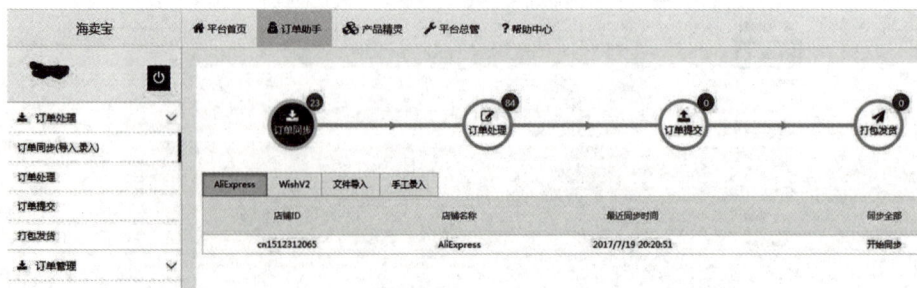

图 3 - 22

三、莱卡尼

莱卡尼（http：//www.pfhoo.com/）是一个很有特色的网站，这个网站的产品很有特点，它的使用方法不同于之前提到的两个一键分销网站，是通过下载数据的方式来分销产品的。下面我为大家做具体介绍。

（一）主营品类

莱卡尼网站主营饰品、眼镜、手表和箱包这四类产品，最近又新增了服装、户外和鞋类产品，不过目前产品并不多，见图 3-23。

图 3-23

（二）产品的特点

价格便宜，图片极其精美，见图 3-24。

图 3-24

我非常了解眼镜和箱包产品，网站提供的这两类产品的价格和我从合作多年的厂家的拿货价差不多，甚至更低。

网站图片的质量非常高，我从事电商多年，对产品拍摄也比较了解，深知眼镜、首饰和手表这类带有金属和装饰水钻的产品拍照角度选择之难、修图之难及工作量之大。莱卡尼的产品拍摄和修图水平在行业里是顶级的，与我合作过的摄影机构及美工从未有能达到此水平的。

网站上产品极具竞争力的价格和超高质量的图片决定了产品的超高性价比，为它成为爆款产品提供了可能。这也是我向大家推荐这个网站的主要原因。

（三）产品上传

莱卡尼网站不具备一键上传功能，所有产品都通过下载数据包（包括产品的所有图片），然后自己编辑标题和描述来上传，见图 3 - 25。

图 3 - 25

（四）订单发货

产生订单后你可以从莱卡尼将产品采购回来，自己发货，也可以委托莱卡尼发国际快递，方式比较灵活。

四、注意事项

（一）知识产权

知识产权永远是我要强调的最重要的内容。虽然这些专业跨境产品分销网站已经在知识产权侵权方面进行了严格把控，但难免会有漏洞。我们公司就曾经因为疏忽上传了一个平台遗漏的大品牌产品，造成了侵权违规。

所以对于在跨境分销网站上传的产品还是要谨慎，留心知识产权问题。

(二) 有节奏上新品，切勿速度太快

通过上述介绍，大家了解了在跨境分销网站上传产品速度非常快，尤其是越域网，即使按照 3 分钟上传一个产品的速度来计算，全网站几万个产品也能在不长的时间内上传完成。但是我要告诉大家，不要上传得太快，或者短时间内上传太多产品，要有节奏地"上新"。

这是因为跨境电商平台的搜索引擎都会对店铺的活跃度有考核，而产品"上新"是店铺活跃度的重要考核指标。活跃度高的店铺会被搜索引擎认为比较有运营能力，可能会多分配流量，从而带来更多的订单。

如果你"上新"太快，短时间内将产品上传完，后面很久都无法上传新产品，那么虽然在前期上传商品的时候，店铺被搜索引擎判定为活跃度很好，后期也会因为很长时间内活跃度很低，而导致搜索引擎减少分配流量。

因此，你要制订好"上新"计划，比如要上传 300 款产品，在 3 个月内上完，那么每天上传 3~4 款产品即可，保持更新，保持活跃度。

(三) 缺货了怎么办

1. 为什么会缺货

跨境电商分销网站除了有自己的货源和仓库外，更多的是对接供货工厂。也就是说很多产品不在他们的仓库，而是存放在工厂库房。

由于工厂对接客户较多，或者由于库存对接系统对库存更新的滞后性，可能会导致你出单的产品正好缺货。

2. 缺货了怎么办

切记，不退货是基本原则。这个当然不是说你要耍无赖，发空包等欺骗买家，而是要采取一些技巧来将缺货的损失降到最低。

如果缺货后你马上联系客户进行退款，这是一个非常不聪明的办法，因为这样做了以后，会造成一个多输局面，这个交易链条上的各方都没有好处。

第一，作为商家，你损失了一个订单，也有可能得罪一个客户，造成他不认可店铺，以后再也不来的局面。

第二，买家尤其是女性买家，在网站上经过千挑万选后下单买了你的产品，她对于产品有很多的期待和好奇，这个大家也可以理解。而你随后告知她她所选的产品缺货了，买家肯定非常不开心，也许以后再也不会光顾了，这个才是最大的损失。

第三，作为平台方，你因为缺货导致买家退款，平台也赚不到交易佣金，而且还有可能会对你的店铺进行处罚。

解决缺货问题的方法有以下几种。

（1）解决不退货的第一个办法是找同款。因为造成缺货的原因很有可能是产品热销，那么热销的产品不一定是一个厂家在做。通过1688或者是淘宝网你很有可能找到同款产品，也许你找到的同款产品价格更低。通过找同款基本上可以解决50%左右的缺货问题。

（2）联系买家换款。如果确实找不到同款产品，也不要着急退款。你可以试着找类似款代替，而找到类似款的可能性很大。找到后你要联系买家，很诚恳地告诉她，她要的产品缺货了，但是你为她找到了类似的，同样非常棒的产品来替代，并且附上产品图片。如果买家同意，那么同样能解决缺货的问题。根据我们的经验，找类似款替代的办法基本可以解决20%～30%的缺货问题。

（3）在找不到同款，买家也不同意换款的情况下，你必须给买家退款，但退款也是有技巧的。你可以先点击发货（用一个虚拟的单号），然后联系买家退款，并且诚恳地请买家不要以"产品缺货"为理由申请退货，用"不喜欢""款式不合适""尺寸不合适"等其他任何理由都行。只要你态度诚恳，语言亲切，大部分买家是愿意配合你的。因为对于客户来说，拿到自己的退款就行了，以什么样的理由并无所谓。

但是，对于商家来说，买家申请退货的理由不同，影响却大不一样。以速卖通为例，如果买家以"缺货"为由申请退款，那么你就会触碰速卖通很严格的一条"成交不卖"的规则，而遭到平台的处罚。如果通过其他理由申请退款，则不会造成这样严重的后果。

这些技巧，并没有损坏买家的利益，却能将店铺的损失降到最低，你一定要好好利用。这个也是我们团队在运营实践中总结出的非常有用的技巧。

五、分销的好处和可以解决的问题

讲到这里，大家对跨境电商分销网站有了一定的了解。下面我可以为大家总结一下新手做分销的好处和可以解决的问题。

（一）节约资金

做分销你可以等有了订单以后再去采购，无须花费大量金钱去备货。基本上可以做到产品零库存、零投入。这样虽然不是你做跨境电商最好的方式，但对于新人起步绝对是非常可靠的方式。

（二）解决了跨境物流的问题

前文也介绍过，跨境物流相对于国内物流要复杂很多，你需要了解非常多的物流知识，知道去哪个国家发多重的产品、发哪个快递更划算，还要打包产品，去联系物流公司等。而通过越域网这样的跨境分销网站，你只需要选择哪个物流更划算，然后付款就行。

（三）节约时间和人力

利用跨境电商分销网站发布产品、处理订单都是非常简单而快速的。我公司多个采用分销模式的店铺都不用找专人处理，派个运营人员顺便维护即可。因此，这对新人起步也是非常有利的。

（四）可以收获信心

从我们公司线上、线下培训的大量学员中，我们可以看到很多人由于迟迟没有出第一单，造成信心不足，而对跨境电商运营产生了动摇，最终非常可惜地放弃从事跨境电商。

而通过跨境电商分销，新人在起步阶段，可以快速地上传大量产品，快速地获取第一个订单。这个比获取利润更加有意义。

在运营跨境电商的起步阶段，有了订单，就意味着实现了从 0 到 1 的突破，这个是质的飞跃。哪怕第一单不赚钱甚至赔钱也很有意义。如果没有订单，卖家很难熟悉运营的整个流程。而长时间没有订单，卖家的信心和耐心都会被消耗掉，很容易就放弃。

第二节　开发产品的第二种方法：淘宝结合 1688

淘宝结合阿里巴巴（简称 1688）这种选品操作方法是大多数中小卖家使用的方法，只是具体操作手法略有不同。我根据自己的操作实战，总结出更高效的方法，希望为大家的选品带来更多的帮助。

淘宝结合 1688 这个开发产品的方法具体来说包括两种方法。

一、淘宝热销款选品法

这个方法的思路是通过找到淘宝上的热销款，再利用工具软件找到这个产品的 1688 供货链接，然后采集图片并进行编辑后就可以上传产品。产生订单后可以去 1688 批发网站进行采购。

具体操作方法如下。

（一）找到淘宝热销款

找热销款产品的方法有很多种，每个人也有各自的习惯和操作技巧。比如搜索某个关键词进行销量排序或者是看淘宝的广告推广等。而我找淘宝热销款的操作思路是通过淘宝最热门、流量最大的促销活动。这样做的好处，一是促销活动产品丰富，避免了新人初选品的时候无从下手，二是产品数据相对更为真实、更有参考性。

目前淘宝网最热门、流量最大的促销活动板块有两个，分别是聚划算和淘抢购。聚划算以大品牌产品为主，而大品牌的产品不容易拿到授权且成本较高，并不适合我们来开发选品。因此，我重点介绍的是"淘抢购"这个促销活动。

（二）充分利用淘抢购

淘抢购是随着手机淘宝发展而迅速崛起的淘宝流量入口，目前是淘宝移动端流量排名前两位的板块。淘抢购的位置在电脑端和手机端均有，展示商品的内容一样。

入选淘抢购的商品大部分为淘宝 KA 商家（即淘宝网重点客户，具备优质的产品和优秀运营能力且每年向淘宝缴纳巨额广告推广费）的商品，少部分为其他卖家的销量好的商品。这保证了淘抢购活动商品的品质，且性价比很高。有很多中小品牌，非常适合我们做跨境电商产品开发。

（三）淘抢购商品选择

淘抢购每天间隔 1~2 个小时，固定更新各场次的商品，每天会有大量的新品。你可以在图 3-26 所示界面的左边的类目树处选择感兴趣的类目进去考察开发商品。

图 3-26

还可通过类目树下方的"即将售罄"处查看目前最热销的商品。

（四）安装插件选品

在选好你感兴趣的产品之前，你还需要安装一个官方插件来完成选品。我以 360 浏览器为例，首先在浏览器右上方点击"扩展"下拉键，选择"扩展中心"，见图 3-27。

图 3-27

然后在扩展中心右上角搜索框内输入"淘货源"进行搜索，见图 3 - 28。

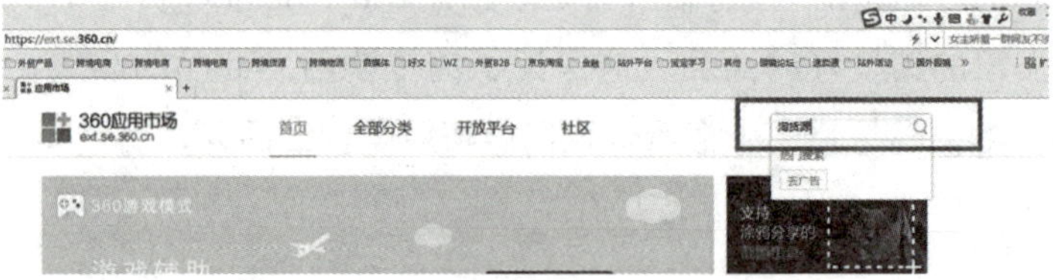

图 3 - 28

搜索出来后点击"安装"即可将此插件安装嵌入到浏览器，并且立即开始生效。

现在，我来讲解这个功能强大的插件的用途。

首先，你选择好要开发的产品后，点击进入该产品的页面（以一款非常热销的可爱抱枕为例），在页面右侧有个很小的"货"字样，见图 3 - 29。这个就是你安装插件后才有的标识。

图 3 - 29

你单击"货"，即可看到这个插件利用标题和图片相似等搜索功能为你在 1688 上找到的同款产品，见图 3 - 30 和图 3 - 31。

通过淘抢购插件你可以很方便地找到淘宝网产品在 1688 批发网上的供货链接，通过这些链接能找到价格十分优惠的产品。

（五）采集产品图片

找到产品的供货链接后，你需要做的主要工作就是采集图片。因为 1688

图 3-30

图 3-31

是以批发为主的商城，图片质量普遍不高，很多商家都是用手机拍摄的，所以，你最好通过产品的淘宝网页来采集图片。但如果利用图片"另存为"的方式来保存图片效率会非常低，非常浪费时间。所以，我还要给大家介绍一款我们自己一直在用的，非常好用的图片采集工具——明振图片下载器（官网下载地址"http：//www.mingzhensoft.com/"）。

它的使用方法非常简单，打开软件后，你将要采集的产品网址复制进去，点击"开始下载"，见图3－32。

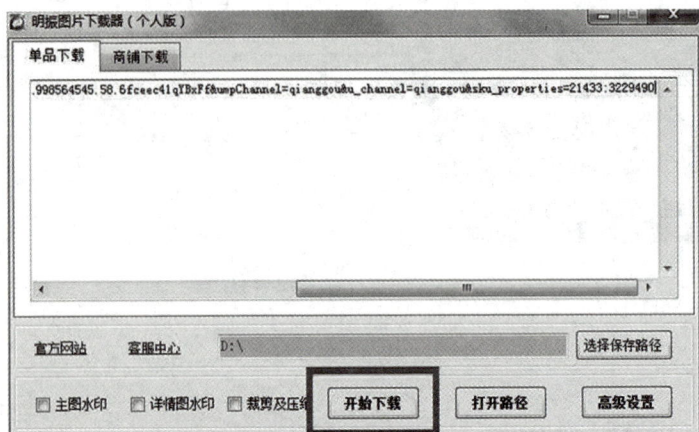

图 3－32

需要注意的是，这款软件为收费软件，免费版只支持下载详情页前10张图片，收费标准是一年30元，支持下载全部的图片。价格很优惠，但却能极大地提升你的工作效率。这款图片下载器支持的平台也很多，包括阿里巴巴、淘宝、天猫、京东、当当网、美丽说、速卖通、亚马逊和eBay等。

（六）发布产品

通过以上操作，你找到了热销产品和供应商链接，也采集到了产品的图片，经过编辑后就可以上传到你自己的跨境电商店铺，在产生订单（或者之前小量采购验货）后即可采购发货了。国内外产品售价的差异会给你带来不少的利润。

我再为大家总结一下这个选品方法的思路。首先通过淘抢购板块找到你感兴趣的热销产品（国内热销的产品在国外也很可能热销），然后通过淘抢购插件找到相关产品在1688上的供货商，以更低的价格进行采购（当然不是每件商品都可以找到供货商，这个也需要耐心寻找）；再利用明振图片下载器对产品图片进行下载，经过编辑后就完成了产品开发。

（七）注意事项

我本人以及我们团队通过这个方法非常有效地开发了许多产品，也打造了不少爆款产品。关于这个方法的一些注意事项我也需要和大家再强调一下。

1. 知识产权的问题

大品牌的产品尽量不要碰（比如电子类的华为、小米等品牌，大部分都在海外申请了品牌专利和独家销售权等，一定不能侵权）。在上架一些中小品牌之前，也尽量和供货商及生产商沟通下产品是否有专利权，是否有独家销售权，可以的话最好申请一个产品和品牌授权，这样可以最大限度地保护自己的账号安全。

2. 避免图物不符的问题出现

一定要保证你找到的 1688 供货商的产品和对应的淘宝网的产品图片一致，要认真审查，多和供货商沟通。切勿发生实物和图片不符的问题，引起退货退款，如果发生退货退款都需要你来全额承担。

3. 选品要谨慎

在淘抢购选品也要遵循第一章为大家介绍的跨境电商选品的注意事项。食品、保健品、化妆品要谨慎选择，服饰、鞋类产品由于尺码标准不同也要慎重选择，另外过重过大的产品也不宜选择。根据我们的选品经验，在淘抢购的"家纺家居"和"居家百货"两个品类中最有可能选择出适合跨境电商销售的产品。

二、跨境电商平台热销款选品法

这个方法更直接，它不通过国内的淘宝网来找热销品，而是直接通过跨境电商平台来寻找在国外热销的产品。它的操作方法和之前的方法类似，但也有一些不同。下面我以速卖通和亚马逊这两个主流平台为例来介绍下如何开发热销款。

（一）速卖通

速卖通是阿里巴巴旗下的，被称为"国际版天猫"的跨境电商平台。在这个平台上寻找开发热销款产品不能像在淘宝网上那样找到热门的促销活动，然后利用淘抢购插件来寻找供货商，而要用新的方法。

具体的操作办法如下。

（1）搜索要开发的产品主词，我以连衣裙"Dress"为例，打开速卖通网站（www. aliexpress. com），见图 3 - 33。

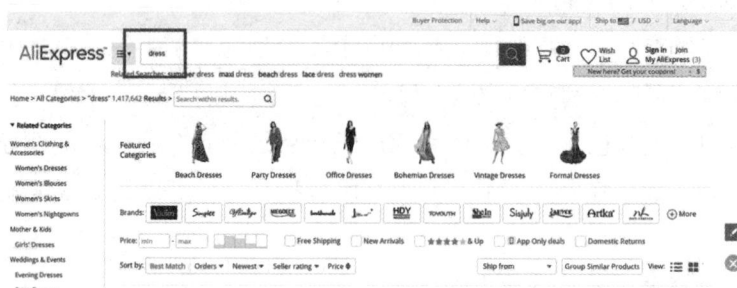

图 3 - 33

（2）然后在搜索排序方框处选择"Orders"，即按照订单数量（销量）排序，见图 3 - 34。

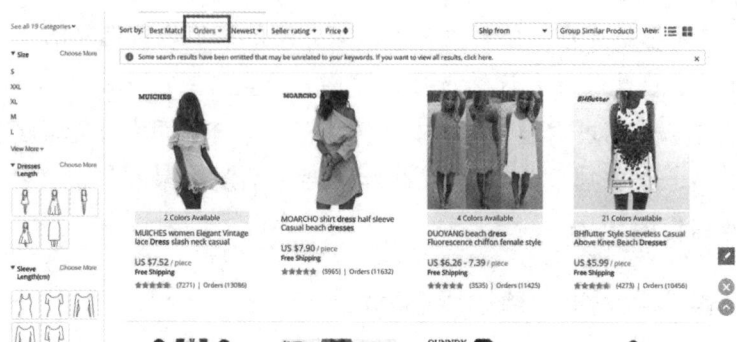

图 3 - 34

（3）选择好你要开发的产品，打开后将其首图截图并保存，见图 3 - 35。

（4）打开"www. 1688. com"，在搜索栏最右边点击照相机图标，使用图片找货功能，将刚才保存下来的产品主图进行上传，然后找到同款，见图 3 - 36 和图 3 - 37。

通过以上步骤，你可以很轻松便捷地找到速卖通上的热销款式和对应的供应商链接，剩下的事情就是用明振图片下载器采集图片进行便捷上架了。

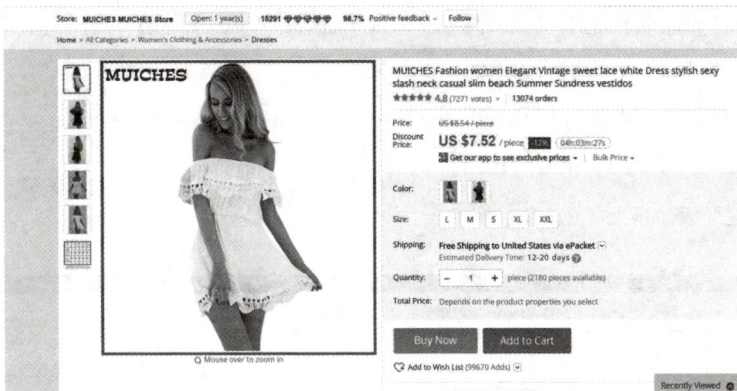

图 3 - 35

图 3 - 36

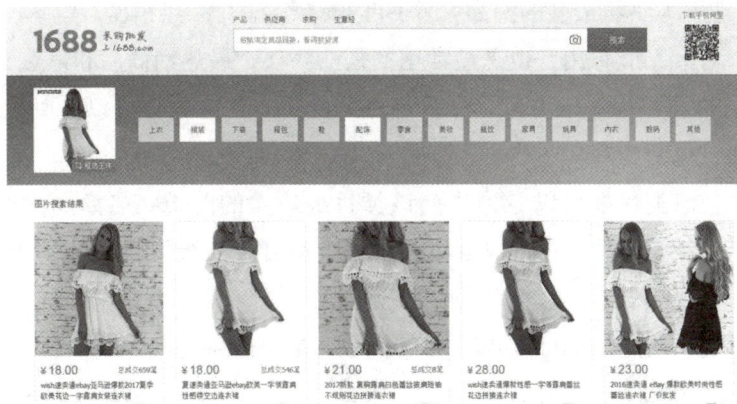

图 3 - 37

（二）亚马逊

亚马逊寻找开发热销款产品的方法和速卖通截然不同，因为亚马逊是不提供按照销量排序这个功能的。那么你查看亚马逊的热销产品需要通过官方的"Best Seller"（即最佳卖家）页面来查看。

（1）首先打开官方"Best Seller"页面，"https：//www. amazon. com/Best - Sellers/zgbs/ref = zg_ bsnr_ tab"。

在这个页面你要先看横向标签，见图3－38。

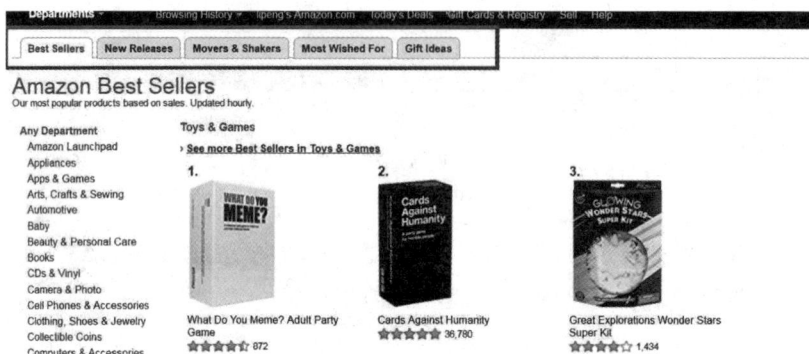

图3－38

分别是"Best Sellers"最热销商品，"New Releases"最热销新品，"Movers & Shakers"近期上升最快的商品，"Most Wished For"即亚马逊的心愿单（你可以理解为收藏最多的商品），"Gift Ideas"即礼品热销榜。

其中对大家最有用，也是最常用的是前两项，最热销商品和最热销新品。

（2）打开"Best Sellers"看纵向的类目树，在这里你可以看到亚马逊所有的类目，见图3－39。

点开任意类目都可以看到当前该类目最热卖的前100名商品，见图3－40。点击一级类目后，还可以继续查看二级类目及三级类目下的TOP100，见图3－41。

通过这个功能，你可以查看所有亚马逊细分类目下的热卖产品。

（3）找到感兴趣的热卖产品后，重复之前的步骤，截取主图——上传图片到1688，找同款供应商——采集图片编辑上架。由于之前有过详细介绍，在这里不再赘述。

以上介绍的两种方法"淘宝热销款选品"和"跨境平台热销款选品"是相较第一种分销法更进一步的选品方法。适合对跨境电商有一定了解的朋友。

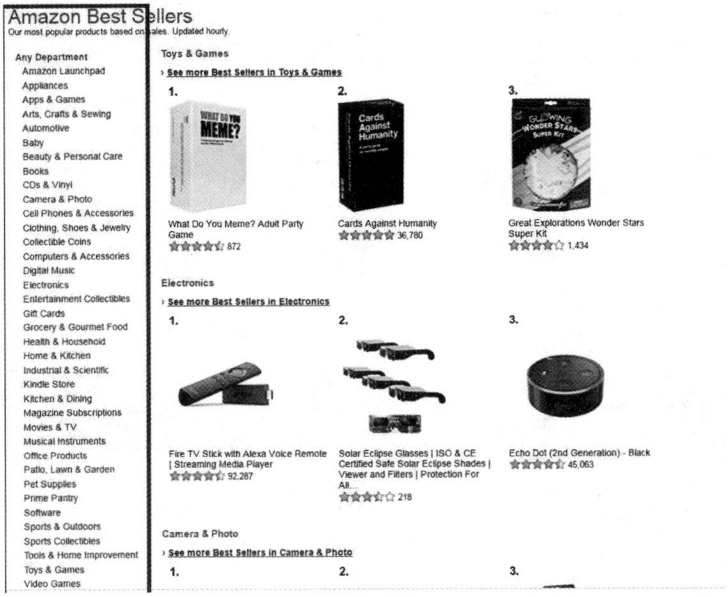

图 3 – 39

Amazon Best Sellers
Our most popular products based on sales. Updated hourly.

Any Department
Amazon Launchpad
Appliances
Apps & Games
Arts, Crafts & Sewing
Automotive
Baby
Beauty & Personal Care
Books
CDs & Vinyl
Camera & Photo
Cell Phones & Accessories
Clothing, Shoes & Jewelry
Collectible Coins
Computers & Accessories
Digital Music
Electronics
Entertainment Collectibles
Gift Cards
Grocery & Gourmet Food
Health & Household
Home & Kitchen
Industrial & Scientific
Kindle Store
Kitchen & Dining
Magazine Subscriptions
Movies & TV
Musical Instruments
Office Products
Patio, Lawn & Garden
Pet Supplies
Prime Pantry
Software
Sports & Outdoors
Sports Collectibles
Tools & Home Improvement
Toys & Games
Video Games

Toys & Games
› See more Best Sellers in Toys & Games

1. What Do You Meme? Adult Party Game ★★★★☆ 872
2. Cards Against Humanity ★★★★★ 36,780
3. Great Explorations Wonder Stars Super Kit ★★★★☆ 1,434

Electronics
› See more Best Sellers in Electronics

1. Fire TV Stick with Alexa Voice Remote | Streaming Media Player ★★★★☆ 92,287
2. Solar Eclipse Glasses | ISO & CE Certified Safe Solar Eclipse Shades | Viewer and Filters | Protection For All... ★★★☆☆ 218
3. Echo Dot (2nd Generation) - Black ★★★★☆ 45,063

Camera & Photo
› See more Best Sellers in Camera & Photo

1.   2.   3.

图 3 – 39

16.

Munchkin Miracle 360 Trainer Cup, Green...
★★★★☆ 2,656
$9.74 ✓prime

17.

Dr. Brown's Original Bottle Newborn Feeding Set
★★★★☆ 2,097
$14.86 ✓prime

18.

Skip Hop Zoo Toddler Kids Insulated Backpack Otis...
★★★★☆ 514
$9.99 ✓prime

19.

The First Years Take & Toss Spill-Proof Straw...
★★★★☆ 1,527
$1.98

20.

Dekor Plus Refill
★★★★☆ 824
$14.99 ✓prime

1-20 21-40 41-60 61-80 81-100

图 3 – 40

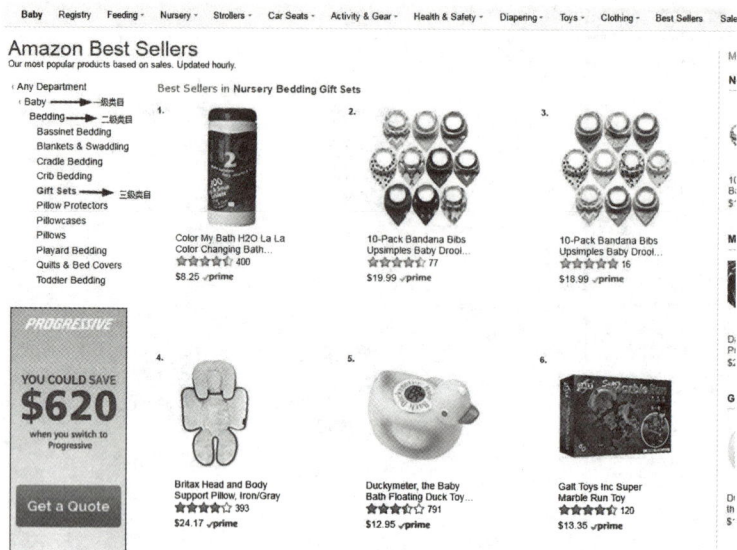

图 3 –41

同时，使用这种方法会让你更全面地了解跨境电商平台，了解国外人尤其是欧美人在电商消费领域的基本情况，也一定会让你开发出更多的好产品。

第三节　开发产品的第三种方法：有创意地开发产品

有创意地开发产品和开发有创意的产品是跨境电商开发产品的最高阶段，能够开发出有创意而又被市场接受的产品会带来非常好的收益。而如何有创意地开发产品，我认为是可以通过以下几个方法来逐渐实现的。

一、找到适合自己的热卖产品进行纵深开发

在利用前面所讲的分销法和淘宝结合 1688 两种办法开发产品并运营了一段时间以后，肯定在你的店铺中会出现一些比较热销的产品，那么这一类产品就可以作为你们店铺主打的产品去进行纵深挖掘。

纵深挖掘包括纵向挖掘和横向挖掘。纵向挖掘，就是深入研究这一类产品，发现它更多的优缺点和特点来加以利用，并且加入自己的一些创意或者是微创新。

横向挖掘，即开发产品的广度，这一类产品都有哪些类似款，各有什么优缺点，即将产品本身了解得通通透透，然后再去改进，有创意地开发。

举个例子，我们团队一直是以销售眼镜为主，通过对眼镜这个类目的纵深研究，我们发现，在横向上，眼镜主要包括近视框架眼镜、太阳镜、防辐射眼镜、功能眼镜和相关配件等几个细分类。我经过学习和实践了解到，这几个类目中，太阳镜的需求量最大，近视框架眼镜的利润最高，而且这两个类目都有着非常激烈的竞争。

再通过纵向深挖，我们发现近视眼人群佩戴太阳镜一直是他们的痛点。在光线强的室外环境中，近视眼人群无论是开车还是外出都会有非常多的不方便。因为无法便捷地佩戴太阳镜，他们要么是配一副带度数的太阳镜出门佩戴，而回到室内又要换回普通的近视镜；要么就是佩戴一副隐形眼镜再戴上太阳镜。无论哪种办法都很不方便，而且花费还高。

根据这个现象，经过深入研究后我们就把店铺产品的主打方向定在了近视多功能太阳镜上。经过长时间市场调查，对接供应商，研究消费人群等，我们打造出了自有品牌，可以很便捷佩戴的多功能近视套镜。这个产品无论是在国内还是国外都取得了不错的销售业绩。

二、从自己熟悉的产品开始开发

这个也是我给大家创意开发产品起步阶段的一个非常好的建议。先从自己熟悉的领域，熟悉的产品开始。

熟悉才有可能做出更准确的选择，熟悉也更有可能给产品赋予更多的创意。无论是我们还是周围很多跨境电商高手，无一例外，都很熟悉自己的爆款产品，在各自的领域都有着专家级的水平。

再为大家举两个例子。我公司员工开发的宠物用品，见图3-42。开发这款产品的女孩是一个非常喜欢宠物的人，也就是我们说的"猫奴"。她的业余时间几乎都和自己的猫在一起玩，所以她对宠物猫的用品一直非常感兴趣。

她开发的这款宠物猫垫是在微博上关注到的，当时她在全网也仅仅只能找到一家供货商，我们一致认为这个产品有特点，肯定会受到市场的欢迎。而且由于我们关注得较早，几乎是最早在亚马逊上架这类产品的商家，在美国和日本都取得了不错的销量。

我公司员工在亚马逊日本站开发的手帕，见图 3 - 43。

图 3 - 42

图 3 - 43

关于手帕这个东西，在我之前的认知中，不光是在中国，估计在世界其他国家也是个快绝迹的东西。大家都在用更为方便的湿巾和面巾纸。

但是，在日本，由于文化传统和环保意识浓厚等原因，小孩子的背包，女人的手包和男人西装的口袋中，手帕是必不可少的装备。日本很多大公司送给新入职员工的第一件礼物就是手帕。

开发这个产品的人在大学是学日语的，对于日本文化有着比较多的了解。更懂日本人的消费习惯，能开发出这种我们想不到的产品，也比其他人更能运营好日本站。

三、有创意地开发产品，生活中处处有爆款

创意开发产品，是开发产品的最高阶段，如果能运用好，将会产生巨大的收益。我认为，创意开发产品包括两个方面的内容，分别是：开发有创意的产品和有创意地开发产品，这两者乍看起来没有什么区别，但却是一件事情的两个不同方向，下面我分别来为大家解释。

（一）开发有创意的产品

这个是指你要找到创意十足的产品，然后赋予这些产品特定的功能，将

其卖给消费者。这类商品往往可以获得更高的利润，下面为大家举两个例子。

1. 创意土豆

美国一位青年 Alex Craig 突发奇想，将文字刻在土豆上做为礼物送人，见图 3 - 44。

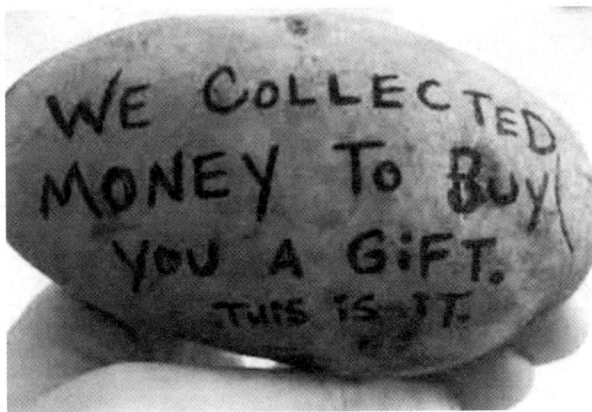

图 3 - 44

一个土豆卖价 14.99 美元（约合人民币 100 元），卖这么贵，在美国还真有人买。土豆上不过写几个字，印幅图，身价就暴涨百倍。买到的人纷纷表示，看到土豆的第一眼就乐疯了。

有人用它来鼓励朋友，有人用它来和朋友开玩笑。作为 NBA 球迷的 Alex Craig 还为 NBA 30 支球队的 150 多名球星寄送了土豆礼物，没想到那些球星个个都忍不住分享到了自己的社交平台上。通过这些大名鼎鼎的球星在社交平台的分享，没几天全世界都知道这个"邮寄土豆"的公司了。

Alex Craig 说："当你有个疯狂的主意但没挣到钱时，人们会说你是疯子；当你挣了几十万美元后，人们就会说你是天才。"

这个创意也许容易模仿，不容易长久，但它至少曾经把 1 元钱的土豆变成 100 元。你的产品，如果换个思路，能暴涨百倍身价吗？

2. 洗帽神器

我在浏览亚马逊新品热销榜时，在家居类目的新品热销榜中看到了一个很奇怪的产品，见图 3 - 45。

大家觉得奇怪的东西很有可能是少见或者是有创意的产品。我马上去查询这个产品，通过标题和页面我了解到这个产品主要是用来洗棒球帽的。但是我通过很多关键词搜索在 1688 上也找不到货源。

图 3 – 45

我尝试用英文去搜索，通过产品标题中的关键词"cap washer"竟然找到了供货商，见图 3 – 46。

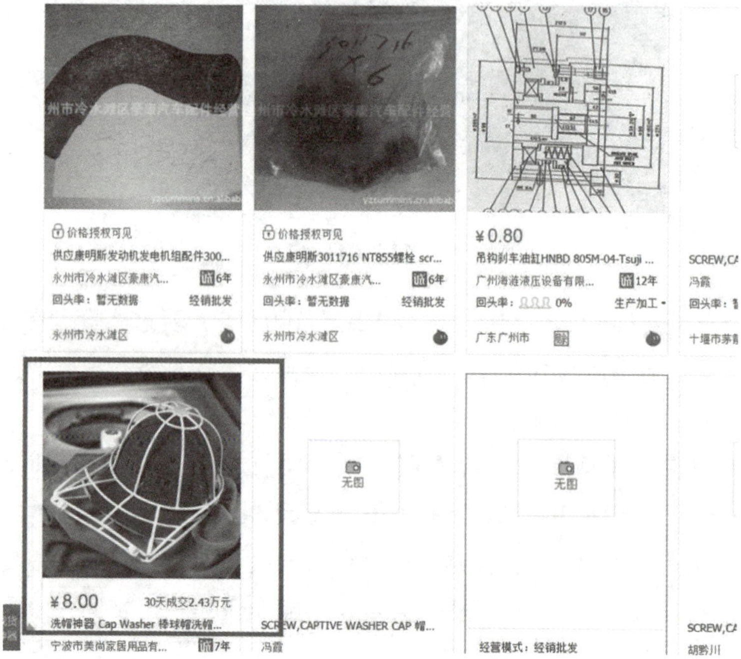

图 3 – 46

因为欧美人热爱户外运动，也非常喜欢佩戴棒球帽。那么相应的周边产品，比如这款可以在洗帽子时保护帽檐的"洗帽神器"在欧美的需求量就很大。而我们国家相比而言对棒球帽的消费要少很多，这种洗帽神器对于我们来说很少见，也属于非常有创意的产品。

那么开发这类产品，在欧美市场的销售应该是非常不错的，大家不妨尝试一下。

（二）有创意地开发产品

有创意地开发产品是指产品本身平淡无奇，也许你认为根本就不可以销售的产品或者不适合做国外市场、做跨境电商的产品，但是有创意地去想象，去实践，也许你会发现你之前的想法有多么错误。国内市场有非常多的产品适合做跨境电商，缺乏的只是如何去发现、去挖掘。我再为大家举两个例子，来为大家开阔思路。

图 3-47 所示的这个产品是一个在国内普通的不能再普通的足底按摩轮。这种产品在各个农贸市场、集会、地摊和小商店都有卖，非常常见。1688 上的批发价格也就是 20 元左右。你也许根本不会想到这个产品在亚马逊上能卖得这么好。卖得有多好？根据我们的计算，这个足底按摩轮在 2015 年年末上架，到现在两年左右的时间，总销售额折合人民币在 4 000 万元左右。

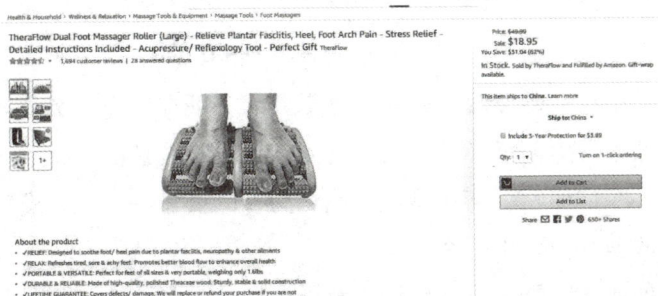

图 3-47

这个数据一定足够让大家震惊！那么，你要做的可不仅仅是羡慕那些获利的商家，你要用心地去想、去做、去开发更多这样的产品。一定要有信心开发出下一个类似的大爆款产品。

第二个例子，请大家看图 3-48。

插 入 116 页，"网 址 是"后 面
https://mp.weixin.qq.com/s?__biz=MjM5OTg5MzUwMQ==&mid=2650248449&idx=1&sn=a45d6e63f894019ff5f5b95a2bc99fb8&chksm=bf37b59388403c853bde829c0f17944de9772450b9c39fae3df7d3530e2fb05d133da4a51a66&mpshare=1&scene=23&srcid=0607uQOW5oAInorQywK8UymM#rd

图 3-48

这是我们亚马逊美国站后台的一个订单截图，大家一定看不明白这个是什么产品？说出来非常神奇，它就是我们日常生活中，尤其在农村经常见到的干草，没有任何其他的成分。

这个也是我们运营团队中的一位小伙伴开发的，我问他为什么开发这款产品，他回答："就是脑子里突然有了这个想法，而且见到亚马逊确实有人在卖此类产品，虽然很少，但是还是能够找到供货商，且成本极低的。于是，我就上架试试看。"

大家也可以看到，我们的定价其实很高，一份29.89美元，这位美国买家一下就买了两份，而且一直在持续地下单。具体他们买回去做什么？对不起，我也不知道。

这不是更加说明了有创意，干草也能变美元。

四、怎样做到有创意地开发产品

我一直在强调有创意地开发产品的重要性和好处，接下来怎样做到有创意地开发产品是我需要告诉大家的。每个人的头脑在创意和灵感上的天赋截然不同，有的人天生创意十足，而有的人在这方面的感觉可能就差一点。无论你的创意天赋如何？是高还是低？我认为，只要做到一点，就一定能够成为一名优秀的创意产品开发者。

这个条件就是你要成为一名信息敏锐者和信息收集者。通俗地说其实很简单，就是要求你"读万卷书，行万里路"，即多读相关的书籍和资料，多和行业内人士交流，多去行业发达地区考察学习等。

具体来讲，我每天要阅读和学习很多跨境电商的资料，比如书籍、微信公众号、行业网站等；经常和国外回来的朋友了解当地的风土人情、电商市场情况；经常去深圳等跨境电商发达地区参加活动和培训；经常上YOUTUBE了解国外关于亚马逊等平台的最新资讯等。通过这些渠道来收集行业内有用的信息，并且提高对产品开发的敏感度。

比如我现在接触任何事物都要在脑海中想一下这个事情能不能和跨境电商沾边，这个东西能不能开发成跨境电商的产品。如果我感觉有开发的可能，那么马上行动，调查市场，寻找供应商，然后迅速上架产品。

多想和多做，有了想法也一定要有执行力才行。

2017 年我认为在跨境电商亚马逊平台上有两个最有价值的资讯。

1. 亚马逊北美站开放了"健康个人护理"类目

这个类目在之前是有严格的资质审核的，审核通过后才可以发布相关产品，也就是说门槛很高。

2017 年 4 月亚马逊突然开放了这个类目，无须审核即可发布相关产品。而亚马逊开放这个类目的消息没有通过官方渠道宣布，也没有通过邮件通知卖家，属于悄无声息地做了政策的调整，行业中很多人都不知道这个消息。

我一直努力成为跨境电商行业的"信息收集者和信息敏锐者"，所以，通过阅读大量的信息第一时间了解了这个信息。当天我用了三个小时将"健康个人护理"类目各个子分类浏览了一遍，然后选择了四款产品进行开发。而这四款产品无一例外，都很热销，给公司带来了持续稳定的收入。

为什么有如此好的效果？前文介绍过，"健康个人护理"类目由于之前有着很高的准入门槛，导致此类目的卖家数量并不多，竞争也相对不激烈。很多取得资质的卖家一直处于"闷声发大财"的状态。

现在类目开放了，再加上开放此类目的信息并未大规模公布。那么我们第一时间获得了信息，并且迅速进入这个类目开发产品，一定可以从中分一杯羹。

这个就是及时收集和获取信息并能及时行动带来的切实好处。希望大家能举一反三，好好利用信息带来的商机发展自己的跨境电商事业。

2. 跨境选品，以数据为主

关于跨境选品，我给大家推荐一篇文章，网址是"https：//mp. weixin. qq. com/s？ _ _ biz ＝ MjM5OTg5MzUwMQ ＝ ＝&mid ＝ 2650248449&idx ＝1&sn ＝a45d 6e63f894019ff5f5b95a2bc99fb8&chksm ＝ bf37b59388403c853bde829c0f17944de97 72450b9c39fae3df7d3530e2fb05d133da4a51a66&mpshare ＝ 1&scene ＝ 23&srcid ＝ 0607uQOW5oAlnorOywK8UymM#rd"。它对跨境电商选品极其有帮助。如果你看完本书，对选品还是摸不着头脑。那么就通过这篇文章，按照我讲的方法来执行。保证你每天都会有满满的创意和源源不断的新产品上架。

这篇文章汇总了 2016 年美国 50 个州的居民在电商平台上搜索量最高的产品。例如加利福尼亚州的热搜产品，见图 3－49。

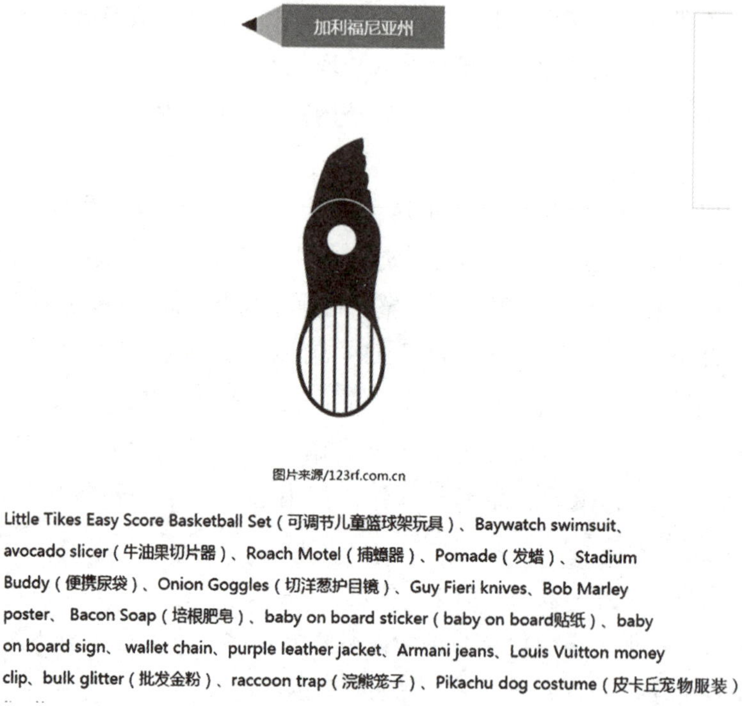

图片来源/123rf.com.cn

Little Tikes Easy Score Basketball Set（可调节儿童篮球架玩具）、Baywatch swimsuit、
avocado slicer（牛油果切片器）、Roach Motel（捕蟑器）、Pomade（发蜡）、Stadium
Buddy（便携尿袋）、Onion Goggles（切洋葱护目镜）、Guy Fieri knives、Bob Marley
poster、 Bacon Soap（培根肥皂）、baby on board sticker（baby on board贴纸）、baby
on board sign、wallet chain、purple leather jacket、Armani jeans、Louis Vuitton money
clip、bulk glitter（批发金粉）、raccoon trap（浣熊笼子）、Pikachu dog costume（皮卡丘宠物服装）

图 3 - 49

　　通过浏览文章，你会发现很多外国人独特的产品需求，许多产品是我们
中国人想象不到的，见图 3 - 50、图 3 - 51、图 3 - 52。

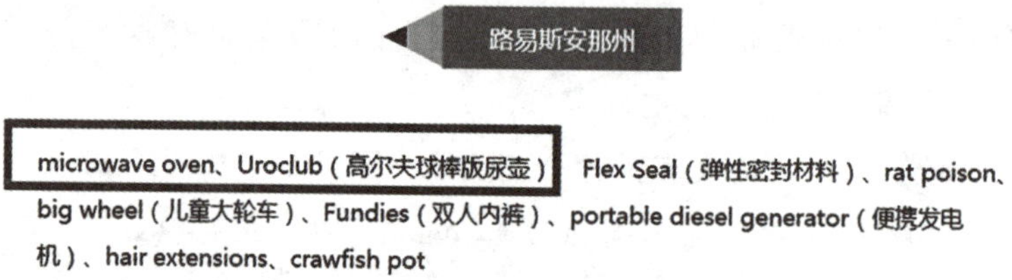

microwave oven、Uroclub（高尔夫球棒版尿壶） Flex Seal（弹性密封材料）、rat poison、
big wheel（儿童大轮车）、Fundies（双人内裤）、portable diesel generator（便携发电
机）、hair extensions、crawfish pot

图 3 - 50

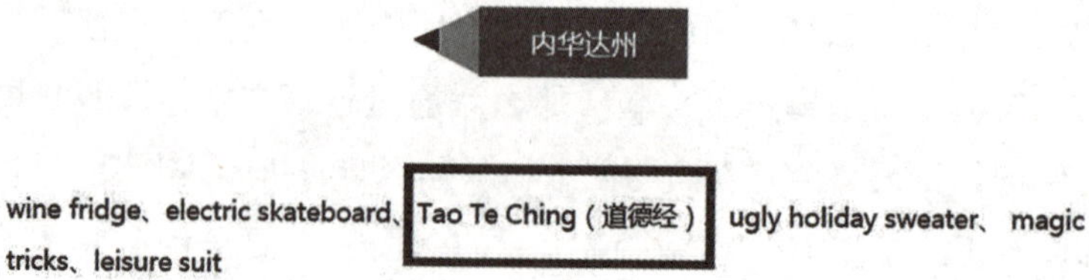

wine fridge、electric skateboard、Tao Te Ching（道德经） ugly holiday sweater、 magic
tricks、leisure suit

图 3 - 51

PlayStation VR、digital camera、Bluetooth headphones、instant camera、jackalope、
Baseboard Buddy（可伸缩清洁拖）Chia Pet（草头娃娃）dreamcatcher（捕梦网）
brass knuckles（指节铜环）、prayer flag、food dehydrator（食物脱水机）、cowboy hat、
cosmetics、snow cone machine（刨冰机）

图 3 - 52

是不是感觉大开眼界，许多你不了解的产品，甚至没有听说过的产品，
居然是美国人的热搜产品。

更有价值的是文中大部分热搜产品名称都有中英文对照，这极大地方便
了你开发产品。

具体如何做，非常简单，以 Chia Pet（草头娃娃）举例。

（1）先在亚马逊美国站搜索 Chia Pet，进行市场调查（有多少产品、都
是什么样子的、大概售价是多少、产品的销量大概是多少等），并进行产品分
析，见图 3 - 53。

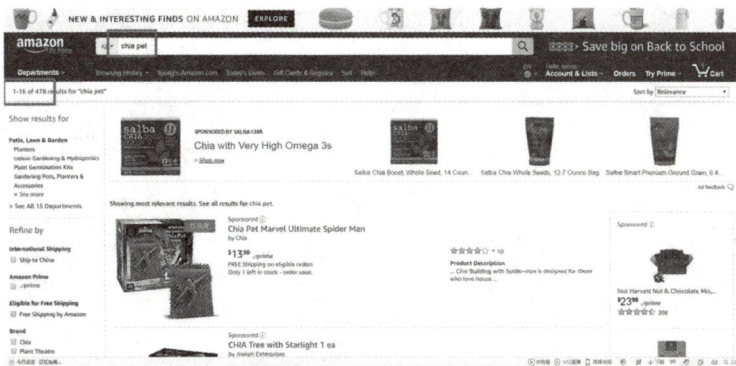

图 3 - 53

（2）市场调查完成后，去 1688 或者是淘宝上找货源，见图 3 - 54。

（3）进行整体评估，对产品的市场容量、市场前景、产品利润和供货商
等进行分析。评估和分析认为产品有市场潜力，那么就采购样品、拍摄图片、
上架产品、等待订单赚美元……

（4）重复以上步骤，开发文中的其他产品。只要有执行力，方法得当，
一定会有很大收获。我通过这个办法，开发了很多很好的产品，收获了非常
多的订单。

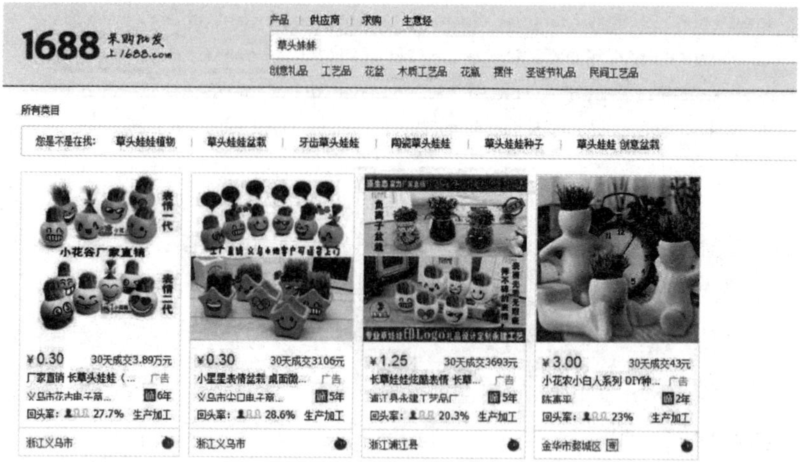
1688 采购批发 上1688.com
产品 供应商 求购 生意经
草头妹妹
创意礼品 工艺品 花盆 木质工艺品 花瓶 摆件 圣诞节礼品 民间工艺品
所有类目
您是不是在找： 草头娃娃植物 草头娃娃盆栽 牙齿草头娃娃 陶瓷草头娃娃 草头娃娃种子 草头娃娃 创意盆栽
¥0.30 30天成交3.89万元
厂家直销 长草头娃娃（... 广告
回头率：27.7% 生产加工
浙江义乌市
¥0.30 30天成交3106元
小星星表情盆栽 桌面微... 广告
回头率：28.6% 生产加工
浙江义乌市
¥1.25 30天成交3693元
长草娃娃炫酷表情 长草... 广告
回头率：20.3% 生产加工
浙江浦江县
¥3.00 30天成交43元
小花农小白人系列 DIY种... 广告
陈素平
回头率：23% 生产加工
金华市婺城区

图 3-54

"工欲善其事必先利其器"，想做好跨境电商需要借助第三方工具和网站，我在无数次的跨境电商实操中，精心筛选了一些跨境电商店铺管理工具和适用于不同平台的运营工具，以提高实操效率，节省人力成本。

第四章

跨境电商运营的常用工具及网站

第一节　好用的跨境电商专用 ERP——店小秘

一、了解店小秘

（一）什么是店小秘

店小秘网址是 "www. dianxiaomi. com"，它是一个跨境电商专业 ERP 管理软件，是网页版软件，无须下载，并且大部分的基础功能都是永久免费使用的。店小秘系统已对接亚马逊、eBay、WISH、速卖通、LAZADA、Shopify 等 11 个大电商平台，同时对接 180 多家物流服务商。店小秘除了提供常规的产品、订单、客服和仓储软件功能以外，还专为跨境商家定制数据采集、数据搬家、一键翻译、仿品检测等一系列智能功能，并且还在不断开发新的功能。可以说店小秘这一类的 ERP 管理软件是做跨境电商的必备工具，能够极大地提高工作效率。

（二）店小秘能够解决的问题

（1）一站式管理多个店铺账号，防止关联。

店小秘可以绑定多个不同的跨境电商平台，也可以绑定同一个跨境电商平台下的多个店铺，而不会产生关联（在授权绑定时要注意用专属的电脑和网络登录，绑定好之后就可以在同一台电脑登录而不会产生关联）。

（2）同时管理多个店铺的订单和发货，极大地提高效率，防止遗漏订单。

（3）简约、直观且快速地上传产品。

（4）强大的数据采集和数据统计功能有利于开发产品和管理店铺。

二、店小秘的主要功能

在使用店小秘的强大功能之前，你先要注册店小秘，并且把你的店铺授权绑定到店小秘上，才可以使用。

注册店小秘非常简单，见图4-1，你只需一个邮箱和QQ号即可，连手机号码都不需要。

图4-1

然后，登录店小秘后绑定店铺，见图4-2。每个平台的授权都有详细的图文说明可以做参考。需要注意的是，多站点的平台需要分别绑定，比如亚马逊的北美站、欧洲站和日本站需要分别绑定，LAZADA的马来西亚站、菲律宾站、印度尼西亚站、泰国站和新加坡站需要分别绑定。

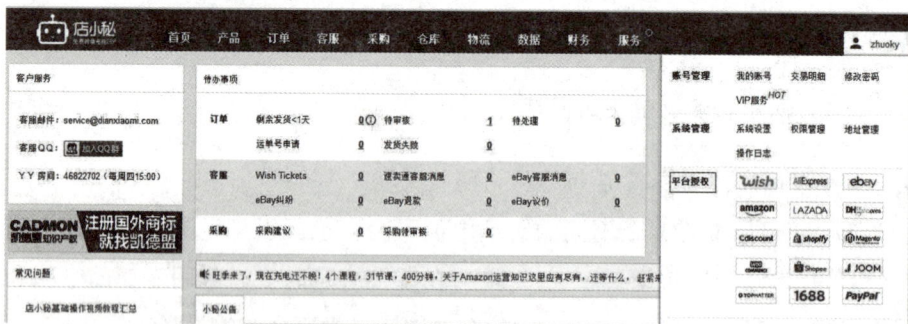

图4-2

在完成了注册和绑定两个步骤后，你就可以开始体验店小秘的强大功能了。

（一）产品管理

1. 产品上传

在第二章中我已经以亚马逊为例向大家介绍了通过亚马逊后台直接上传商品的步骤。虽然亚马逊卖家中心已经更新为中文版，但是产品编辑、上传的界面还是英文版，英文不好的人会感觉比较困难。亚马逊网站的服务器在国外，我们在国内经常会遇到无法登录或者登录速度缓慢的情况，这些问题通过店小秘都可以解决。

（1）在店小秘中点击"产品"，选择"亚马逊"——"创建产品"，见图4-3。

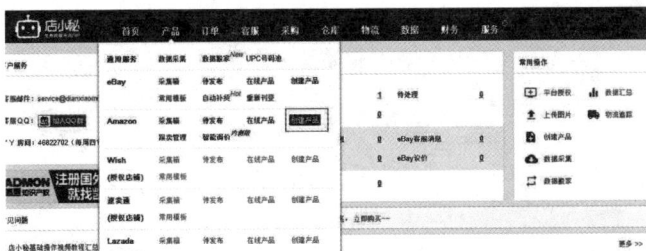

图4-3

（2）这个界面可以通过全中文上传，没有标签，而且将所有的必填项在一个页面中列出，见图4-4、图4-5、图4-6。这样的页面很符合中国卖家的操作和阅读习惯，也能极大地提高上传产品的效率。

图4-4

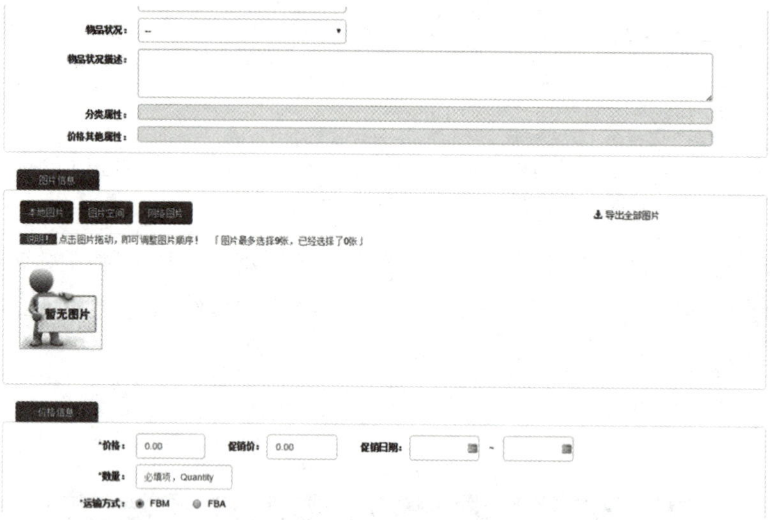

图 4 – 5

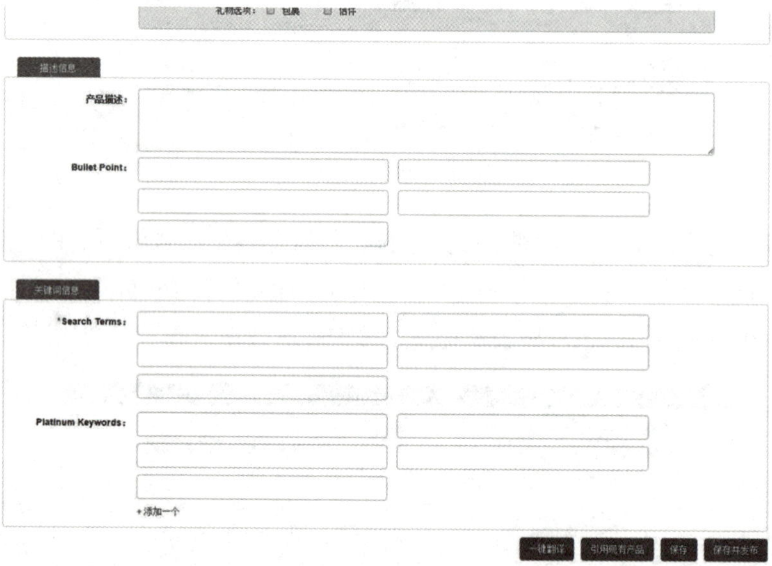

图 4 – 6

（3）有用的小功能。由于欧美人阅读产品的习惯为每个单词首字母大写，因此，店小秘也设置了一键转换标题所有单词的首字母为大写的功能，见图 4 – 7。

（4）注意事项，由于店小秘产品上传页面列出的需要填写的内容是亚马

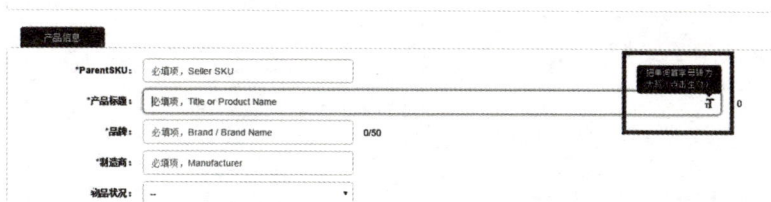

图 4 - 7

逊后台要求的所有的必填项，很多的非必填项没有列出，或者展示不全。所以，你最好在店小秘上传产品后，再进入亚马逊后台将其他非必填项填写完成。因为填写的属性越全，对产品的搜索权重越好。

2. **产品编辑**

产品编辑功能是将已经上传好的产品直接在店小秘中进行编辑修改，而无须去卖家中心编辑，这个功能可以极大地提高效率。

（1）店小秘中点击"产品"——"Amazon"——"在线产品"，见图 4 - 8。

图 4 - 8

（2）点击要修改的产品，选择"编辑"，进入修改页面，修改完成后点击"更新到线上"，即可完成修改，见图 4 - 9、图 4 - 10。

（3）强大的批量编辑功能，见图 4 - 11。

将需要编辑的产品选中，点击"批量编辑"，见图 4 - 12，可以批量编辑多个产品的零售价、促销价、促销时间和库存，并且可以批量删除。

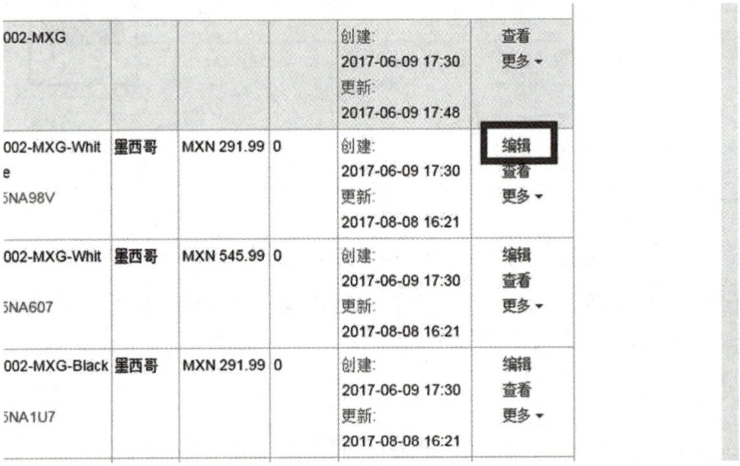
002-MXG
创建:
2017-06-09 17:30
更新:
2017-06-09 17:48
查看
更多
002-MXG-White
5NA98V
墨西哥
MXN 291.99
0
创建:
2017-06-09 17:30
更新:
2017-08-08 16:21
编辑
查看
更多
002-MXG-Whit
5NA607
墨西哥
MXN 545.99
0
创建:
2017-06-09 17:30
更新:
2017-08-08 16:21
编辑
查看
更多
002-MXG-Black
5NA1U7
墨西哥
MXN 291.99
0
创建:
2017-06-09 17:30
更新:
2017-08-08 16:21
编辑
查看
更多

图 4 – 9

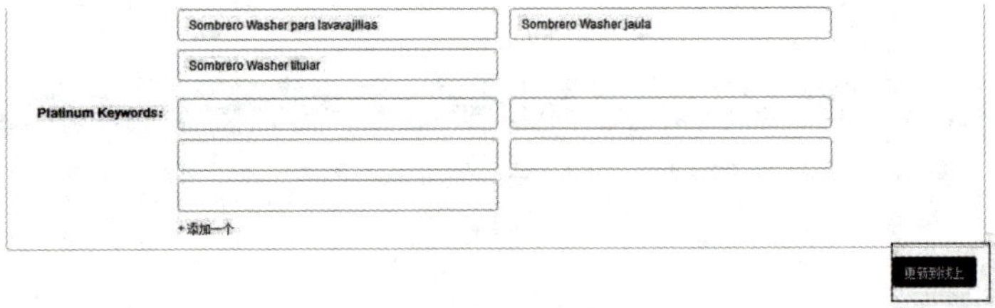
Sombrero Washer para lavavajillas
Sombrero Washer jaula
Sombrero Washer titular
Platinum Keywords:
+添加一个

图 4 – 10

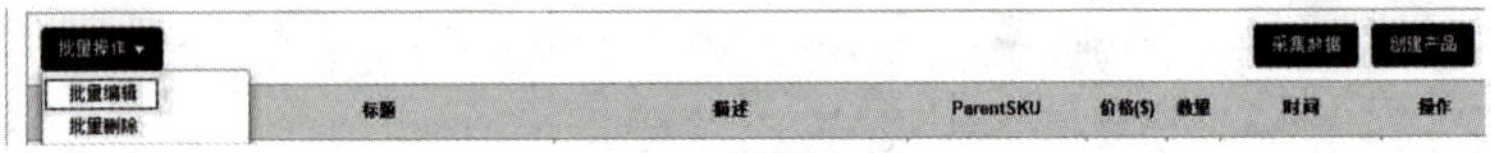
批量操作
批量编辑
批量删除
标题
描述
ParentSKU
价格($)
数量
时间
操作

图 4 – 11

3. **产品采集**

这个也是店小秘非常有特色的强大功能。

（1）点击“产品”——“数据采集”，见图 4 – 13。

（2）进入数据采集页面，见图 4 – 14，你可以看到数据采集功能支持非常多的电商网站，如淘宝、速卖通、1688、阿里巴巴国际站、天猫、京东、亚马逊等主流电商网站。

（3）在上述支持店小秘数据采集的网站中，你可以将任何一款产品采集到自己的店铺中，实现最快速地上传产品。

	零售价 ☑ ↻	促销价 ☑ ↻	促销时间 ☑ ↻		库存 ☑ ↻	操作
npiad za Pr	291.99	145.99	2017-06-09	~ 2017-12-31	0	移除
npiad za Pr	545.99	272.99	2017-06-09	~ 2017-12-31	0	移除
npiad za Pr	291.99	145.99	2017-06-09	~ 2017-12-31	0	移除
npiad za Pr	545.99	272.99	2017-06-09	~ 2017-12-31	0	移除
npiad za Pr)	672.00	0.00		~	300	移除
npiad za Pr)	812.00	0.00		~	300	移除

图 4 - 12

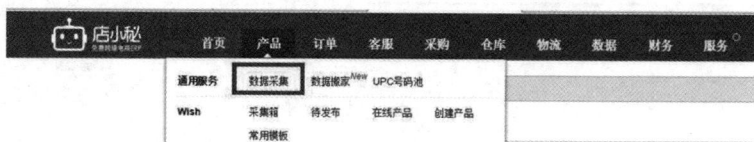

图 4 - 13

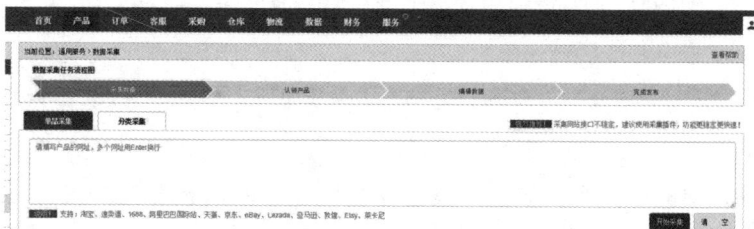

图 4 - 14

例如选择一款淘宝产品，见图 4 – 15。

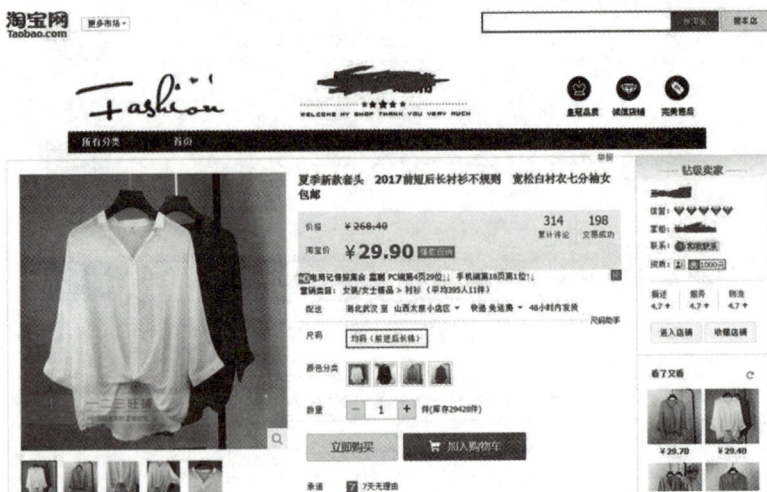

图 4 – 15

将其链接复制到数据采集框中，点击开始采集，见图 4 – 16。

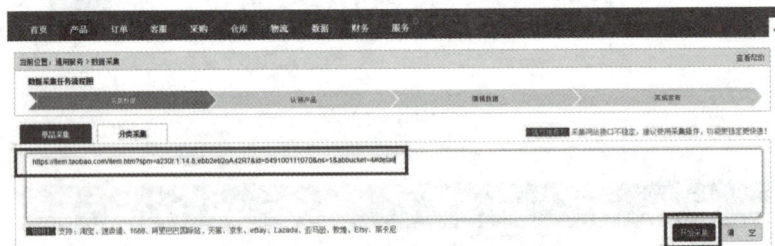

图 4 – 16

采集成功后，你可以在图 4 – 17 所示位置看到刚刚采集到的商品，并可以在右边方框内认领产品到店小秘已经绑定好的各个店铺，以 WISH 为例，将产品认领到 WISH 店铺。

点击"产品"——"WISH"——"采集箱"，见图 4 – 18，可以看到刚刚采集的产品，并点击"编辑"，见图 4 – 19。

因为采集的产品来自国内的淘宝网，所以页面信息都是中文的，这时你就可以用店小秘非常方便的"一键翻译"功能对产品页面进行翻译，见图 4 – 20、图 4 – 21。

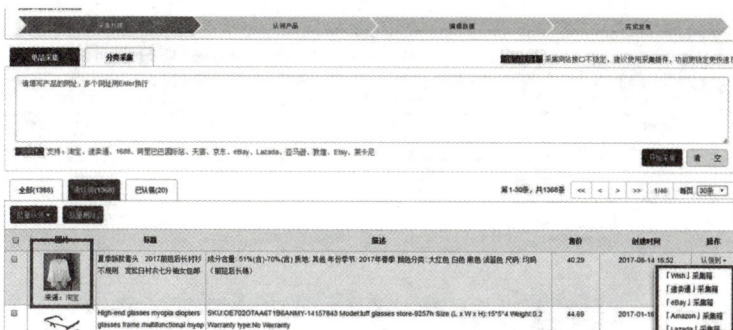

图 4 – 17

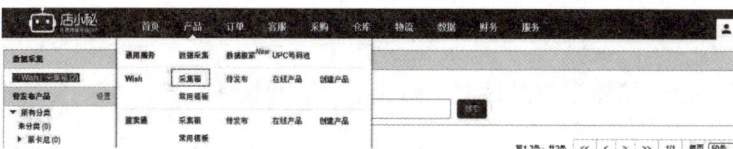

图 4 – 18

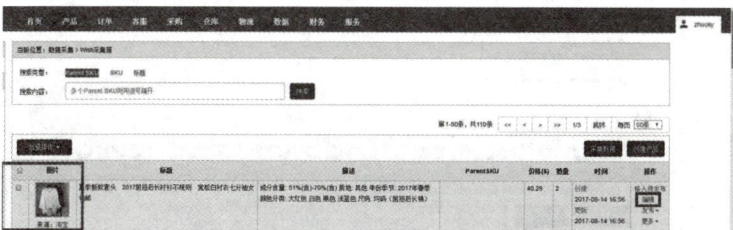

图 4 – 19

图 4 – 20

图 4 – 21

顺便再给产品做个仿品检测，防止侵权，见图 4 – 22。

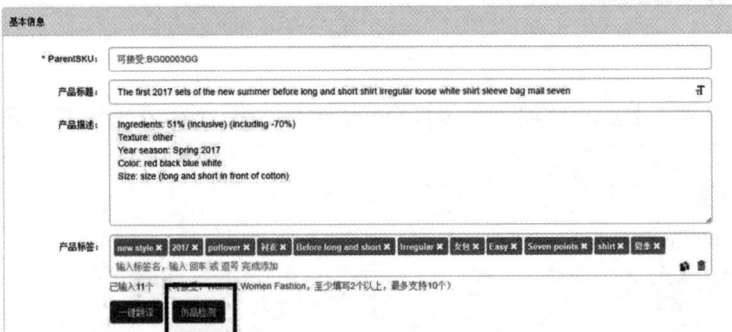

图 4 – 22

在产品来源处会有产品采集链接的备份，方便以后采购产品用，并且该链接仅为自己可见，前台客户是看不见的，见图 4 – 23。

图 4 – 23

在产品编辑页面填入产品的合理售价和运输时间等选项。将所需图片进行删减，对选中图片要进行简单处理。对于不会修图的卖家，店小秘提供了在线美图功能，将美图秀秀网页版嵌入系统，为商家提供简单高效的修图功能，见图 4 – 24。

图 4 – 24

（二）订单处理

店小秘拥有强大的订单处理功能。你无须登录卖家中心后台即可完成所有的订单操作，同样可以极大地提高工作效率。

打单发货前，必须先完成物流的授权设置。设置后发货时才可以选择该物流方式，自动获取运单号和面单，完成打印、发货。

（1）在"待审核"页，同步订单并完成审核。

点击导航栏的"订单"——"订单处理"，系统将默认进入"待审核"页。你可以根据订单规则分类查看订单，并完成审核。完成审核后订单移入"待处理"页，你可进行下一步操作。

店小秘并不是实时自动同步平台订单的，所以为避免漏发订单，建议在"待审核"页先点击"同步订单"，同步后订单将保持和平台一致，见图 4 –25。

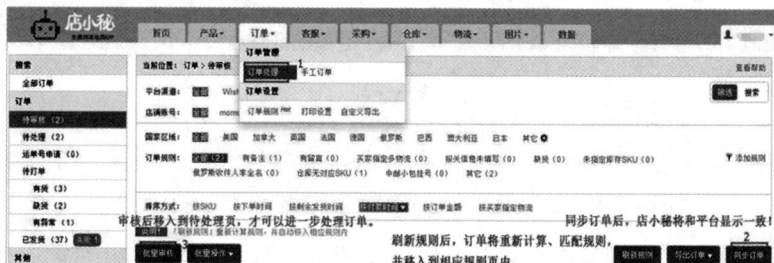

图 4 –25

（2）在"待处理"页完成物流选择和报关信息填写，并申请运单号。

完成物流选择和报关信息填写后，即可点击"申请运单号"，订单随即移入"运单号申请"页，见图4–26、图4–27。

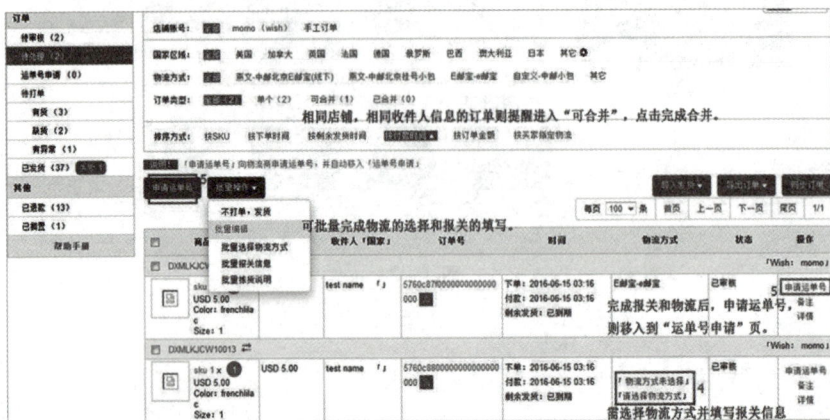

图 4 – 26

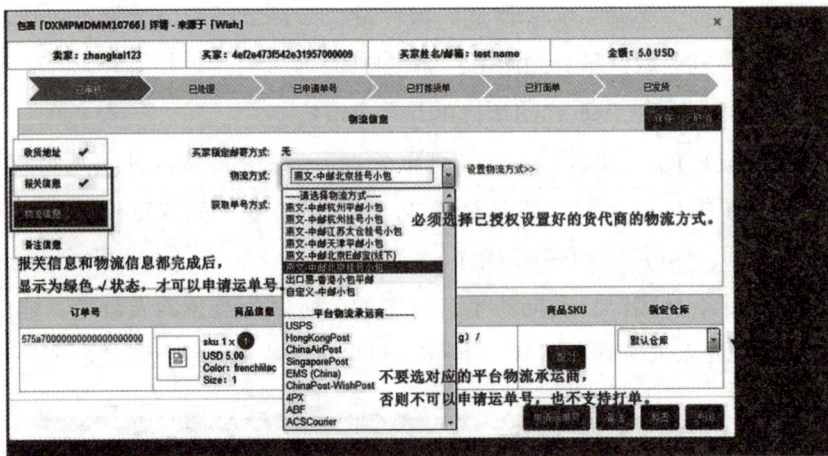

图 4 – 27

（3）在"运单号申请"页，运单号获取成功后订单被移入"待打单"。

移入到"运单号申请"页，也就是向货代系统提交订单信息、报关信息，申请运单号的过程。申请成功即可移入"待打单"，生成面单并打印，同时完成配货，自动计算出"有货""缺货"的订单，见图4–28。

图 4 – 28

（4）在"待打单"页，完成打单、发货。

有货订单：打印并发货。发货后仓库将自动扣库存，将订单移入"已发货"页，完成订单的整个处理流程。

打印、发货前也可以提前将运单号提交到平台，完成平台的发货，即"虚拟发货"，见图 4 – 29。

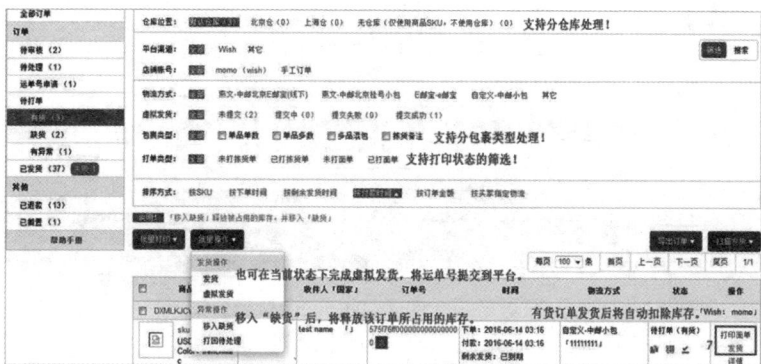

图 4 – 29

缺货订单：在"仓库清单"中补足库存，并"移入有货"，订单则移入到"有货"页面，此时，你就可以发货，系统自动扣库存，完成订单的整个处理流程，见图 4 – 30。

（5）到"已发货"页核实最终发货状态。

已发货订单是指你已将运单号提交到平台，并完成出库发货的订单。若有提交失败的提示，则说明该订单因种种原因没能将运单号提交到平台，没能完成平台的发货，请根据具体失败原因做调整。

图 4 – 30

失败原因可能是该订单的平台状态已改变，不允许发货，或已退款取消，比如平台已经有了运单号完成了发货等原因。解决了问题之后点击"忽略失败信息"即可清空错误提醒，见图 4 – 31。

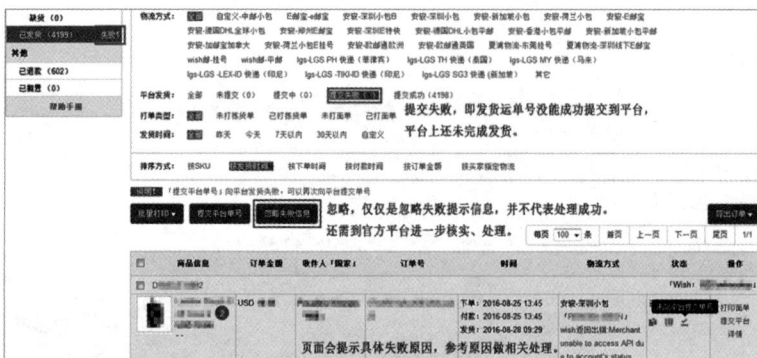

图 4 – 31

以上为详细操作步骤，大家在运营实践中可以参照学习，实际操作，熟练掌握。

（三）数据管理

数据管理功能对于店铺整体的运营分析起到非常重要的作用，可以了解公司所有跨境电商店铺的详细情况，见图 4 – 32。

（1）新增产品功能，见图 4 – 33，主要用来统计选定的时间内各个店铺的新增产品数量。

（2）销售统计功能，这个功能统计的是非常重要的数据。通过它你可以

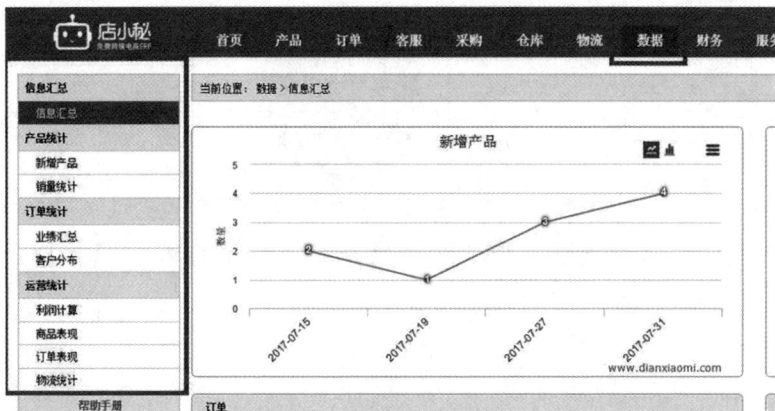

图 4 – 32

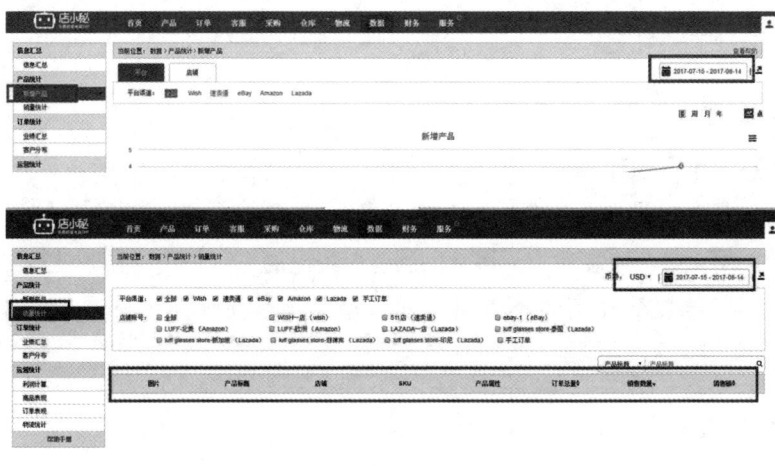

图 4 – 33

了解店铺在选定时间段内的经营表现，可以具体到各个店铺，也可以具体到每一个产品。用这个来统计店铺的热销款是最方便和准确的，见图 4 – 34。

（3）客户统计功能，这个功能统计的也是非常有用的数据。通过图表你可以了解在选定的时间段内你所有店铺或者是具体到某一个店铺的全球客户来源是什么情况，方便你有针对性地去优化店铺。

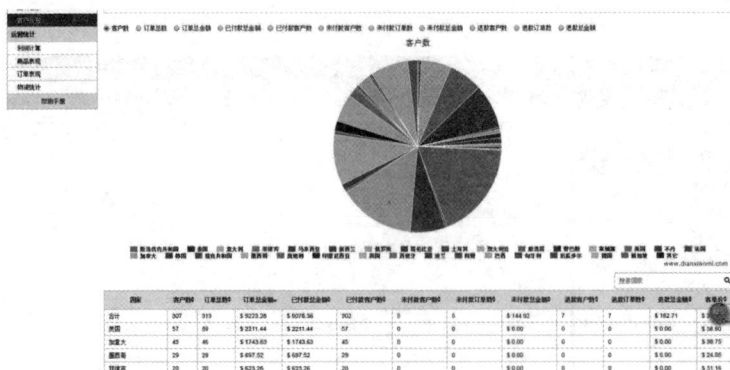

图 4－34

三、店小秘的优点

通过上述对店小秘的介绍，我总结一下店小秘的优点。

（一）操作方便

（1）全中文操作页面。

（2）基础功能永久免费，而对于大多数卖家来说，基础功能足够用。

（3）网页打开速度快，大多数的国外跨境电商平台在中国打开速度都较慢。

（4）拥有多个好用的小工具，如一键翻译、在线美图和一键首字母大写等。

（二）功能强大

（1）一站式管理多个店铺，支持多个跨境电商平台，防止关联，且不会错失订单。

（2）上传产品和编辑产品操作简单快速，极大地提高了工作效率。

（3）数据采集功能可以多平台快速上传产品，增加了选品及上传产品的方式。

（4）数据统计功能可以提供店铺的各项详细数据，用以对店铺的经营状况做出整体分析。

（5）客服、采购和仓库功能非常强大好用，卖家可以多多利用。

（6）店小秘一直在持续改进原有功能，并开发新功能。

第二节 亚马逊运营工具

一、亚马逊关键词工具

Scientificseller（http：//app. scientificseller. com/#/new）是国外开发的一个亚马逊关键词工具，直译名称为"科学卖家"，这款工具是我们在测试使用了多款亚马逊关键词工具后优选出的。

（一）为什么选择"科学卖家"作为亚马逊关键词工具

首先，这个软件基础功能免费，即在亚马逊美国站每日前五次搜索免费。对于大部分新手起步做亚马逊来说是够用的。随着店铺销量逐渐提高，运营的站点增多，你可以再考虑开通更多的付费功能。

其次，虽然它是国外软件，但是有中文版页面，方便使用。

再次，它支持所有亚马逊的站点，可以分别在不同语种的站点进行搜索。同一个产品在不同的亚马逊站点搜索结果也是截然不同的，见图4-35。

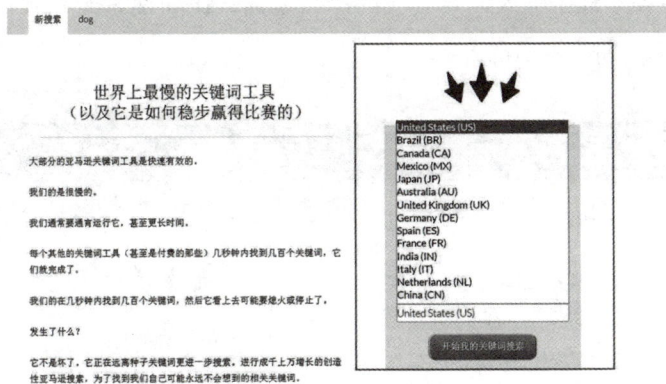

图 4-35

最后，这个工具被称为"世界上最慢的关键词工具"，大部分的关键词工具在1分钟之内就可以完成搜索，给出几百个关键词的结果。但"科学卖家"搜索关键词可能需要1~2个小时，甚至要通宵，比如搜索图4-36所示的关键词"Dog"基本上要花费5个小时以上才可以完成。

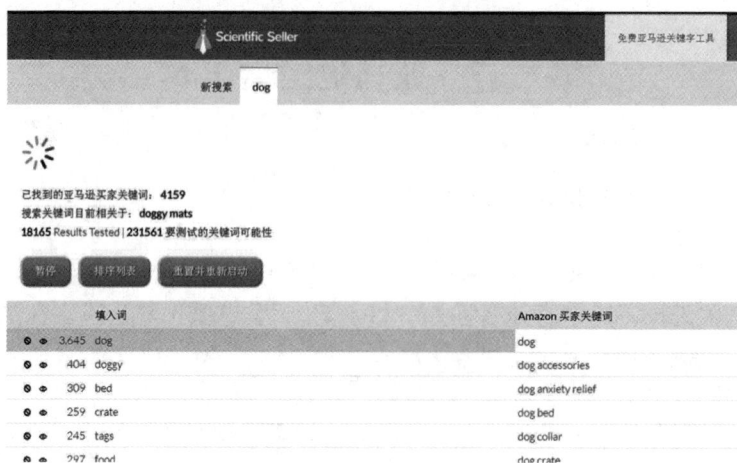

图 4 - 36

虽然慢，但是它的搜索效果非常好，能够找出很多你根本想不到的相关关键词。因为它是实时在亚马逊进行搜索，排除了很多陈旧无用的关键词。另外，除了主关键词外，它还会搜索出非常多的长尾关键词，带来很多有创造性的关键词。

（二）具体使用步骤

（1）在搜索框中输入你要查找的产品主词，比如搜索宠物狗用品，直接输入"Dog"，见图 4 - 37。

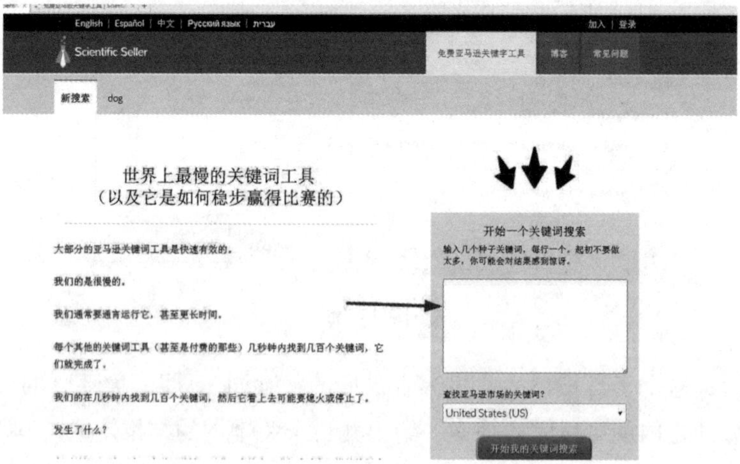

图 4 - 37

（2）选择你要发布产品的亚马逊站点（免费版只支持美国站），见图 4 – 38。

世界上最慢的关键词工具
（以及它是如何稳步赢得比赛的）

大部分的亚马逊关键词工具是快速有效的。

我们的是很慢的。

我们通常要通宵运行它，甚至更长时间。

每个其他的关键词工具（甚至是付费的那些）几秒钟内找到几百个关键词，它们就完成了。

我们的在几秒钟内找到几百个关键词，然后它看上去可能要熄火或停止了。

发生了什么？

它是坏了。它正在远离种子关键词更进一步搜索，进行成千上万增长的创造性亚马逊搜索，为了找到我们自己可能会永远不会想到的相关关键词。

图 4 – 38

（3）开始等待，因为它确实很慢，但是你可以进行多线程操作。比如同时搜索多个关键词，还可以在多个电脑同时登录一个账号，也就是说你公司不管有多少个产品在运营，使用一个账号就可以，大家一起用。这点确实很人性化，见图 4 – 39。

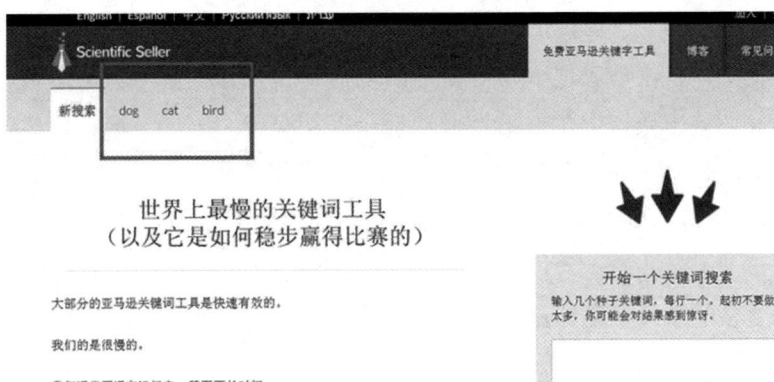

图 4 – 39

二、亚马逊选品分析工具

你先要了解下亚马逊在 2016 年年末做出的关于测评的重大改革，以便调整你运营亚马逊的方法。

（一）亚马逊新政：严禁刷 Reviews（评价）

1. 何为刷 Reviews

刷评价的具体操作是通过将产品免费或者打折提供给测评人（也就相当于买家），测评人收到产品后对产品做出评价，此评价多为五星好评，会展示在亚马逊，能够被其他买家看到。这项政策也被称为"测评"，是国内卖家运营亚马逊的重要方法之一。欧美国家的买家很少对商品做评价。根据亚马逊美国站的官方调查显示，参与评价的消费者比率大概为 1：200，也就是说每销售 200 个左右单品，才会有一个评价。而好评极大提升产品的转化率。

2. 新政严禁刷 Reviews

刷评价极大地影响了亚马逊整个搜索排序规则，因此亚马逊发布评价新政，2016 年 10 月亚马逊对产品评论规则做出了重大调整，不再允许卖家提供免费或折扣商品换取评论。此政策调整对于很多中国卖家影响很大。

3. 新政下如何运营

不能刷评价了，那该怎么办？这是很多亚马逊中国卖家这段时间面临的问题。其实，在亚马逊这个相对公平的电商平台上，卖家所做的事情也应该是回归商业的本质，提供好的产品，提供好的服务，因此，选品依然是最重要的事情。

在选择好产品后，你要做的事不再是以前那样找各种方法刷单、刷评价，而是应该学习专业的运营技术，使用相关工具进行关键词选择和关键词优化，来获取更多的产品曝光和流量，进而提高销量。

（二）亚马逊选品分析工具

数据脉工具的网址是"http：//datartery.com"，这是一个拥有众多功能，非常强大的亚马逊专业数据网站，而且很多功能是免费或者付少许费用即可使用的。我们今天只来介绍网站的选品参考功能。

（1）注册：使用手机号码按照提示进行注册，过程比较简单，打开数据脉的主页面,点击"注册",然后根据提示一步一步填写信息即可,在此不赘述。

(2)使用方法:当你要发布一款新品时,你首先要了解这类产品在亚马逊上的市场容量如何。通过网站的"品类大盘"分析功能你可以了解到对应品类的产品数量、评价数量、评价星级、价格分布和产品参数等数据。这对你发布产品提供了非常详细的参考对比功能,是你进行数据化选品的非常好的数据分析工具。

下面我为大家详细介绍数据脉"品类大盘"的使用方法。

1. 添加品类

(1)新建品类大盘分析任务,见图4-40。

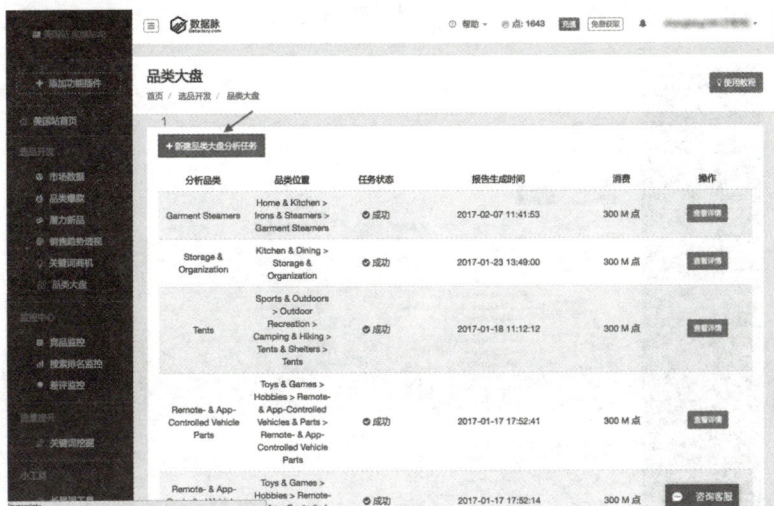

图 4 - 40

(2)点击要选择的商品品类,确认添加任务,见图4-41。

(3)点击"查看详情"查看品类的详情,见图4-42。

(4)点击图标,可导出PNG图片,把光标指向其一品类,可以查看该品类详情数据,见图4-43。

2. 如何进行选品分析

下面我以枕头这个细分品类为例,向大家介绍如何通过品类大盘功能判断品类的市场容量。

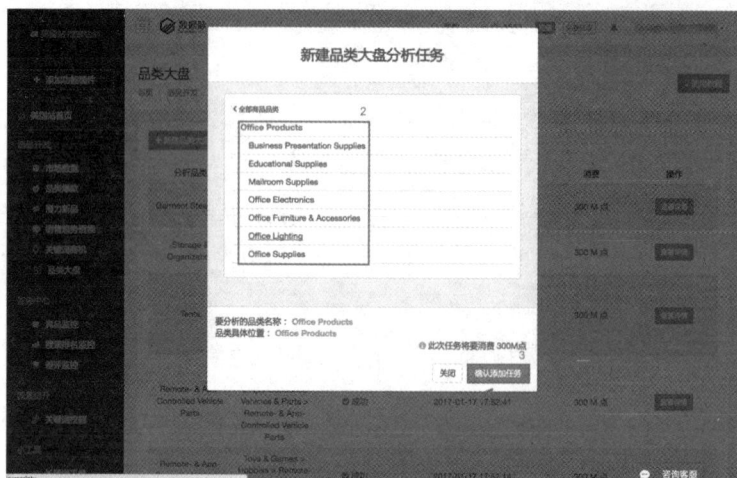

图 4 - 41

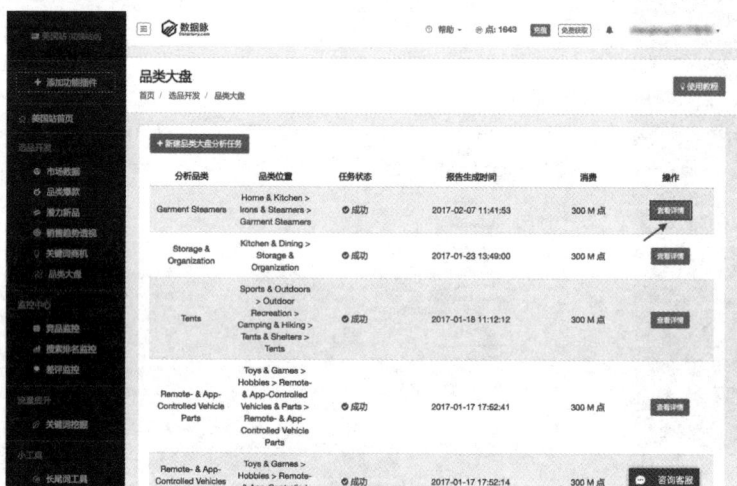

图 4 - 42

首先，这个品类的英文名是 pillow，在亚马逊产品类目中位于 Home & Kitchen > Bedding > Bed Pillows & Positioners > Bed Pillows。

（1）类目中同类产品总数量。

先来看看这个细分品类下商品总数的概况，见图 4 - 44。当前睡眠枕头品类下总共有商品 15 388 件，上个月上新的商品有 1 319 件，上个季度上新的商品有 3 367 件，平均每个月上新 1 000 件商品左右。

图 4 - 43

通过这项数据，我们了解到此产品在亚马逊的竞品数量有多少，明确了市场容量，对此产品在亚马逊上的竞争激烈程度做出了初步判断。

（2）零评论的产品数量，见图 4 - 45。

当前品类商品总数：15388

上月上新商品总数：1319

上季度上新商品总数：3367

图 4 - 44

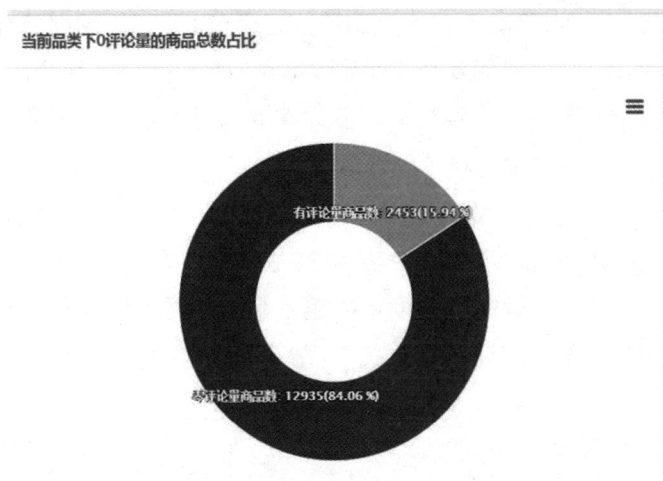

当前品类下0评论量的商品总数占比

图 4 - 45

数据显示，在睡眠枕头类目下零评论的产品数量为12 935个，占比高达84.06%；有评论量的商品数量为2 453个，占整个品类的15.94%，这意味着如果你选择开发这个品类的新品，第一步你的产品只要拥有1个评论，就会排在枕头品类下84%的商品前面。

通过这个数据你可以看到，开发此类产品的难度并非太大。

（3）评论星级分析，见图4－46。

当前品类下所有商品的评论星级分布

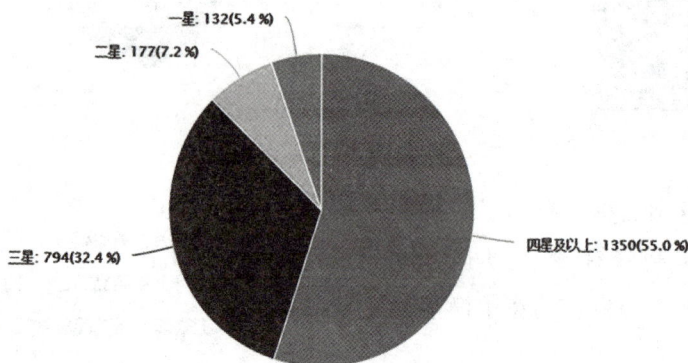

图4－46

在拥有评论的2 453件商品中，总评分星级在4星以下的商品有45%，这意味着你第一步一定要保证自己的商品评星在四星以上，这样才能有和1 350件优质商品竞争的实力。这些数据告诉你在亚马逊上销售的产品一定要保证质量，避免差评，这样才有持续经营的可能。

（4）产品定价分析，见图4－47。

通过这项分析得知枕头类目产品价格主要集中在25～50美元之间。当然，在50～100美元的偏高价位的产品也不少。根据价格分布概况卖家如何定价？如何衡量销量和利润的权重关系呢？卖家需要根据自己的产品和自己的运营策略做出决策。

（5）产品参数属性分析。

通过图4－48你可以看到关于枕头产品尺寸的数据，这组数据显示基本款和男款、女款的枕头尺寸基本相当。

当前品类下所有商品的价格分布

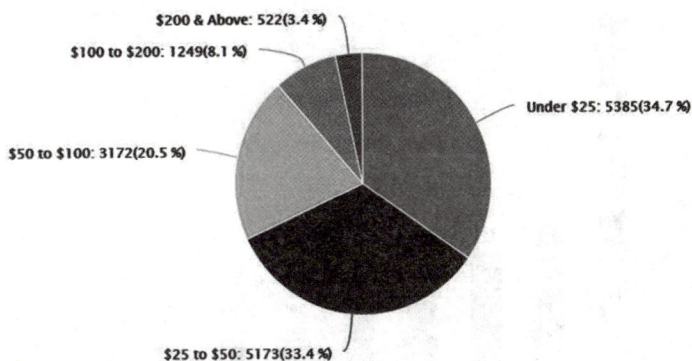

图 4 – 47

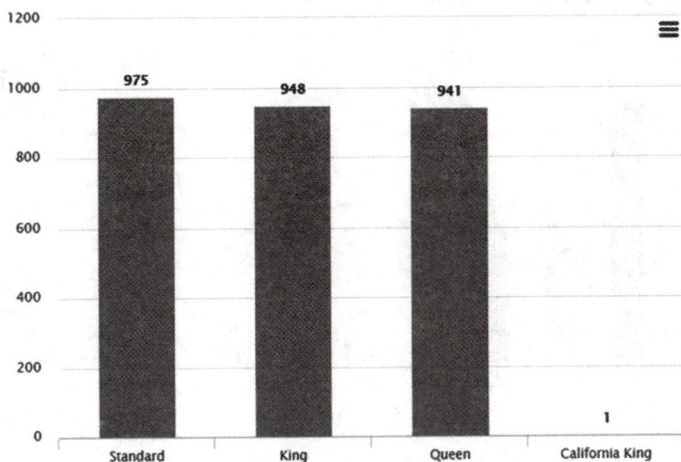

图 4 – 48

图 4 – 49 显示，枕头类产品的颜色占比中白色是最多的。

图 4 – 50 显示，在枕头产品中材质占比最高的是纯棉材质。

图 4 – 51 显示，枕头产品填充材料中最多的是聚酯和纤维。

通过以上分析，卖家对于想要开发的枕头产品一定有了清晰的思路。对以上参数进行组合，并结合自己产品的特点，运用适当的运营手段，打造出

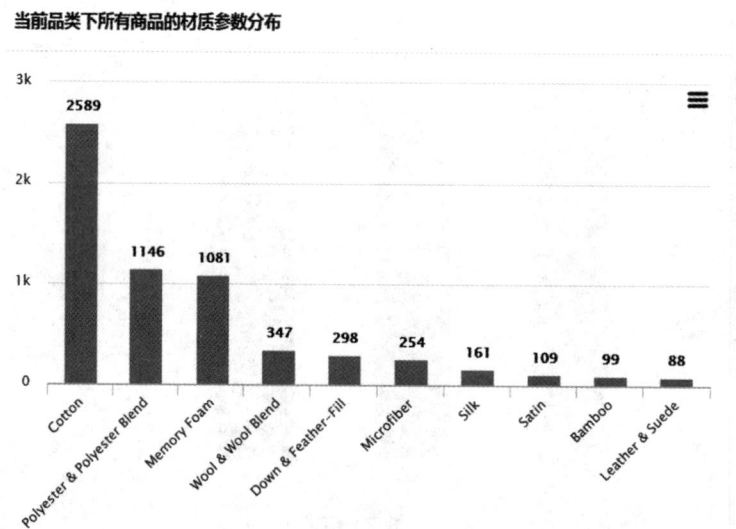

当前品类下所有商品的颜色参数分布

图 4 – 49

当前品类下所有商品的材质参数分布

图 4 – 50

爆款产品的可能性大大增强。这样去开发产品有明确的方向感，成功的概率也会大大增加。

（6）分析该类目的 TOP 店铺，见图 4 –52。

此图展示了在枕头类目上传产品最多的店铺，这些类目下重点的店铺及

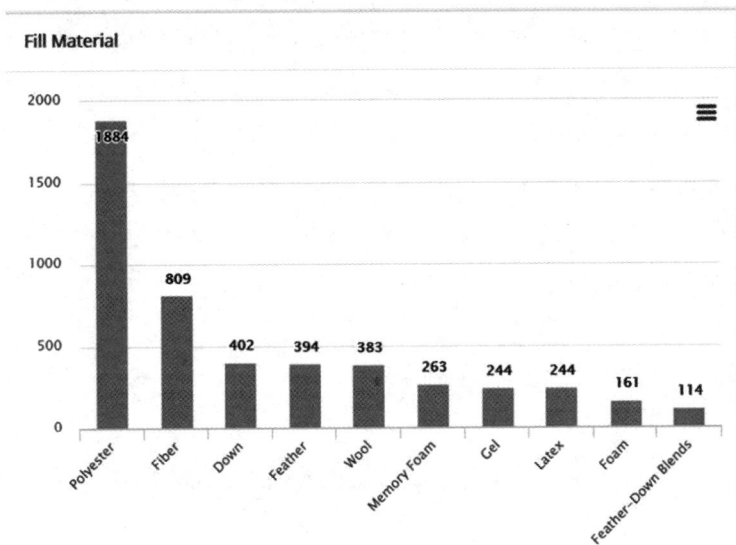

Fill Material

图 4 – 51

当前品类下上架商品数最多的卖家

卖家	商品总数	占比
Amazon.com	3607	23.44%
PlumStruck	771	5.01%
Sunglow1	459	2.98%
ShinyBeauty_Wedding	422	2.74%
pillowsstore	374	2.43%
Cymax	340	2.21%
Huitao	328	2.13%
StudioLX	317	2.06%
Arcadian Home	314	2.04%
UnbeatableSale, Inc	227	1.48%

图 4 – 52

他们的热销产品，必定是你参考研究的对象。

在研究这些热卖产品时需要注意的事项如下。

①不建议选择和热卖单品完全一样的同款产品，因为这些热卖品已经持续热销了很长一段时间，有了很高的搜索排名和很好的评价积累。同款新品即使价格更低也很难去和其竞争。你应该以热卖品为参考，开发更具性价比的类似产品来获得竞争优势。

②不建议跟卖热卖产品。热卖产品大多数都是有品牌注册并且在亚马逊进行过品牌备案的，贸然去跟卖，虽然短期能获得较大流量甚至订单。但是，一旦被跟卖方投诉，你很可能会被亚马逊判定侵权，而导致账号被封。目前亚马逊账号注册门槛越来越高，账号越来越成为稀缺资源，所以遵守亚马逊规则，保证账号的安全是非常重要的事情。

第三节　速卖通运营工具

一、速卖通自带的强大数据分析功能"数据纵横"

阿里巴巴是一个拥有海量数据的公司，它旗下的速卖通本身也具备强大的数据分析功能，无须借助任何第三方分析工具，即可为你提供所需要的店铺运营数据。

数据纵横主要包括商机发现、经营分析两大板块，见图 4 - 53。

图 4 - 53

（一）商机发现

1. 行业情报

在这里你主要可以看到各个行业的流量、成交占比、各行业竞争度，发现蓝海行业（蓝海指的是未知的、有待开拓的市场空间。蓝海行业指竞争尚不大，但又有大量买家需求的行业，蓝海行业充满新的商机）。这一模块下分为五部分数据。它们分别是行业数据、行业趋势、行业国家分布和一级行业蓝海程度、蓝海行业细分。

（1）行业数据。

通过行业情报，你可以查看速卖通内各个行业的细分类目在整个行业的流量占比、浏览量占比、支付金额占比和支付订单数占比，并且可以分别查看最近7天、30天和90天的数据，见图4-54。

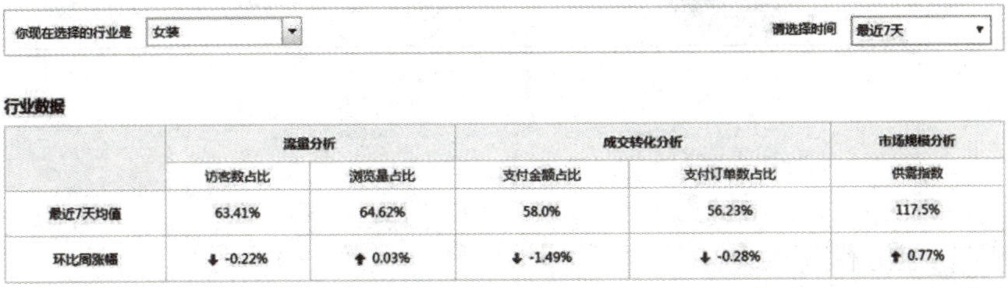

你现在选择的行业是	女装				请选择时间 最近7天

行业数据

	流量分析		成交转化分析		市场规模分析
	访客数占比	浏览量占比	支付金额占比	支付订单数占比	供需指数
最近7天均值	63.41%	64.62%	58.0%	56.23%	117.5%
环比周涨幅	↓ -0.22%	↑ 0.03%	↓ -1.49%	↓ -0.28%	↑ 0.77%

图 4 - 54

（2）行业趋势。

行业趋势部分你可以查看速卖通内各个行业的细分类目在最近7天、30天或者90天内，流量、浏览量、支付金额和支付订单数占行业整体数据的比重，以及这些数据的趋势走向，见图4-55。同时，你还可以选择三个行业一起做对比。

（3）行业国家分布。

行业国家分布中你可以查看速卖通内各个行业的细分类目，世界各国的支付金额占比和访客数量占比，见图4-56。通过这个数据你可以了解自己所经营的产品的主要购买国家或地区有哪些，进而来做相应的优化。

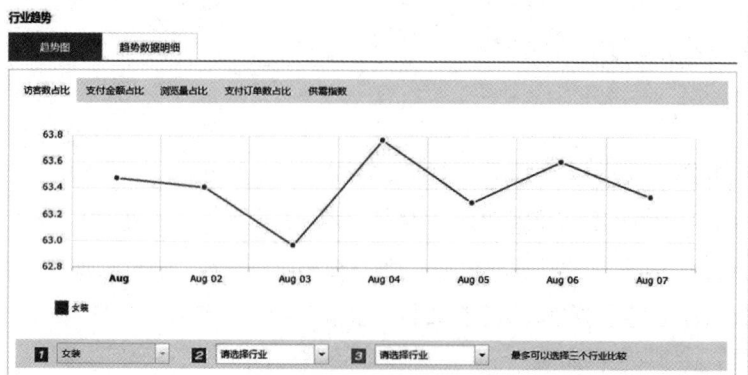

图 4－55

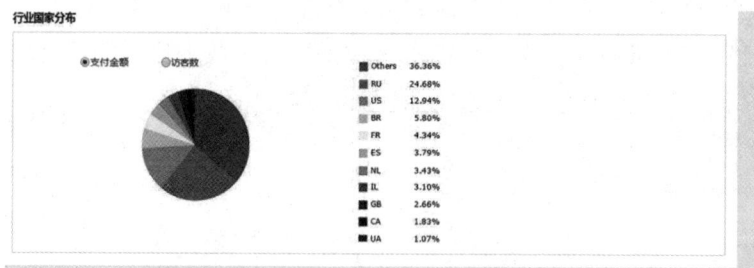

图 4－56

（4）蓝海行业。

一级蓝海行业，见图 4－57，颜色越深代表行业内竞争越不激烈，你进入此行业会有更大的竞争优势。点击圆圈你还能够查看行业详情。

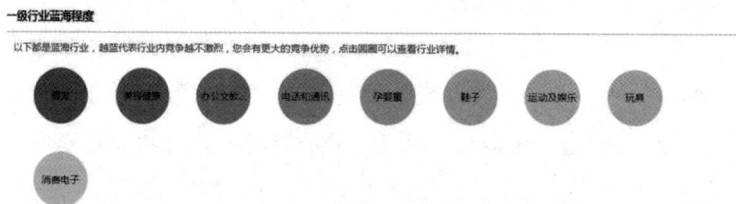

图 4－57

蓝海行业细分数据见图 4－58。在这里你可以查看到各个蓝海行业的细分子类目的供需指数和行业详情。

2. **搜索词分析**

通过搜索词分析你可以查看速卖通全行业的热搜词、飙升词和零少词。

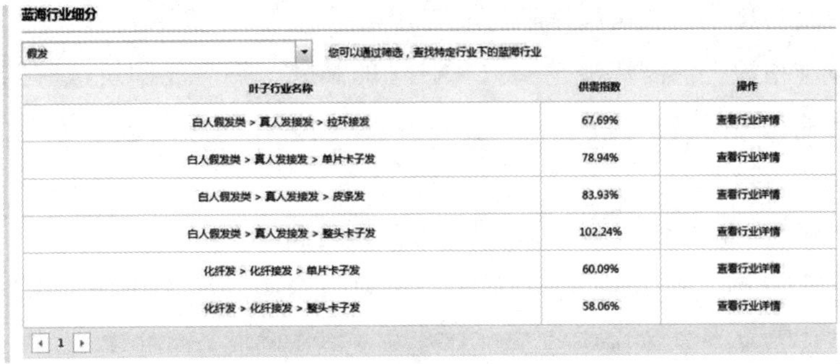

叶子行业名称	供需指数	操作
白人假发类 > 真人发接发 > 拉环接发	67.69%	查看行业详情
白人假发类 > 真人发接发 > 单片卡子发	78.94%	查看行业详情
白人假发类 > 真人发接发 > 皮条发	83.93%	查看行业详情
白人假发类 > 真人发接发 > 整头卡子发	102.24%	查看行业详情
化纤发 > 化纤接发 > 单片卡子发	60.09%	查看行业详情
化纤发 > 化纤接发 > 整头卡子发	58.06%	查看行业详情

图 4－58

（1）热搜词。利用热搜词功能你可以查看速卖通全行业或者是某个具体行业在全球或是某个具体国家或地区，在 7 天或者 30 天内的热搜词，见图 4－59。同时，它可以提供相关数据下载功能。

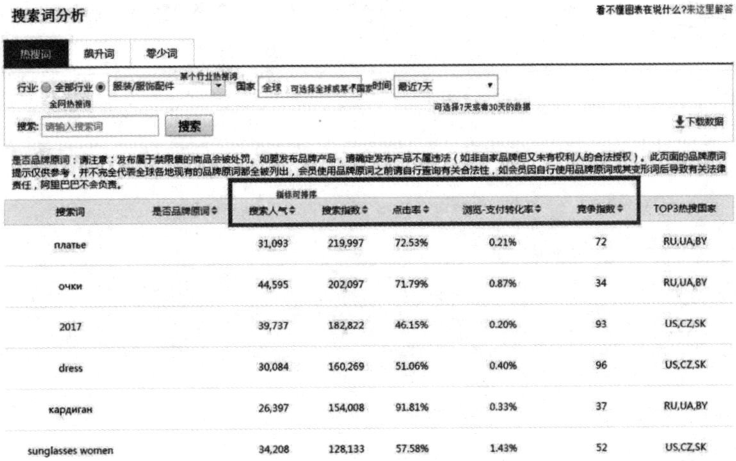

搜索词	是否品牌原词	搜索人气	搜索指数	点击率	浏览-支付转化率	竞争指数	TOP3热搜国家
платье		31,093	219,997	72.53%	0.21%	72	RU,UA,BY
очки		44,595	202,097	71.79%	0.87%	34	RU,UA,BY
2017		39,737	182,822	46.15%	0.20%	93	US,CZ,SK
dress		30,084	160,269	51.06%	0.40%	96	US,CZ,SK
кардиган		26,397	154,008	91.81%	0.33%	37	RU,UA,BY
sunglasses women		34,208	128,133	57.58%	1.43%	52	US,CZ,SK

图 4－59

热搜词指标说明

①是否为品牌词。如果产品是禁限售的，你销售此类商品将会被处罚，对于品牌商品如果你拿到授权可以进行销售，这个尤其要注意，因为它涉及最严重的知识产权侵权。

②搜索指数：搜索该关键词的次数经过数据处理后得到的对应指数。

③搜索人气：搜索该关键词的人数经过数据处理后得到的对应指数。

④点击率：搜索该关键词，并点击进入商品页面的次数。

⑤成交转化率：关键词带来的成交转化率。

⑥竞争指数：供需比经过指数化处理的结果。供需比即所选时间段内每天关键词曝光出来的最大产品数与所选时间段内每天平均搜索人气的比重。该值越大竞争越激烈。

⑦TOP3 热搜国家：所选时间段内搜索量最高的三个国家。

（2）飙升词。利用飙升词功能可以查看速卖通全行业或者是某个具体行业在全球或是某个具体国家或地区，在 7 天或者 30 天内搜索量增长最快的词，见图 4－60。同时，该功能也可以提供相关数据的下载。

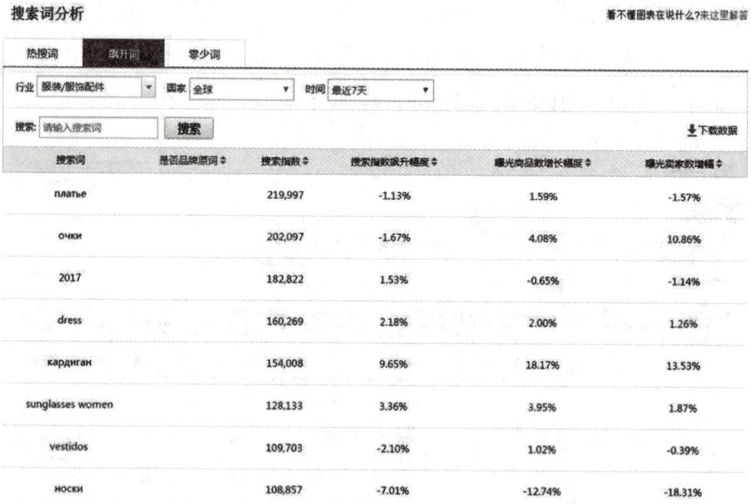

搜索词	是否品牌原词	搜索指数	搜索指数飙升幅度	曝光商品数增长幅度	曝光卖家数增幅
платье		219,997	-1.13%	1.59%	-1.57%
очки		202,097	-1.67%	4.08%	10.86%
2017		182,822	1.53%	-0.65%	-1.14%
dress		160,269	2.18%	2.00%	1.26%
кардиган		154,008	9.65%	18.17%	13.53%
sunglasses women		128,133	3.36%	3.95%	1.87%
vestidos		109,703	-2.10%	1.02%	-0.39%
носки		108,857	-7.01%	-12.74%	-18.31%

图 4－60

飙升词指标说明

①是否是品牌词：如果是禁限售产品，你销售此类商品将会被处罚。对于品牌商品，如果你拿到授权可以进行销售。

②搜索指数：搜索该关键词的次数经过数据处理后得到的对应指数。

③搜索指数飙升幅度：所选时间段内累计搜索指数同比上一个时间段内累计搜索指数的增长幅度。

④曝光商品数增长幅度：所选时间段内每天平均曝光商品数同比上一个时间段内每天平均曝光商品数增长幅度。

⑤曝光卖家数增长幅度：所选时间段内每天平均曝光卖家数同比上一个

时间段内每天平均曝光卖家数增长幅度。

（3）零少词。零少词是指具备一定搜索热度，但供应商发布产品较少，通常该词对应的精确匹配产品数量不超过 1 页，是同行业中竞争度较低的产品关键词，见图 4-61。零少词也是寻找蓝海产品的一个重要数据。

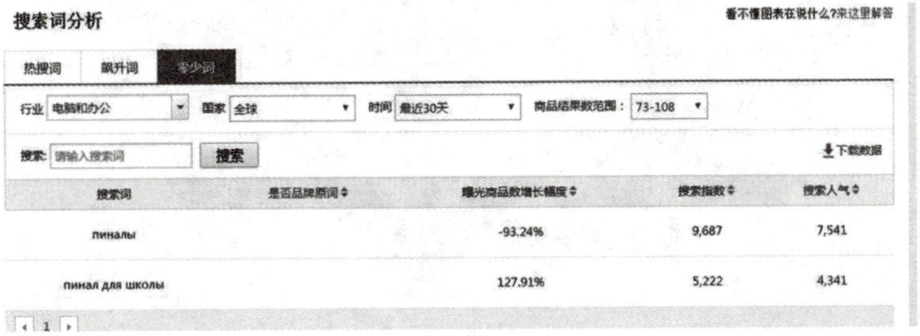

图 4-61

零少词指标说明

①是否是品牌词：如果是禁限售产品，你销售此类商品将会被处罚，对于品牌商品如果你拿到授权可以进行销售。

②曝光商品数增长幅度：所选时间段内每天平均曝光商品数同比上一个时间段内每天平均曝光商品数增长幅度。

③搜索人气：所选时间段内累计搜索人气。

④搜索指数：所选时间段内累计搜索指数。

3. 选品专家

在这里你可以查看速卖通各个行业的热销爆品和潜力新品。

（1）热销品。热销品以行业、国家或地区两个维度来看最近 1 天、7 天或者 30 天的主要市场的热销的品类、这些品类的热销属性，以及这些品类热销的特征，关联产品的销售，让你快速看清市场，方便选品，见图 4-62。

行业下某国家最近一段时间热销的主要品类，品类所在圆圈越大，销量越多。圆圈颜色则代表行业竞争情况，颜色越红，竞争越激烈；颜色越蓝，竞争越小。点击任意圆圈，即可进入类目产品，对其进行详细分析。

（2）热搜品。从行业、国家或地区来看最近主要市场热搜的品类，这些品类的热搜属性，关联产品的销售，助你看清买家的搜索情况，见图 4-63。

行业下某国家或地区最近一段时间热搜的品类，品类所在圆圈越大，热

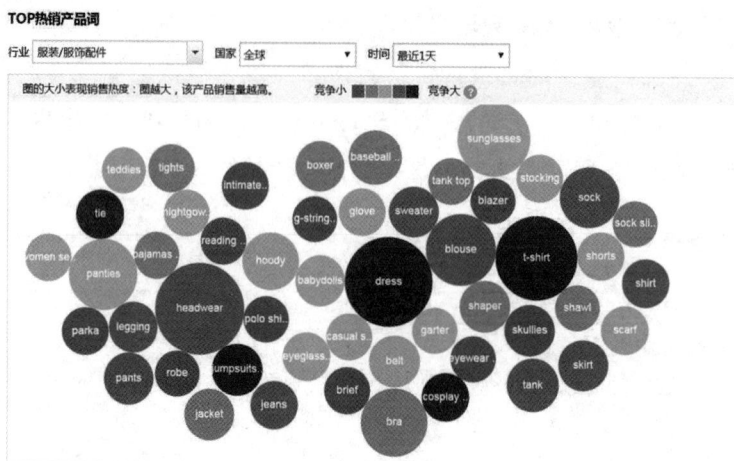

图 4 - 62

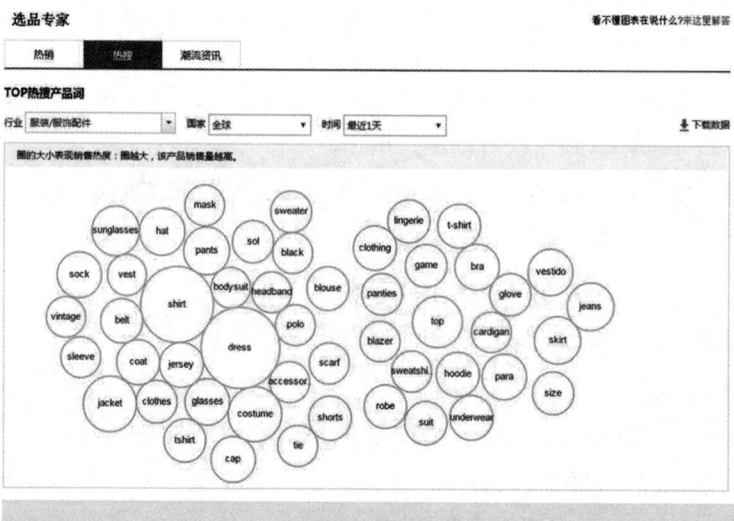

图 4 - 63

搜量越多。

点击任意圆圈，即可进入该类目产品，并对其进行详细分析。

（二）经营分析

1. 成交分析

成交分析主要分析成交排名、成交流量和成交波动，它是卖家分析自己店铺的一个重要数据。

（1）成交概况分析。

成交概况分析主要帮助卖家了解店铺经营成交结果、成交构成，简单分析店铺核心指标。

①商铺排名数据按照店铺的支付金额在二级行业内进行排名，你可以参考了解自己在行业内的位置和发展情况，见图4-64。

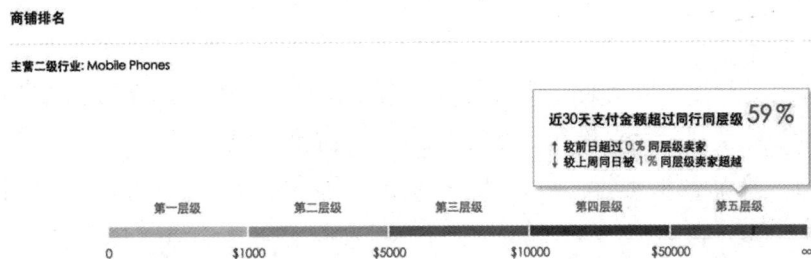

图4-64

②成交分析可以查看自己店铺最近1天、7天、30天或者自然周和自然月的支付金额、访客数、转化率和客单价，并且可以分开移动端和非移动端的数据。

③在成交分布中你可以选支付金额或支付买家数，来查看你店铺的订单在不同国家或地区、平台、行业、商品、价格带、新老买家、90天购买次数等分布维度的详细数据，见图4-65。

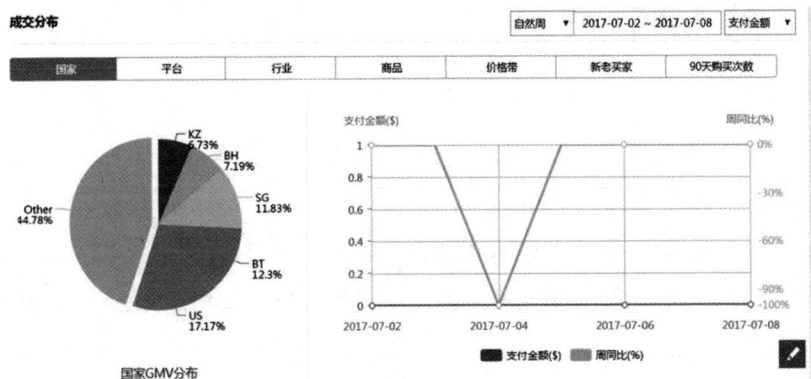

图4-65

④成交核心指标属于数据汇总，通过它你可以查看店铺经营的整体情况。

（2）成交波动分析。

成交波动分析是要在店铺有一定订单量的基础上才可以开展的，我认为最近订单在 100 笔以上分析成交波动数据才有价值。新手一般较少能用到这个功能。

成交波动分析就是通过国家或地区、平台、行业、新老买家和商品等五个维度来分析店铺销售产生波动的原因，从而制订出对应的销售计划。

2. 商品分析

商品分析主要分析自己店铺所有的商品在众多数据中的表现，帮助你找出店铺的热销款、潜力款和滞销款产品进行对应的优化。

（1）商品效果排行，可以从多达 16 个维度（但只能同时查看 5 个），见图 4 - 66，对店铺的所有商品进行分析和排行。这组数据中尤其要关注搜索曝光量、搜索点击率、加购物车人数、加收藏夹人数和下单订单数这 5 个数据。

图 4 - 66

（2）商品来源分析可以详细分析店铺热销产品的流量来自哪里，到达商品页之后的去向是哪里，见图 4 - 67。

通过这组数据你可以清楚地看到该产品的所有流量的来源和去向，点击图片中站内搜索旁边的 " + " 号，你还可以查看到搜索该产品的主要关键词，见图 4 - 68。

在详细报表中你还可以通过表格的形式更清晰地查看和统计数据以及了解主要访客所在地区。

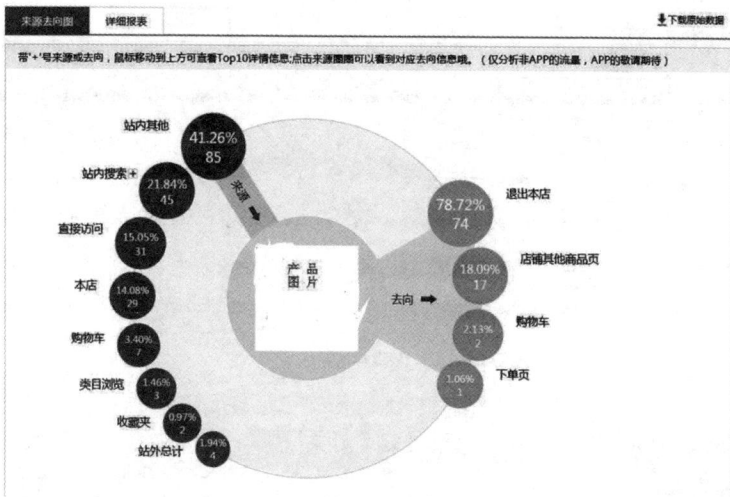

图 4 - 67

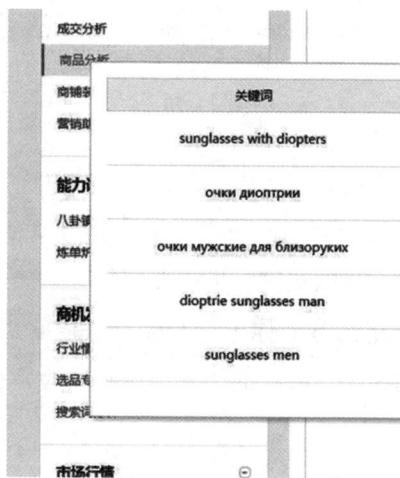

图 4 - 68

3. 实时风暴

实时风暴可以帮助大家更好地了解店铺实时动态、访客行为,为大家进行实时策略调整与营销提供借鉴。

(1)通过实时排名和实时概况了解店铺在同行业中的实时状况。

(2)通过实时访客了解店铺现阶段的访客类型和访客行为,见图 4 - 69。

(3)通过实时访客进行实时营销,见图 4 - 70。

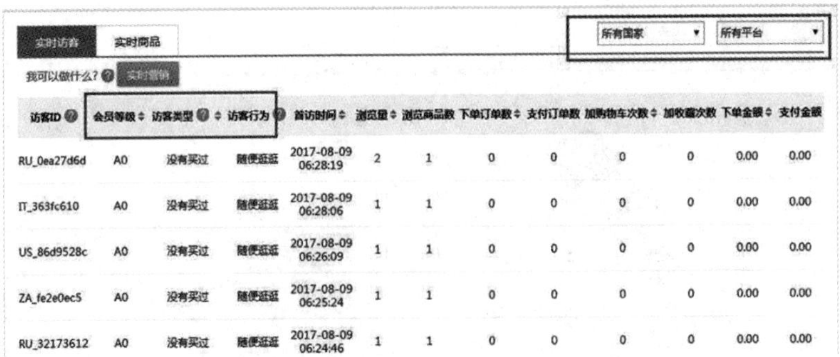

图 4 – 69

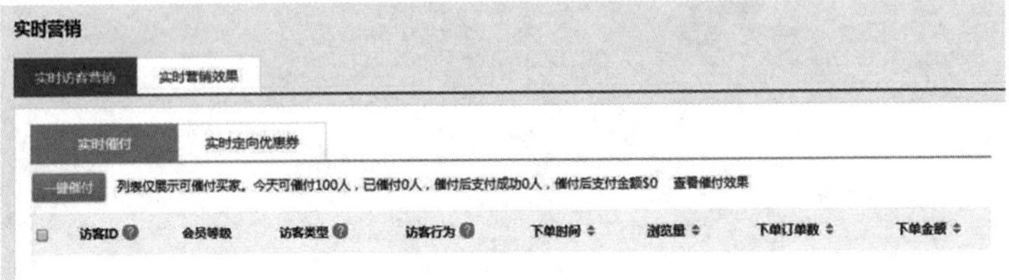

图 4 – 70

通过实时风暴数据你可以进行以下营销。

（1）实时催付。你可以对已经下单，且金额较高的买家，或你比较感兴趣的买家，或已经买过多次的买家，进行催付留言。

（2）实时定向发送优惠券。你可以对你感兴趣的买家，或浏览次数较多的买家，或今天有加购物车、收藏的买家，进行实时营销，发放定向优惠券，促使成交达成。

以上就是速卖通数据纵横的主要功能，可以说它基本上提供了你运营速卖通所需要的一切数据。下面我再为大家介绍一个十分有用，能帮助你显著提高销售额的第三方工具。

二、速卖通自动催付工具——无忧店长

无忧店长工具的网址是"http：//smt. mornrise. com/customer/shop/index. do"。这款工具也是我在实际运营速卖通过程中精挑细选出来的，它最大的作用是可以自动智能催付，显著提高店铺销售额。

（一）工具介绍

这款工具注册和绑定速卖通账号的流程极其简单，按系统提示操作即可，这里不做详细介绍。

这款工具是收费软件，一年198元，相对于它强大的功能，这个费用几乎可以忽略。

它的主要功能就是智能催付。"催付"即对在店铺内拍下商品但没有完成付款行为的买家进行催付款。另外，它还有自动评价、自动上架、关联营销和智能客服等辅助功能。

（二）功能介绍

1. 催付助手

首先，你要了解为什么有催付这种行为，也就是为什么有很多的买家拍下产品后不付款。造成这个现象的主要原因在于速卖通付款使用的是国际版支付宝，而很多国外的买家不了解如何使用国际版支付宝，这导致很多人拍下货物后没法付款，或者是要临时注册支付宝。这样就导致客户当时无法付款，过后有可能遗忘这个订单的情况。那么此时，催付就非常必要。先给大家看看我们其中一个店铺最近的催付成果，见图4-71。在一个月内，我们店铺累计催付322单，成功65单，成功率20%，成功金额1 389.12美元。也就是说，通过一个每年收费198元的催付软件，一个月我们增加了约1 400美元的销售额，非常值得。

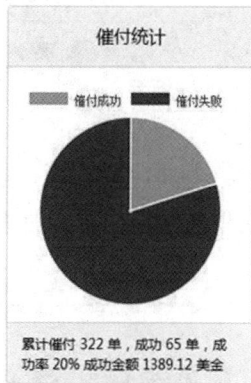

图4-71

（1）操作流程。

进入催付设置后，你要设置三方面的内容。

①催付策略，一般我们都勾选"全部自动催付"，见图4-72。

②催付语言选择"按买家所在国家自动匹配"。使用本地化的语言更容易取得催付成功，这个也是人工催付所不容易做到的，见图4-73。

③催付时间。软件一共提供了 5 次催付，我的习惯是催付 4 次，以防止太频繁发送邮件引起买家反感，见图 4 – 74。

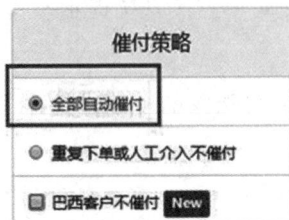

图 4 – 72

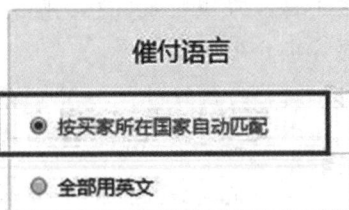

图 4 – 73

图 4 – 74

（2）在催付模板中，软件已经提前预设了几套模板供你直接使用。你也可以根据店铺的情况修改模板，见图 4 – 75。

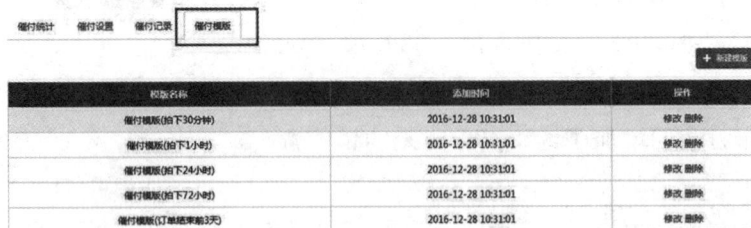

图 4 – 75

通过这样简单的设置就完成了自动智能催付，可以极大地提高店铺人员的工作效率，减轻员工工作量，更为重要的是它可以显著提高店铺销售额。

除了最主要的催付功能外，软件还有些很有用的其他辅助功能。

2. 自动评价

这个功能会帮助你自动回评那些已经对你做出评价的买家订单，同时，它还可以按照买家所在地区自动匹配语言，见图4-76。这个功能也能够节省你大量的时间。

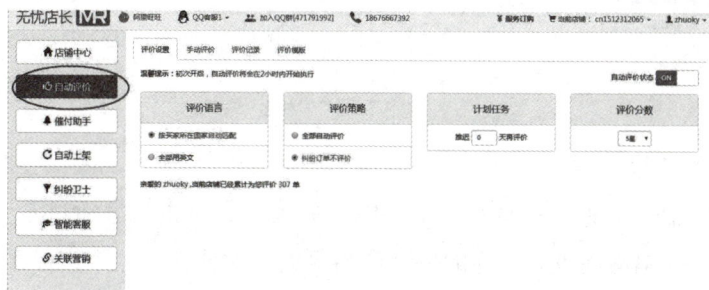

图4-76

3. 自动上架

速卖通店铺中的产品默认14天有效期，在上架达到14天时会被自动下架。在你一个一个手动上架后，产品才能继续销售。自动上架这个功能就是解放你的双手，免去你盯着下架的商品再手动上架这个过程，节省人力。所有到期下架的商品在通过软件设置好后会自动上架，见图4-77。

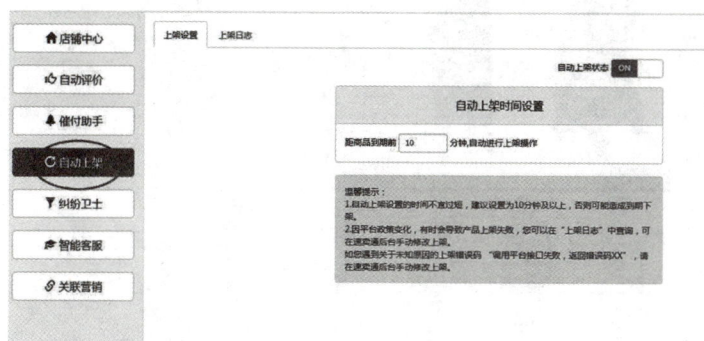

图4-77

4. 智能客服

智能客服可以根据软件预设的策略模板自动对买家进行智能催签收、催评价、付款后提示、发货后提示和优惠活动通知等。同样，它也可以为你节省时间、提高效率，见图4-78。

图 4 - 78

5. 关联营销

关联营销也是非常重要的一个功能。关联营销是指买家通过某个关键词或者是某个促销活动进入到你的一个产品页面，即使他对这个产品不感兴趣，没有购买欲望，他也可能通过产品页面的店铺关联产品的展示而购买店铺的其他产品。这样做可以最大限度地利用好进入店铺的每一个流量，显著提高店铺的销售额，见图 4 - 79。

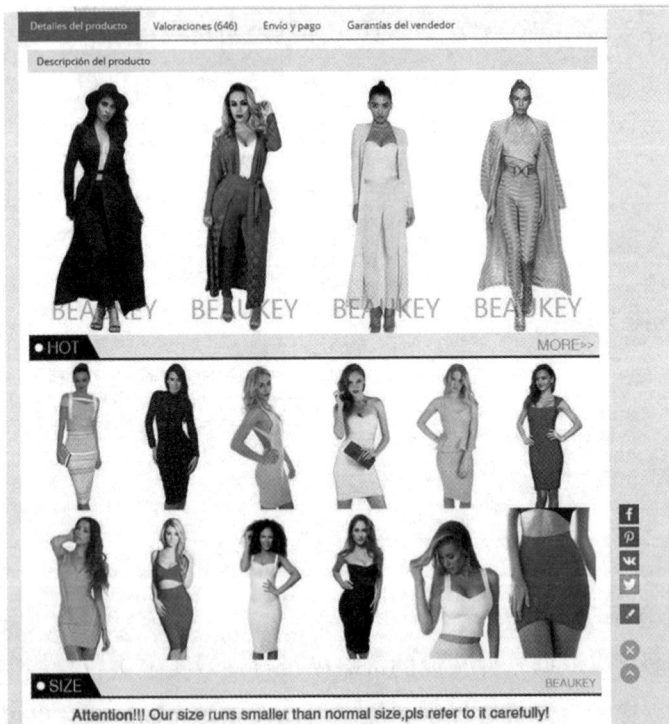

图 4 - 79

关联营销的使用方法如下。

（1）通过"模板管理"写上自定义模板的名称，选择好模板样式，安装位置，然后选择相应数量的店内热销产品，点击提交即可完成，见图4-80。

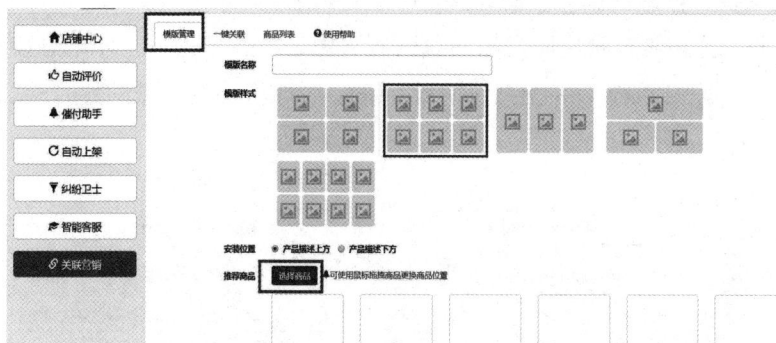

图 4 - 80

（2）你还可以在建立好模板以后，选择"一键关联"，然后选择不同的模板来关联店铺不同种类的产品，见图4-81。

图 4 - 81

第四节　WISH 运营工具

一、WISH 热销品分析

海鹰数据（http：//www. haiyingshuju. com/）是我常用的一款 WISH 平台热销产品分析工具。此工具主要可以查询 WISH 平台上的历史热销商品、飙升商品和新品热销商品等，通过对此类商品的分析，你可以选择适合在 WISH 上销售的产品，而且此工具是完全免费的。

（一）热销商品

热销商品界面中可以查看到 WISH 平台历史上热销产品排行榜，可以了解什么类型、什么价位的产品在 WISH 上更热销。

此外，你还能查看具体商品的总购买人数、总收藏人数、评论总数和前 7 天的相关数据，以及产品的上架日期和店铺成立日期等非常详细的数据，如图 4 - 82 所示。

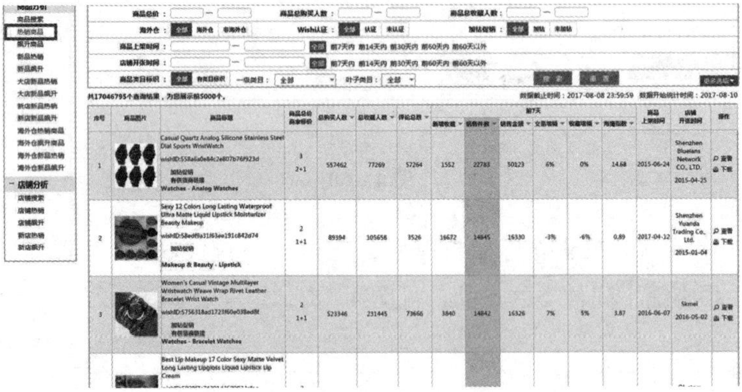

图 4 - 82

点击具体商品，你还可以看到更详细的产品数据。

（1）商品的具体信息，见图 4 - 83。

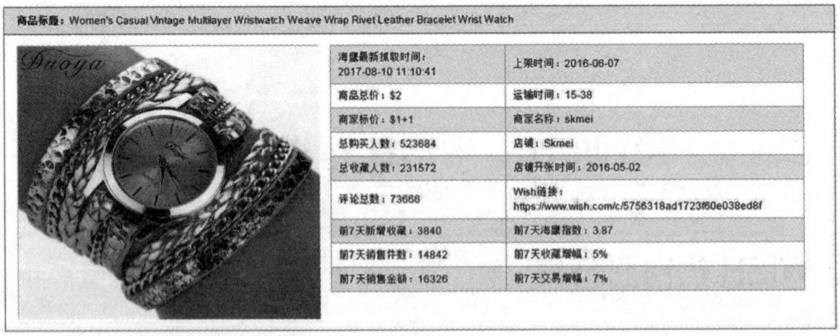

图 4 - 83

（2）部分商品还会提供 3 条供货商链接，可以方便你去采购商品，见图 4 - 84。

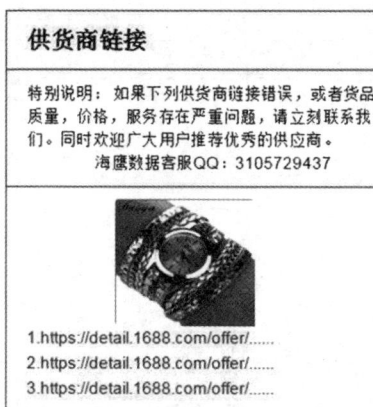

图 4 – 84

（3）商品的标签分为商家自填标签和 WISH 优化后的标签。这些标签都是非常有参考价值的，你可以很好地利用，见图 4 – 85。

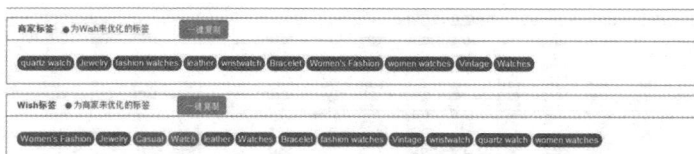

图 4 – 85

（4）商品的文字描述，你也是可以参考学习的，见图 4 – 86。

图 4 – 86

（5）商品最近 14 天的销售和收藏数据，见图 4 – 87 和图 4 – 88。

（二）新品热销

新品热销界面展示 WISH 平台最近 60 天内上架的新品中最热销的商品，如图 4 – 89 所示。这类产品对于 WISH 选品更有参考意义。历史热销产品

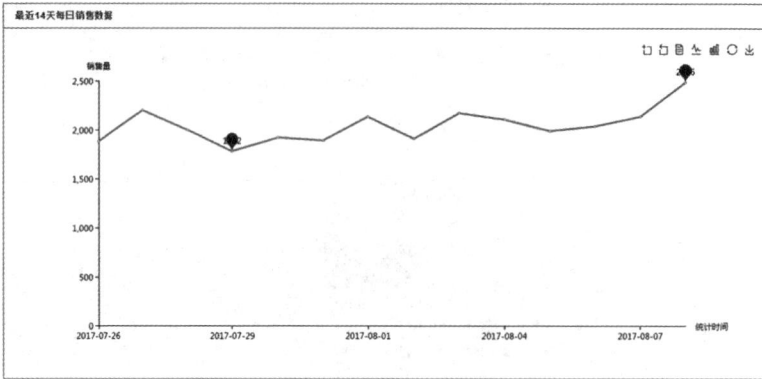

图 4 - 87

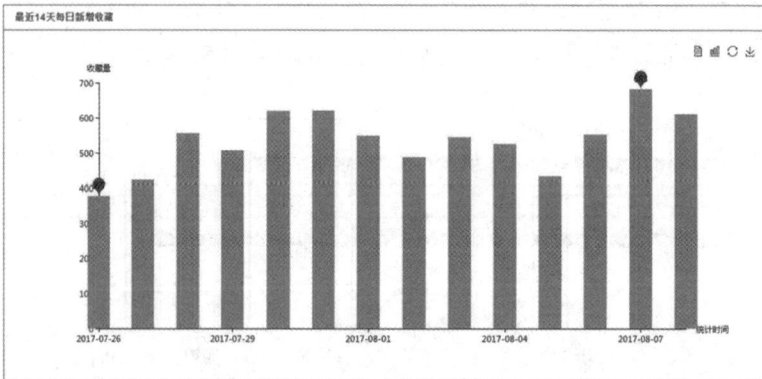

图 4 - 88

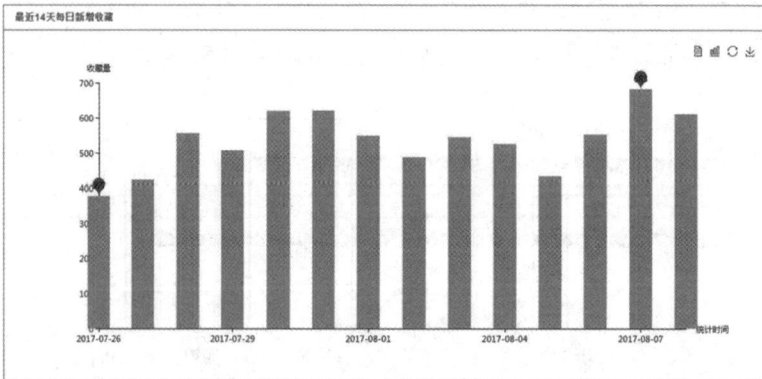

图 4 - 89

已经积累了很高的搜索权重和搜索排名，老客户和产品评价数量会非常多。如果你做这类产品，即使你的产品价格更低也很难获得订单。新品则不一样，它们是最近 60 天刚刚上架的产品，正处于上升趋势，产品的搜索排名和评论数并不是太高，这些产品是可以作为你选品的重点参考的。

二、WISH 标签工具

通过之前的学习，大家了解到 WISH 产品的标签填写会对搜索有极其重大的影响，每个产品最多可以填 10 个标签。作为新人，最头痛的就是不知道如何填写或者如何写好这些标签。那么我介绍一款工具为大家解决如何填写标签的问题。

这款工具就是卖家网（http：//www.maijia.com/wish/data.html#/tag/），你只需进行简单地注册即可使用，它是完全免费的。

打开卖家网页面，点击"卖家数据"——"WISH 数据"——"立即试用"，进入 WISH 卖家数据界面选择"标签"，见图 4 – 90。

图 4 – 90

输入你要查找标签的产品主词，比如产品是手表，你就输入"Watch"，搜索结果见图 4 – 91。

在搜索框中此标签的搜索结果多达 5 000 条（最多显示 5 000 条），你可以看到每一个标签对应的产品总数、有销量产品占比、平均价格、近 7 天新增收藏量、近 7 天产品数增幅和近 7 天销量等数据。分析这些数据再结合它们与你的产品的匹配度，选择 10 个优质标签简直轻而易举。

标签名称	产品总数	有销量产品占比	平均价格	近7天新增收藏量	近7天产品数增幅	近7天销量	销量环比增幅	操作
Watch	339434	6.27%	$(12.78+4.64)	303863	3% ⬇	267185	6% ⬆	🔍
wristwatch	218443	5.73%	$(11.11+4.1)	160651	2% ⬇	200732	5% ⬆	🔍
Watches	169567	5.99%	$(13.86+4.73)	137926	2% ⬇	174257	9% ⬆	🔍
quartz watch	183207	5.5%	$(9.82+3.98)	137012	2% ⬇	156878	2% ⬆	🔍
fashion watches	91414	6.52%	$(10.32+3.99)	91489	2% ⬇	102951	11% ⬆	🔍
Jewelery & Watches	92108	6.66%	$(8.88+3.65)	90426	2% ⬇	75048	9% ⬆	🔍
Jewelry & Watches	122937	6.81%	$(12.57+3.42)	90700	3% ⬇	68538	8% ⬆	🔍
women watches	40117	6.69%	$(7.05+3.05)	47879	2% ⬇	62216	8% ⬆	🔍
Mens Watch	42295	4.7%	$(18.82+6.38)	32890	2% ⬇	56665	8% ⬆	🔍
Sport Watch	68762	6.23%	$(16.46+6.14)	60524	2% ⬇	52279	6% ⬆	🔍
Smart Watch	52641	8.45%	$(28+8.71)	115446	1% ⬇	51065	17% ⬆	🔍

共有12770个搜索结果（最多显示5000个结果）　　标签导出

图 4 - 91

随着各个跨境电商平台卖家数量的增加，各平台内流量成本越来越高，单一的站内引流方式效果变差。在这个前提下，中国卖家再做跨境销售，需要拓展更加多元化的站外引流渠道，例如搜索引擎推广、社交媒体营销、邮件营销、视频营销等，来提高产品销量。

第五章

跨境电商站外引流

第一节　用好谷歌提高外贸销售额

对于外贸人来说，谷歌存在的价值是什么？

是几乎全世界都在使用的搜索引擎？

是不可复制的硅谷神话？

让我们用点数据说话。

2016 年、2017 年，谷歌连续两年蝉联 BrandZTM 全球最具价值品牌百强榜排名第一位，2017 年它的品牌价值达到 2 455.81 亿美元，如图 5 - 1 所示，而且其每年收入增长率超过 20%。

图 5 - 1

据美国知名网站通信流量检测机构最新统计，从 2016 年 7 月到 2017 年 7 月谷歌搜索占据了全球搜索份额的 92.38%，完全垄断全球搜索市场。与它相比，百度作为全球第四大搜索引擎，仅占据了 1.11% 的市场份额，见图 5 - 2。

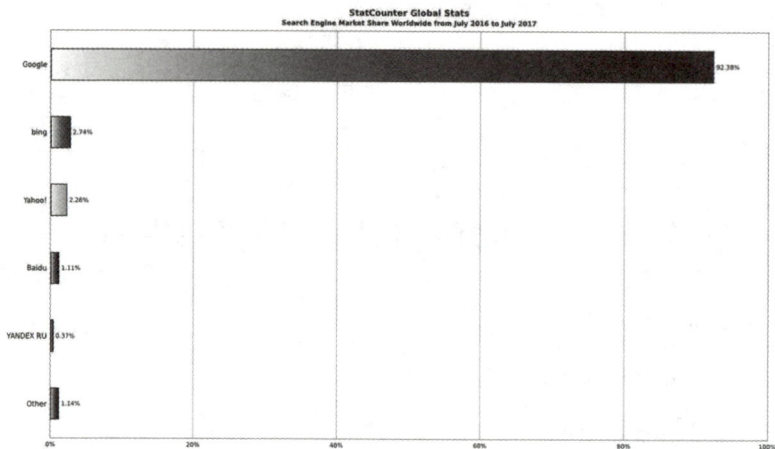

图 5 - 2

作为全球最大的搜索引擎，谷歌仅域名就超过 158 个（google. co. in、google. de、google. com. hk 等），有 132 种语言界面。此外，谷歌还拥有数百万家网络联盟，AOL（美国在线服务公司）、纽约时报、迪士尼、新浪、腾讯等，均是它的合作伙伴。

万维网的出现，让每一个企业、品牌都有了自己的网站，但是谷歌的出现，让我们能够借助关键字更轻松地搜索覆盖全球的互联网门户网站信息、客户信息，或者让客户获得我们的信息。

所以，对于中国外贸人来说，谷歌搜索引擎将是除跨境电商平台站内引流之外，扩大零售销量的又一个重要渠道。

一、谷歌搜索技巧

谷歌搜索为什么能够风靡全球，不仅在于它联通了全球信息，也在于它的开源性。拉里·佩奇和谢尔盖·布林当初设计谷歌时，就把"整合全球信息，供大众使用，使人人受益"（To organize the world's information and make it universally accessible and useful）作为谷歌的宗旨。

为了做到人人受益，谷歌将搜索指令完全开放给了全人类。

（1）在 Google 搜索框内使用加号（＋）和减号（－），设定搜索结果必须包含和不包含的关键词。

（2）输入"allintitle："搜索关键词和标题包含匹配内容。

（3）输入"特定字符＋空格＋关键字"，锁定搜索结果的范围。

例如：想要搜索与"retailer"有关的美国站点，即可输入"site：US RE-TAILER"；

"site：edu"用于搜索大学站点；

"site：gov"用于搜索政府站点；

"site：us"用于搜索美国站点；

"inurl：news"用于搜索新闻站点；

"inurl：blog"用于搜索博客站点；

"inurl：forum"用于搜索论坛站点。

（4）使用"～"符号搜索近似词。

在搜索词前加上"～"，即可搜索所有包含这个词及其近义词的页面。

（5）输入"related：＋网址"：搜索近似页面。

（6）使用谷歌专业搜索，例如 Google Shopping、Google Answers、Google Books 等。

（7）使用谷歌的操作算符，常用的算符见图 5-3。

算符	用途	用法
allinanchor:	限制搜索的词语是网页中链接内包含的一个或多个关键词	allinanchor:关键词1 关键词2
allintext:	限制搜索的词语是网页内文包含的一个或多个关键词	allintext:关键词1 关键词2
allintitle:	限制搜索的词语是网页标题中包含的一个或多个关键词	allintitle:关键词1 关键词2
allinurl:	限制搜索的词语是网页网址中包含的一个或多个关键词	allinurl:关键词1 关键词2
filetype:	限制所搜索的文件为一个特定格式	filetype:文件扩展名
inanchor:	限制搜索的词语是网页中链接内包含的关键词	inanchor:关键词
intext:	限制搜索的词语是网页内文包含的关键词	intext:关键词
intitle:	限制搜索的词语是网页标题中包含的关键词	intitle:关键词
inurl:	限制搜索的网页的地址	inurl:关键词
site:	限制所进行的搜索在指定的域名或网站内	site:域名

图 5-3

（8）公共邮箱后缀。以某一产品为例，WELDING 是关键字，那么搜索的方法就是，welding @ gmail. com，welding @ yahoo. com，welding @ hotmail. com。要是精确点可以限定一些条件，比如找焊接类的经销商 welding distributor @ gmail. com，welding distributor @ aol. com。

其他公共邮箱，如美国：@ netzere. net，@ twcny. rr. com，@ comcast. net，@ warwick. net。印度：@ rediffmail. com，@ vsnl. com，@ cal3. vsnl. net. in。日本：@ yahoo. co. jp，@ candel. co. jp。新西兰：@ xtra. co. nz。俄罗斯：@ mail. ru，@ yandex. ru。

二、消费者晴雨表（Consumer Barometer）

官方对它的定义是："The Consumer Barometer is a tool to help you understand how people use the Internet across the world."，即消费者晴雨表是帮助你了解全球的人是如何使用互联网的。

它是如何做到的呢？我们可以从 4 个方面看出来。

（1）通过图形来了解数据，创建自定义的消费者网络行为分析。

（2）通过时间更迭来衡量数据变化趋势，了解世界各地的互联网访问和设备使用情况。

（3）学习经典的网络用户数据分析。

（4）洞察全球互联网用户的使用情况。

三、谷歌全球商机洞察

借助谷歌全球商机洞察，能够帮助企业寻找全球的关键词广告商机。

凭借谷歌全球商机洞察，企业可以通过输入关键词的方式找到商机，将广告信息传达给全世界超过 19 亿的用户。

以下是它的三大特点。

（1）帮助企业立即进军全球市场，自动将关键词翻译为客户所用的语言。

（2）呈现客户的地理分布，了解客户都在哪些地方搜索你的产品，天南海北任你选。

（3）估算费用，针对不同的语言和地理位置比较估算费用，让你的广告收到最理想的效果。

四、谷歌购物洞察工具（Google Shopping Insights Tool）

对于许多做出口电商的企业来说，美国依然是最大的市场。美国人民想买什么，在搜索什么，用什么设备搜索之类的问题也许每天都萦绕在你的心头。这些问题，也许 Google Shopping Insights Tool 都能解答。

什么是 Google Shopping Insights Tool？

这是一款针对美国消费者的分析工具，它整合了接近 7 000 种（还在不断增加）商品从 2014 年至今的搜索数据，帮助商户了解和分析该商品的搜索趋势和市场热度。

五、谷歌趋势（Google Trends）

有人曾经说过"如果你懂得用谷歌趋势选品，你就不会错过指尖陀螺这样的爆款产品"。

通过"谷歌趋势"，你不仅能看到各个国家和地区当下被搜索的最热的关键词，还可以自主搜索产品关键词，定义时间轴，随时监督产品随时间变化而产生的热度变化，并以这些数据分析结果作为参考，安排产品的生产、销售以及推广。

六、谷歌关键词（Google AdWords）

（一）什么是谷歌关键词？

谷歌关键词是谷歌于 2000 年推出的数字营销自助服务平台。谷歌关键词利用数字"精准"营销的优势，在恰当时间和恰当位置，通过恰当设备（PC 端、笔记本电脑、平板及移动端），向目标群体呈现高度相关的推广信息。

（二）谷歌关键词推广原理

当客户搜索与你的产品或服务相关的字词时，或者当客户所访问网站的内容与你的业务相关时，你的广告就会展示在他们面前。

（三）谷歌关键词的 5 大优势

1. 清晰衡量，明确归因，灵活便捷

谷歌关键词能显示有多少用户看到了你的广告，其中又有百分之几的人访问了你的网站或是拨打了你的电话。利用跟踪工具，你还可以看到广告为网站直接带来的确切销售额，见图 5 - 4。

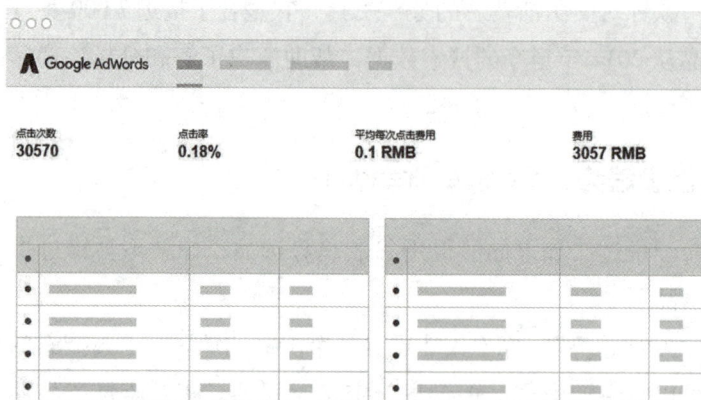

图 5 - 4

2. 全天候的洞察信息

你可以随时登录谷歌关键词账户查看广告的效果。为节省外贸人的宝贵时间，谷歌关键词还可以发送月度摘要报告，在其中列出当月的重要统计信息和数据，见图 5 - 5。

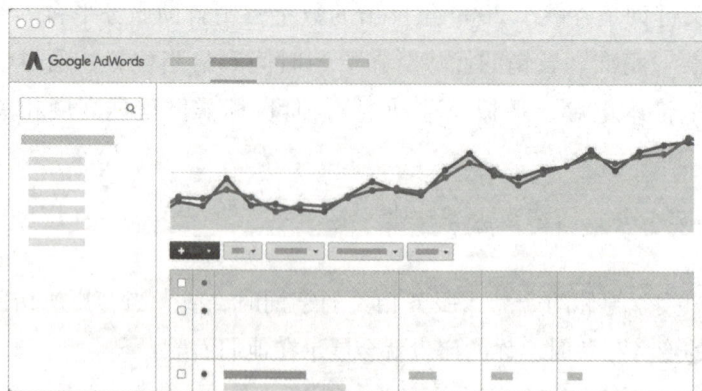

图 5 - 5

3. 停止、开始、暂停、测试

你可以随时调整自己的广告，尝试新的搜索字词，暂停广告和恢复投放广告，这些操作在谷歌关键词中都是免费实现的。

4. 既可放眼世界，也可专注本地

你既可以向特定国家/地区或某个城市的目标客户展示自己的广告，也可以定位公司或店铺周边一定范围内的客户。

5. 恰如其分地传递信息

客户在谷歌地图、谷歌图片搜索商家提供的产品或服务时，谷歌关键词会恰如其分地在谷歌上展示你的企业。

依托谷歌这个免费且强大的工具，企业能够摆脱以前烦琐、耗费资金的市场调研。大数据时代，用户的所有信息都显示在数据上，用户的所有消费行为，都可以从数据中看出。借助谷歌关键词，以及现在正在融入的 AI 技术，企业的商品能够更轻松到达目标用户的面前，帮助企业开发出更为广阔的市场空间。

虽然谷歌没有入驻中国，很多企业无法触及谷歌关键词。但是早在 2014 年谷歌就开始协调，针对中国企业海外推广开发了 "Google AdWords 体验中心"项目。其中，2015 年由深圳市重点引进，深圳前海易联科技有限公司运营的深圳唯一一家谷歌关键词深圳体验中心，就是谷歌关键词项目在中国的第一次实践。

(四) 谷歌关键词的 6 种广告形式

1. 谷歌关键词搜索广告

谷歌关键词搜索广告是指通过文字广告的形式，根据用户搜索的单词或词组来与搜索结果页进行匹配，它可以在多种设备上展示于 Google 的搜索结果中，见图 5-6 所示位置。

谷歌关键词搜索广告可以帮助你接触高质量的客户群体，并根据客户主动搜索的词语进行匹配，让主动寻找你的产品或服务的客户在最需要的时候找到你。

2. 展示广告

谷歌展示广告让你能够利用数字世界多种多样的广告格式，见图 5-7，吸引未搜索但对你的业务感兴趣的客户。

图 5 - 6

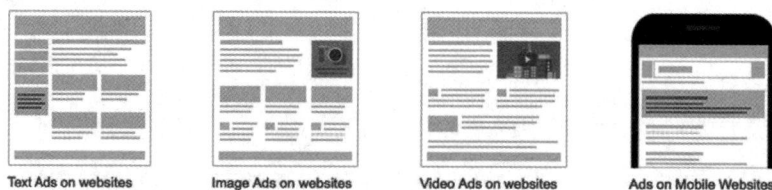

Text Ads on websites　　Image Ads on websites　　Video Ads on websites　　Ads on Mobile Websites

图 5 - 7

3. YouTube 视频广告

YouTube 独特地结合了视频访问、分享和社区服务，为你提供了与目标客户互动的绝佳机会。视频广告通过令人难忘的独特方式以及多种定位，帮助你与目标客户建立联系。

（1）YouTube 搜索广告，呈现在搜索结果中，点击并观看才收费。

（2）In - display 视频广告，在播放影片旁或相关搜索页呈现，客户点击并观看才收费。

（3）In - stream 视频广告，像电视广告一样播放于影片前，5 秒后可选择跳过，选择继续观看视频 30 秒以上或者进行互动的客户才需要付费。

4. 再营销广告

什么是再营销广告？客户访问你的网站代表对你的产品有兴趣，而客户的兴趣正是商机的开始。

对于访问过你的网站、使用过你的移动应用或提供了电子邮件地址却未完成订单的客户，你就可以利用再营销功能与之再次建立联系，在客户浏览网页、使用移动应用或在谷歌上进行搜索时向其展示相关广告，流程如图5-8所示。

客户点击应用或进入网站　　将客户加入再营销名单　　客户离开　　在 Google 展示广告进行全方位的营销

客户返回品牌网站进行更多互动

图5-8

5. Gmail 广告

Gmail 广告是指放置在用户收件箱顶部的互动广告。当用户点击折叠的Gmail 广告时，广告就会像电子邮件那样展开。展开的广告大小与电子邮件相同，可以包含图片、视频或嵌入的表单。Gmail 广告面向谷歌覆盖的所有国家或地区提供，是吸引用户的一种极具个性的方式。

6. 购物广告

购物广告是以介绍你所销售产品的详细信息为主要内容的一种广告类型。购物广告可以指产品购物广告（只介绍单个产品）或橱窗购物广告（介绍多个相关产品）。

那么对于外贸企业来说，如何利用以上工具挖掘客户呢？

第二节　如何利用谷歌挖掘爆款产品

还记得我前面说过的话吗？"如果你懂得用谷歌趋势选品，你就不会错过指尖陀螺（Finger Spinner，见图5-9）这样的爆款产品"。

图 5 – 9

作为一名外贸 B2C 业务员，每天总有一个任务，就是不停地找到下一个可能的爆款产品。但是爆款产品不是你一发现就能立即培养成的，就像指尖陀螺不是在出现的那一天就开始火爆。

从事跨境电商的人都知道亚马逊的宗旨是把客户需要的优质产品推送给消费者，其中第一重要的就是了解客户需求，而谷歌趋势可以很完美地"告诉"你消费者对一款产品的需求性。这个需求性包含该产品的热度还有趋势，通过它你既可以了解消费者对过往产品的需求大小，也可以了解他们未来的需求。

做外贸 B2C 的商户，从各种论坛、App、贴吧、社群发现新奇好玩的东西，比如"Finger Spinner（指尖陀螺）"，他们会觉得这款产品好玩是好玩，但没人能在它搜索量为 0 的时候保证它一定能成为爆款。

但是，谷歌趋势为商家判断某产品是否会成为爆品提供了数据支撑，这就是谷歌趋势的可预见性。

当你搜索"Finger Spinner"，将时间定为 2016 年全年时，你可以看到图 5 – 10 所示的结果。"Finger Spinner"搜索热度呈现波动上浮的状态，2016 年 9 月"Finger Spinner"才开始呈现搜索热度暴涨的状态。在此期间外贸人完全有充足的时间设计、定制、生产、包装、安排物流、在当地市场售卖该产品。

直至 2017 年 3 月，"Finger Spinner"依然呈现不断上升的走势，见图 5 – 11。当你把时间设置为 2016 – 2017 年时，你可以看到 2017 年 5 月"Finger Spinner"的搜索热度达到前所未有的顶峰，见图 5 – 12。这时根据谷歌趋势数据大量备货的外贸企业已经进入了最大红利期。

谷歌趋势还有哪些功能可进一步挖掘产品相关信息。"他们在买什么？""他们在搜索什么？""这个产品的相关产品有哪些？"

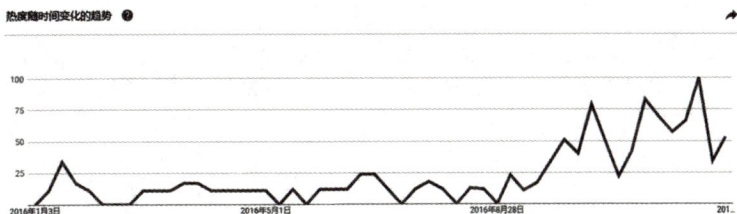

图 5 – 10

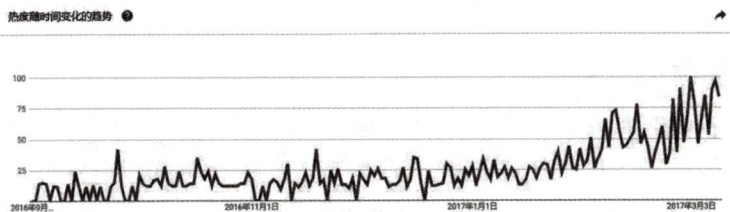

图 5 – 11

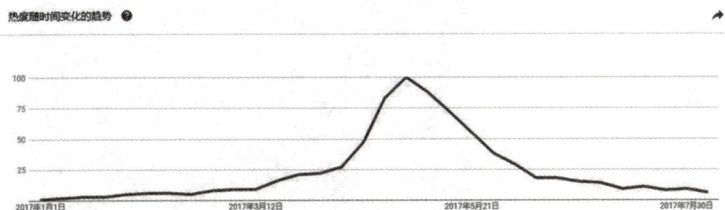

图 5 – 12

（一）通过 Shopping Insights Tool 获取客户信息

1. 客户地区分布

以"summer dresses（夏天的裙子）"为例，搜索"summer dresses"，你就能看到这个搜索词在全球各地的搜索热度，颜色越深代表该地区搜索量越大。

2. 搜索趋势

通过图 5 – 13 的曲线，你可以看到这款商品从 2014 年至今的搜索趋势。例如 2016 年二季度"summer dresses"的搜索兴趣指数是 76，而 2015 年二季度的兴趣指数只有 37，从而你可以判断消费者对"summer dresses"越来越感兴趣，这可能意味着有更大的市场需求和生意机会。

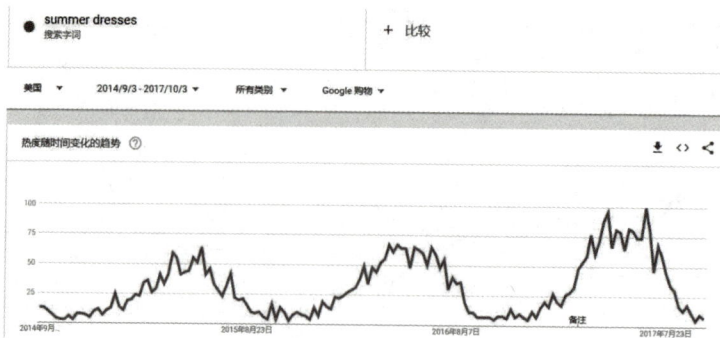

图 5－13

3. 搜索产品的相关度

通过 Google 趋势左下角中 Google Correlate 功能，见图 5－14。你还可以看到同 summer dresses 相关或周边的产品，见图 5－15，你可以把它们和 summer dresses 进行搭配销售或者进一步开发其相关的产品，促成更多的爆款。

图 5－14

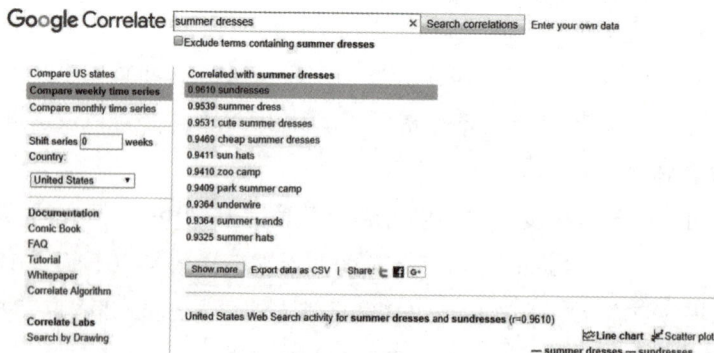

图 5－15

4. **热门搜索排行榜**

除了自助查询相关商品的搜索词外，Google 还可以按照关键词的热度，推出热门搜索排行榜。你可以从最热的话题和新闻中，挖掘信息，选出产品，借势营销，见图 5－16。

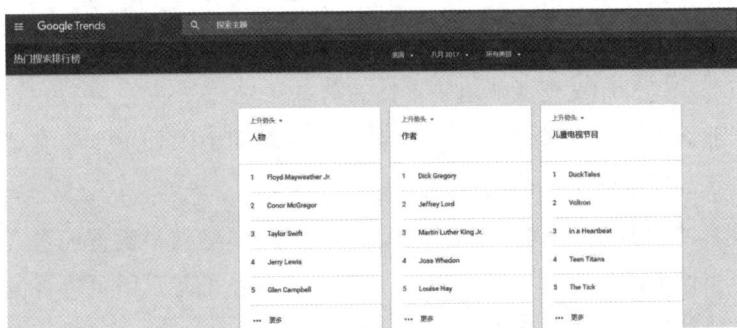

图 5－16

（二）通过谷歌关键词定位企业

除了谷歌购物洞察工具，谷歌关键词也能够帮助外贸 B2B、B2C 企业定位客户。

我以关键词“smartwatch”为例，搜索此关键词后，该产品在各国的搜索量、谷歌关键词推荐出价、竞争程度一目了然，见图 5－17。通过分析你可以了解产品在各国受关注的程度以及大概的推广成本等信息，再结合自己的推广目标和预算，就可以做出适当的决策。

客户的地理分布

地理位置	商机	本地每月搜索量	推荐出价	竞争程度
⊟ 巴西		90,500	US$ 0.11	
⊟ 葡萄牙语		90,500	US$ 0.11	
smartwatch		90,500	US$ 0.11	
显示来自关键字规划师的更多关键字提示				
⊞ 日本		90,500	US$ 0.20	
⊞ 墨西哥		60,500	US$ 0.13	
⊞ 印度尼西亚		18,100	US$ 0.07	
⊞ 印度		18,100	US$ 0.06	
⊞ 阿根廷		18,100	US$ 0.08	
⊞ 意大利		74,000	US$ 0.63	

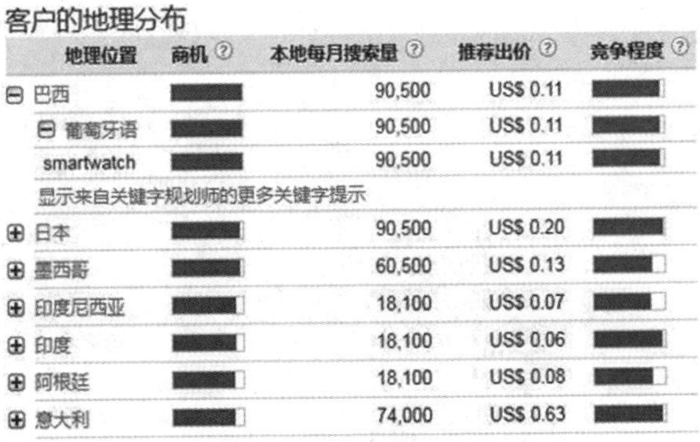

图 5－17

以巴西、印度尼西亚为例，巴西本地每月搜索量达 90 500 次，谷歌关键词推荐出价 0.11 美元，商机很大，但竞争也很激烈。相较之下，虽然印度尼西亚每月搜索量只有 18 100 次，但是当地的谷歌关键词推荐出价为 0.07 美元，竞争较缓和，商机也不小。

所以，如果你不计成本，想要在红海市场与行业巨头竞争，抢占市场份额，提升市场曝光度，尝试巴西市场是不错的选择。如果你预算有限，想开拓小众市场，选择印度尼西亚也是不错的。

说了那么多谷歌关键词，那它到底是如何帮助中国外贸企业实现产品推广的呢？我们通过两个案例来看一下。

2013 年 4 月常州某智能科技有限公司开始制作电动平衡智能车。但电动智能平衡车作为新生事物，受众对它了解较少，公司需要用更直观的形式体现产品的科技性、时尚性和实用性。而作为初创企业，该公司需要增加曝光量和品牌知名度，但只有 7 个人的团队，推广经验不足，目标市场也不明晰，投放户外广告屡屡受挫，预算越来越有限。

而从 2014 年 1 月，公司尝试谷歌关键词多种广告形式进行推广，以动态图片广告和 YouTube 视频广告的方式向海外目标消费受众直观展现电动智能车的特点。这一措施使得公司谷歌关键词的点击率提高了 5 倍，销售额更是从 300 多万元人民币增长到了 3 亿多元人民币，而且，70% 的销售额来自谷歌关键词，见图 5 - 18。

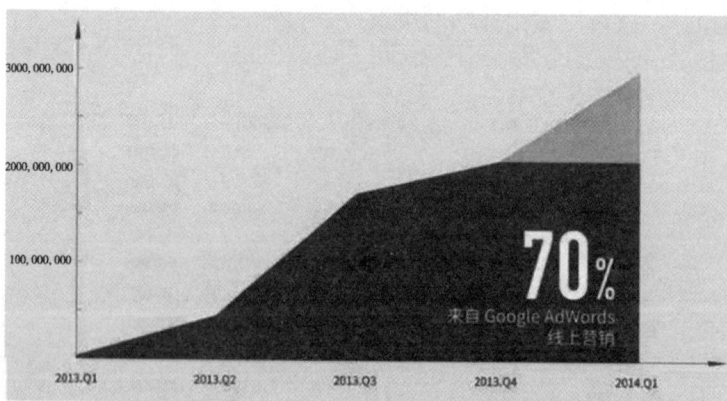

图 5 - 18

谷歌关键词投放策略

（1）覆盖全球用户＋数据精准定位。

谷歌关键词广告覆盖全球几十亿用户，同时还能进行用户精准定位。

案例中的产品在推广初期，公司在全球 200 多个国家投放了广告，一段时间之后，数据表明他们的产品更适合发达国家及地区。于是，公司适时改变推广策略，将主要预算投入欧洲市场，然后逐渐拓展到美国市场。

（2）多种广告形式带来最强推广效果。

谷歌关键词广告形式多样，根据产品特点，公司选择了动态图片广告，它比文字和静态图片广告的点击率高 5 倍，并更直观地展示了产品的特点。

同时，公司还尝试 YouTube 视频广告，生动体现产品使用场景，引起客户共鸣。

第二个案例就是某地毯公司，该公司生产的手工波斯真丝地毯及丝毛合织地毯制作工艺非常复杂，一条小规格的地毯需数月时间制作完成，而大规格的地毯则需要一年甚至更久。

这样的手工地毯的需求群体主要是国外的高端人群，但怎样把市场营销有效地定位到这样的小众群体，对于此公司来说是个不小的挑战。

谷歌关键词投放策略

（1）搜索广告瞄准高意向客户。

地毯公司投放搜索广告以及购物广告时，通过竞价获得高频搜索关键词，网罗有意向购买地毯的潜在客户。

（2）展示广告，精准定位潜在客户。

手工地毯产品价值高，主要面向国外高端人群，但如何定位此类人群？谷歌关键词多种方式的定位功能解决了这个难题，并经过优化，设定了投放人群特性，见图 5-19、图 5-20、图 5-21。

通过这一系列设置，该地毯公司精准地将广告投放了出去，事半功倍，并且成本也降低了不少。

经过推广后，网站的浏览量激增 9 倍，转化率提升了 300%，优质客户从 30 家增长到了 500 多家。年销售额从 70 万美元增长到了 1 000 多万美元。

图 5 – 19

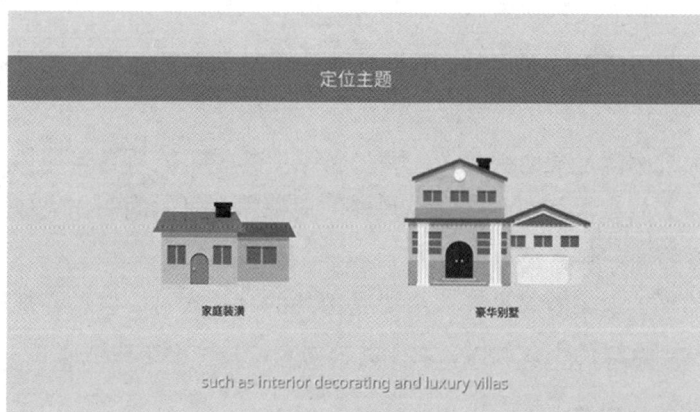

图 5 – 20

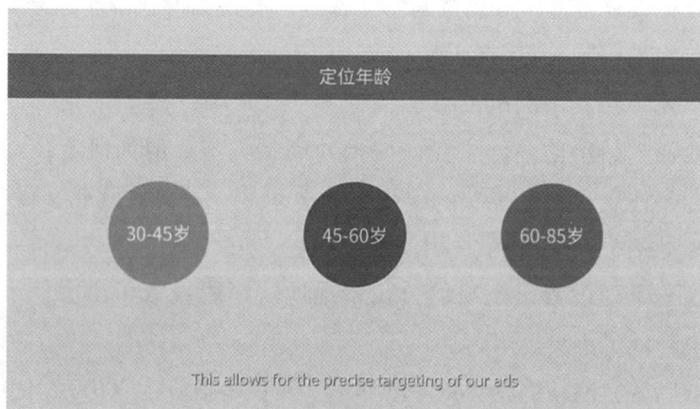

图 5 – 21

第三节 利用社交网站提高产品销量

社交网站的主要作用是为一群拥有相同兴趣、参与相同活动的人创建在线社区，便于其进行在线交流。它是基于互联网，为用户提供各种联系、交流的交互通路。

社交网络为信息的交流与分享提供了新的途径。如今使用社交网站已成为许多人生活的一部分。当前在世界上有许多社交网站，知名的包括 Facebook、Instagram、Twitter、YouTube 等，见图 5 – 22。

图 5 – 22

2016 年，社交网站正在加速演变成"无所不包"的平台。从以社交为主，到承载娱乐、生活、工作等多种功能。新技术有望彻底改变我们与社交媒体的互动方式，购物等新功能将相继开放，手机游戏也会与社交网站结合，让我们可以通过社交网络获得更加实时、生动的体验。人们在社交网站上投入时间越多，它对人的影响力就越大。

一、社交网络营销的价值

对于从事跨境电商的人而言，我们更多关注的是如何利用社交网站营销，从站外带来更多的流量，从而提升产品销量。

社交网络营销的核心是关系营销。社交的重点在于建立新关系，巩固老关系。社交网络营销的实质是利用社交媒体上消费者发表的产品评论、博客、论坛、社交网络里的个人档案以及用户创作的视频文件等做营销推广。

二、如何利用 Facebook 推广品牌，提升销量

Facebook 作为全球最大的社交平台，2016 年第一季度财报显示，它现在的月活跃用户数量为 16.5 亿人，日活跃用户数量为 10.9 亿人（同比上涨了 16%）；其中，移动端日活跃用户数量为 9.89 亿人。我相信这十几亿的用户中，肯定有你要找的客户，那么如何通过 Facebook 找客户呢？

（一）设置 Facebook 主页，让大家了解你，提升页面曝光量

在 Facebook 中，个人主页（Profile）是指个人账户的资料页，页面（Pages）则是指企业账户的资料页。两者最主要的区别在于企业页面允许设定多名管理员共同管理，也就是说即使有其中一名管理员离开，页面的正常运作也不会受到任何影响。另外，企业页面创建之前，系统要求创建者划分企业的类型，这样能让企业在相关搜索中更容易被列举出来。Facebook 还为用户提供"成为好友"这一功能选项，成为个人用户的好友需要相互认可，而成为企业用户追随者（Fans）则不需要通过管理者的认可。

下面，我详细介绍如何设置用户资料页，以及如何联系朋友进行信息共享。

1. 注册账号

登录"www.facebook.com"，并申请一个免费账号。（登录后可以选择中文页面）

2. 编辑个人主页

点击页面左上方的"个人简介（Profile）"链接，再点击"信息（Info）"标签下的"编辑（Edit）"。

按自己的情况填写基本信息、联系方式、工作/教育经历等。你所提供的

资料越全面，好友越容易检索到你，也越容易通过你添加好友的申请。

3. 加入网络

点击页面右上方"设置（Settings）"链接，然后按顺序选择"账户设置（Account Setting）"和"网络（Networks）"。

加入自己感兴趣的网络你有可能认识更多志同道合的朋友。你只能加入一个区域网络和最多五个学校或公司的网络，且每一个都要求你有相应的邮箱地址。此外，加入网络也能方便检索用户。

4. 联系朋友

Facebook 成立之初的目的就是更好地联系朋友、家人及同事，因此，网站为用户之间建立初步联系提供了不少途径。

首先，点击页面左上方的"好友（Friends）"链接，再选择"寻找好友（Find Friends）"。接着，你可以导入联系人列表，或逐一添加。找到朋友之后，点击"添加为好友（Add as a Friend）"，系统将给你的朋友发送确认信，一旦你的朋友确认了你的申请，你们就正式成为 Facebook 上的好友并且可以开始信息共享了。

5. 信息共享

Facebook 为用户进行信息共享提供了一个广阔的平台，打开你的 Facebook 个人主页或者你的资料页，然后在页面上方的小方框里输入你想与好友分享的内容。

你输入的内容会立即发布到个人页面的"墙（Wall）"标签当中，并且以"新鲜事（News Feed）"的形式显示在好友页面中。

6. 使用应用程序

在完成了以上所有步骤之后，相信你已经能熟练地使用 Facekook 及其各种各样的程序了，其中包括"相册""事件""电影"等。点击个人页面底部栏左上方的"应用程序（Applications）"，然后选择你感兴趣的一项开始与好友进行互动。

（二）搜索关键词加好友

1. 利用关键词搜索

我们以"手机壳（iPhone Case）"为例搜索，有个地方需要注意，当你在方框里面输入"iPhone Case"的时候，不要按回车，而是要用鼠标点击"搜索"，这样才不会只搜索出默认的第一个页面。大家可以去看看。随后，你点击"页面"就可以查看 Facebook 专页了。

当然，你也可以选择输入其他最新的发布人、图片、视频、主页、小组、应用和事件去加相关好友。

2. 找某个国家的客户

输入"关键词＋国家"即可，例如速卖通的卖家可以输入："iPhone Case + Brazil"，找巴西的手机壳客户。

3. 利用当地语言搜索找客户

你可以把英文单词翻译成当地的语言，如把"natural stone"翻译成俄语"природный камень"放在搜索框里，就能找当地客户了。

4. 搜索图片中的产品名字

如搜索"natural stone"图片，点击图片详情，然后就可以看到客户的 Facebook 账号等信息。

5. 输入关键词搜索公司主页

输入关键词找到主页后，在客户公司主页上留言，或者发私信留言可以联系客户。有时候公司主页上也会有客户的公司网页、邮箱、电话等，这样就更方便了。

6. 添加 Facebook 推荐的好友

Facebook 会根据相关性原则，为你推荐好友。你可以直接添加 Facebook 页面右侧栏推荐的好友。

（三）利用 Facebook 官方广告系统提升产品曝光量

寻找到客户后，你就该利用 Facebook 开展营销了。Facebook 允许企业通过宣传吸引更多粉丝为销售部门赢得潜在客户。在 Facebook 上制作广告的方法和管理工具与 Google AdWords 的界面十分类似。

第一步：登录"http：//www.facebook.com/advertising"，然后点击"创建广告（Create an Ad.）"，你可以根据广告内容填入外部链接、标题、广告词，还可选择载入图片。如果你要对 Facebook 上的内容做广告，点击图片方框内的链接，然后选择广告内容并填上相应信息即可。

第二步：按需求填写目标用户和计费方式。目标用户可根据地点、年龄、性别及兴趣来划分，计费方式则可选择按点击率或浏览率来计算。通常情况下建议按点击率计费，虽然广告的浏览量很大，但真正的点击率并不高，因此选择按点击率计费一方面可以达到做广告的初步效果，另一方面也降低了广告成本。

最后，点击页面最下方的"预览广告（Review Ad）"，并把制成的广告合理排序。Facebook 有一个内置的系统对广告展示次数、点击率和通过点击率进行分析，这样可以帮助用户判断哪个广告投资回报率最高、最适合企业页面。

案例 1：

Kellogg 搭建主页，与粉丝互动

著名的麦片公司 Kellogg（家乐氏）与 Feeding America（赈饥美国）公司合作建立了一个 Facebook 主页：Kellogg 关爱。关注主页的人数不断增长，其在页面上发布的内容也与用户有许多的互动。这个主页的核心目标是通过更新状态消息和发布短片来告知年青一代怎样才能获得更适当的营养。Kellogg 在社交网络上以非常人性化的方式加深了人们对某特定问题的认识。

案例 2：

Twitter 与 Facebook 组合营销

Zaggora 公司成立于 2011 年，开业 10 周后，公司已累计接到 10 万条热裤的订单。开业第一年，公司营业额达到 1 070 万英镑。自那以后，这家在伦敦有 30 名员工，在全球其他地区还有 70 名员工的企业，已向 126 个国家或地区卖出了 65 万条热裤。

> 　　Zaggora 公司之所以发展如此迅速，社交媒体功不可没。2011 年
> 7 月，Zaggora 创始人马尔科姆夫妇在自家起居室的沙发上开始工作。
> 31 岁的马尔科姆定制了 500 条热裤，然后在 Twitter 上搜索女性健身
> 爱好者和博客作者，看她们是否愿意接受免费样品，条件是让她们
> 在 Zaggora 的 Facebook 主页上发表评论。马尔科姆表示："有 200 条
> 短裤样品发出后如石沉大海，样品接受者再也没有给我们任何反馈。
> 不过那些来发表评论的人提供的反馈都非常积极。"如今，Zaggora
> 公司的 Facebook 主页已有逾 40 万名关注者。
> 　　由此可见，利用好社交媒体工具，可以为跨境电商业务带来收
> 益。下面我将分别介绍如何利用各个社交平台开展营销。

三、如何通过 Instagram 开展营销

Instagram 有超过 3 亿的用户，许多品牌正想方设法和 Instagram 社区进行
互动，获取更多回头客。

如果你能在 Instagram 上放上合适的产品图，顾客不知不觉就会被你的产
品吸引，推广产品毫不费力。

（一）设立最佳的 Instagram 企业账户

如何让你的 Instagram 企业账户吸引更多客户？

1. 添加链接增加网站的浏览量

Instagram 页面上方的简介是唯一可以点进你网店的地方。你一定要在名
字和描述的下方添加网店或者目标页面的链接，见图 5－23。

2. 用固定的名字和照片提高店铺的辨识度

如果你发布 Instagram 动态和你的品牌不符，那一切工作都是徒劳。用 In-
stagram 营销的关键是提高辨识度。选择一个品牌相关的 Instagram 名字，并用在
各社交媒体上，保持店铺形象的一致性非常重要。每发一条 Instagram 动态，你
的头像都会出现一次，因而，确保头像专业而具有辨识度也会有助于宣传。

图 5 - 23

3. 利用有趣而内容丰富的简介吸引粉丝

人们关注你的 Instagram 之前，都会读你的简介。因此，你的简介应引人注目、内容丰富，你传播的价值和内容要能够说服用户。

要达到说服客户的目的，你就要简要地介绍店铺和店铺名，避免推销性的语言，让介绍简短而有趣。

如果你还是不明白，就运用这个简介的撰写公式："你是谁 + 你是做什么的 + 个性化表述"。

必要时，你可以在简介中添加标签。例如你发起一项标签活动（我会在后面提及），在简介中添加大家熟知的标签会比较有利于宣传。

你可以随时随地修改简介来推广活动或者推销产品。再次声明，别忘了添加链接。

（二）发布受欢迎的 Instagram 帖子

图片胜过千言万语，我们大脑中的信息 90% 都是以图片方式接收的。Instagram 是个分享图片的平台，这也是它如此受欢迎的原因之一，所以，发布一些产品图片会更容易增加销量。但 Instagram 并不是一个购物网站，你要大致了解一下 Instagram 中"粉丝"的喜好，不要惹怒他们。

1. 避免强行推销

买家购买商品时深受社交媒体的影响，产品图能让消费者受到潜移默化的影响，做出自己的判断，所以，你的产品图需要运用更多创造力来施加影响，而不是强行推销。

2. 用专业而富有创造力的图片推广产品

产品图对线上购物至关重要，Instagram 能让你的产品销量更上一层楼。67% 的顾客认为细节图比产品信息和其他顾客的评论更有用。

Instagram 能让页面浏览量直接转为销量。所以，你分享的图片要引人注目、独特、充满个性。

在社交平台上与你的粉丝建立关系，孕育一种品牌文化，这样他们会乐于来你的店铺购物。

3. 使用高质量的图片

不要用裁剪过的或者模糊的图片，这会让你显得缺乏专业性。

选择图片时一定要注意，Instagram 会自动把上传图片变成 $612 \times 612px$ 的图片，小心你的图片变得面目全非。

产品图能反映出你的专业性，为了保证向客户提供高质量的图片，你可以将它保存为两倍分辨率，也就是用 PS 将图片调成 $1024 \times 1024px$，这样上传到 Instagram 上时，图片仍会很清晰。

4. 用 Instagram 编辑软件

Instagram 上每天会有 7 000 万张图片。你要发布引人注目的图片，才能脱颖而出。

Instagram 里有各种滤镜来改善图片的色调。你选择的图片色调要适合自己的品牌风格，且保持一致性，提高品牌的辨识度。

研究显示，每 1 000 个 Instagram 的用户中，Mayfair 滤镜的平均使用率最高。你可以尝试选择。

颜色和图案配合能创造独特而富有艺术感的品牌形象。明亮的图案比灰暗的图片更受欢迎，能得到多于 24% 的赞。蓝色主调的图片比红色主调的图片更吸引人，能得到多于 24% 的赞。单色调比多色调更受人喜爱，点赞数以 17%

的速率增长。Urban Outfitters（美国一个时尚服装品牌）就用蓝色和单色调的图片获得了无数人的青睐。

5. 创造独特的生活风格图片，与你公司的品牌文化保持一致

由于你的 Instagram 账号不是直接的销售场所，如果你想要粉丝一直关注自己，你就需要传播品牌的附加价值。其中，最好的方式是在你的 Instagram 账号上发布生活风格的照片。

什么是生活风格的照片呢？

生活风格的照片是指给你的产品添加一个背景和情景。比如让用户想象戴上那对耳环去约会有多棒，或者让他们眼前浮现出穿着徒步鞋跨越千山万水的画面。

展现你的产品，宣扬产品文化和产品所表达的生活方式能增强你的品牌价值。

6. 给粉丝提供专属的推广资讯和优惠信息

41% 的 Instagram 用户称，他们会关注那些给予粉丝优惠或者小赠品的品牌。所以，你要给粉丝一些福利、优惠或者内部消息。

直接将销售或打折信息贴在图片上视觉效果较好，十分时髦，见图5-24。

图 5 - 24

像 Phonto、PicLab 和 Over 这类免费应用可以让你编辑图片上的文字，选择文字的位置，将吸引人眼球的推广资讯和 Instagram 图片完美结合。

7. 在 Instagram 上推广活动，分享内部专属信息

我为大家介绍一个平常较少使用但非常有效的 Instagram 工具，它就是定位标签。数据显示，只有 5% 的 Instagram 帖子会使用这一工具，但它能增加 79% 的互动率。它会在你的照片上显示你拍照时的地理位置，让潜在顾客知道去哪里购买你的产品，并且提升当地顾客的忠诚度。

（三）如何获得更多的 Instagram 粉丝

即使你发布了很棒的照片，也需要运用策略让人们看到，成为你的粉丝，以下是几个涨粉的技巧。

1. 添加标签让你更容易被发现

Instagram 上的内容更新速度很快，你的帖子很容易就被埋在成千上万条动态中。标签是唯一提高帖子曝光率的方法。所以，你要利用一个关键词总结帖子的内容，让它容易被发现。

大多数帖子只使用一个标签即可，不要用过多标签。超过 5 个标签只会让帖子看起来很凌乱，推销性太强，导致很少的人参与互动。

如何使用标签呢？

（1）联想与你品牌相关的关键词或短语。

（2）搜索时髦、受欢迎的标签。

（3）搜集一组热门且内容具体的标签。一些通用的标签会让你的帖子消失在千万条帖子中，用更具体的标签则可以让你的帖子不被淹没。

（4）创建你自己的标签。标签应独特、容易被搜到。而且，用户可以把你独特的标签放在他们的照片上。

（5）选择 5 个左右的标签来补充你的帖子。最聪明的方式是发表照片后把标签放在评论里，这样标签不会喧宾夺主，掩盖帖子的内容。

2. 邀请 Instagram 大使分享你的品牌

创立一个大使团队，向你的粉丝传播品牌福利。鼓励你的 Instagram 粉丝发布图片和点评，这样更多用户能看到你的品牌信息。

78% 的消费者会受品牌社交媒体的影响购买产品。越多粉丝分享你的产品，销量就越高。

3. 在你的账号上分享粉丝的照片

在你的账号上分享粉丝的照片会让他们倍感荣幸。而且，粉丝会一直关注你的帖子来查看自己和朋友的信息。

这些粉丝的照片也展现了你的品牌所宣扬的生活方式，从而影响顾客的购买行为。所以，在你的商品网站上添加 Instagram 的图片也能改进线上购物体验。

（四）在 Instagram 上增加与粉丝的互动，加强与顾客的关系

Instagram 可以拉近卖家与买家的距离，改进服务，从消费者那里获得直接的反馈，让游客变成忠实的消费者。

如何增加与粉丝的互动呢？

1. 撰写引人注目的标题

许多标题用一个简单的口号或者问题就吸引了粉丝的关注，得到很多的评论，因此，你必须重视标题的作用。

标题不宜过长，否则会被用户忽略，直接、有趣的标题能吸引人的注意力，让粉丝思考，并参与进来。

2. 发起竞赛来增加互动

通过比赛，你能吸引更多粉丝，增加互动，同时，也可以奖励你最忠实的消费者。

发起 Instagram 比赛的快速指南如下。

（1）选择一个与你品牌相关且吸引人的奖品，比如最畅销的 T 恤，最受欢迎的小礼品，或者最有意义的卡片。

（2）发布一张引人注目的奖品照片。

（3）在标题中涵盖比赛的细节。比如："穿上我们品牌的鞋子发布一张你最喜欢的照片，添加标签#CoolSneaks，下周一公布获胜者！"

（4）几天后再次提醒粉丝参加这次比赛，强调一下奖品。

（5）选择赢家，发布公告，表示祝贺！

以下是关于比赛的注意事项：要有足够数量的粉丝和互动才能发起比赛。所以，你要考虑自己与粉丝的互动程度。无人响应的比赛非但毫无帮助，甚

至会产生负面影响。

3. 回复粉丝的评论

毫无疑问，回复评论，感谢粉丝添加的标签，关注其他用户，或给其他用户点赞是增加互动的方式。

4. 利用工具

还记得那个简介上唯一可点击的链接吗？尽管粉丝不能从 Instagram 上点进产品页面，但是，越来越多类似 Target 的品牌公司页面正在使用 Like2Buy 这类的第三方应用，在 Instagram 和网上购物间搭建桥梁。

5. 分析你在 Instagram 上取得的成果，不断进步

让你的 Instagram 不断优化的方法是分析过去的成果，调查受众，再次发布有成效的内容，像 Iconosquare 这类的工具能帮你分析过去的数据。

（1）跟踪互动记录寻找最忠诚的消费者。

为了持续吸引你的品牌大使，让他们分享你的产品，你需要认识与你互动最多的粉丝，并改善与这些消费者的关系。

（2）优化发布帖子的时间。

要明白什么时间粉丝会经常和你的帖子互动。

发布 Instagram 的最佳时间是周一下午 6 点。工作日的下午 5 点到 6 点和 8 点 Instagram 上用户的活跃度较高，周一下午 6 点达到顶峰。

但是，不同的粉丝会在不同的时间与你互动。如果你的粉丝大多是家庭主妇，下午 6 点的时候，她们多半在做家务和准备晚餐。

所以，知道什么时间你的粉丝最活跃，能帮助你制定最优时间表，让你获得最多点赞和评论。

（3）固定发布时间。

一般来说，各类品牌每周都发布 6 张图片。分析你的密度数据，选择与粉丝互动的最佳时间，并在这时间段发布一到两条动态可以收到不错的效果。

此外，考虑一下别人的帖子的发布时间。据调查，在深夜发帖，你的帖子不容易被一大波帖子淹没。大多数社交媒体暂停更新的时候，会有更多人关注你的 Instagram 帖子。

（4）利用时间表应用，节约你在 Instagram 上的时间。

使用 Instagram 非常耗时，你繁忙的时候很难顾及 Instagram。而 Schedugram 和 Latergram 这类的应用可以让你在空闲时排列好帖子，然后根据你设置的最佳时间发布帖子。

（5）关注你最受欢迎的帖子。

关注哪些是互动程度最高的帖子，那些就是成功的帖子。

你的粉丝会反馈出怎样的内容是适合 Instagram 发布的。在收到好评的帖子中寻找共性，这样你会知道应该和粉丝分享哪些内容。

案例：

Letterfolk，如何利用 Instagram 同客户进行情感交流

Letterfolk 是一个小型企业，主要生产和销售手工制作的字符板。每个字符板都有一整套字符，人们可以根据自己的喜好对字符板进行个性化处理。该公司通过十分有创意的方式获得了 181 000 个粉丝。

Letterfolk 在 Instagram 上发布的内容是有趣且可信的。他们发布的所有图片都邀请人们给它点赞，并在社交媒体上进行分享。虽然其他 Instagram 账号营造了一个良好的氛围，但 Letterfolk 则描绘了现实生活。作为小企业主，你想要在情感层面上与客户交流，那么你的图片就应该与客户保持情感上的联系。

四、如何利用 Twitter 寻找客户

Twitter 是一个社交网络和微博客结合的平台，它可以让用户更新不超过 140 个字符的消息，这些消息也被称作"推文（Tweet）"。这个平台是由杰克·多西在 2006 年 3 月创办并在当年 7 月启动的。Twitter 风行于全世界多个国家，是互联网上访问量最大的十个网站之一，它拥有 3.5 亿活跃用户，这些用户每天都会在其平台上发布超过 10 亿条 140 字符以内的信息。

面对如此巨大的流量红利，你如何开展营销呢？

Twitter 的高级搜索技巧中很多功能类似于前文提到的 Google 搜索，见图 5 – 25。如果你想查询当前谁在寻找你的产品，谈论你的竞争对手，运用高级算法会是很不错的选择，高级算法允许你把某些关键词包含和排除，同时进行搜索运算，所以相对来说搜索结果会很精准。

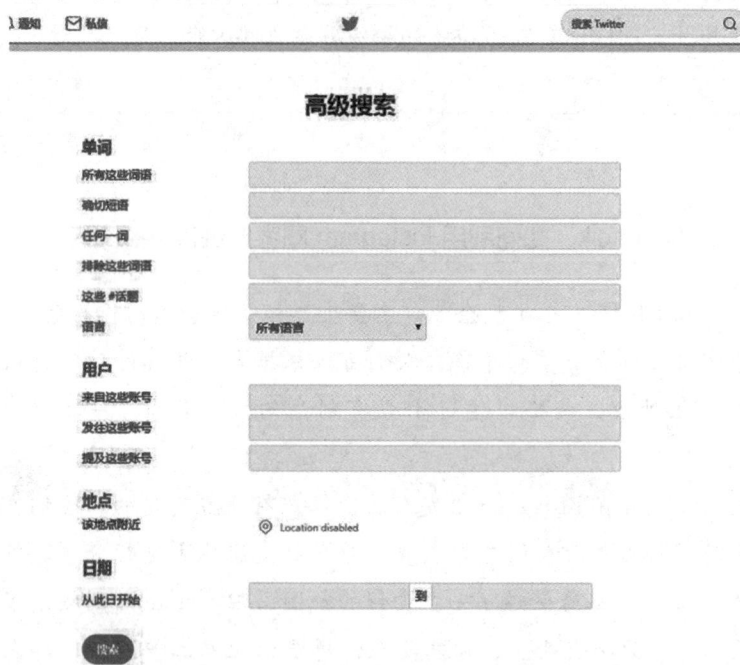

图 5 – 25

1. 追踪/查询用户名

Twitter 中有两个查询语句 "to" 和 "from"。

To：如果你想查询所有用户发给某个特定 Twitter 账号的所有信息，那么就可以用这个语句，例如你想查看，大家发给 fashion 这个账号上面的消息，你就可以用这个方法，比如 "to：fashion"，见图 5 – 26。

From：如果你想查询所有来自某个账号的帖子，可以用 from 语句，比如 "from：fashion"，见图 5 – 27。

这样你查看的都是 fashion 这个账号发布的信息，其实就是直接访问它的页面。

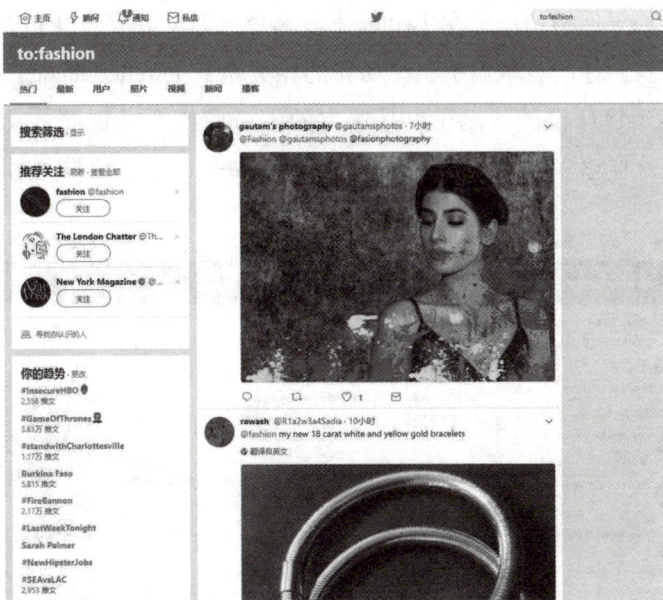

图 5 − 26

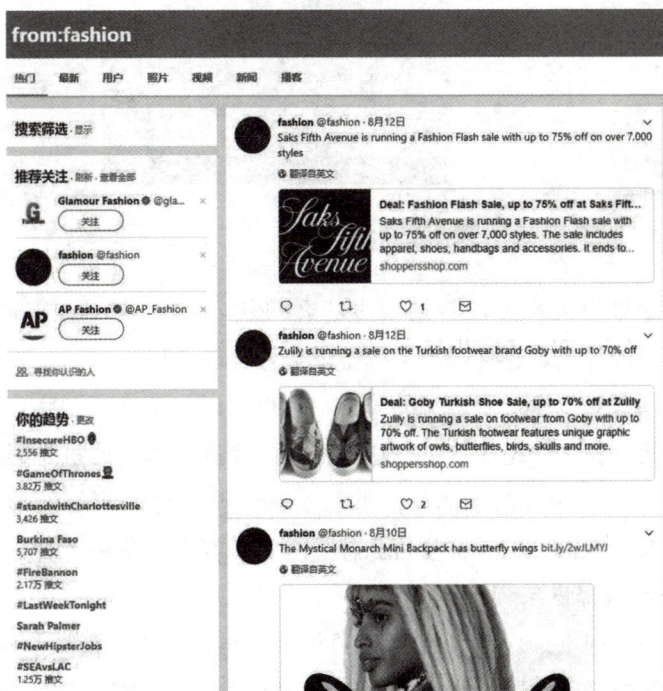

图 5 − 27

所以，如果你想精准地在 Twitter 上找客户，你可以按照以下步骤操作。

首先，找到你的竞争对手，比如我的相关企业 jewellerylondon（或者是相关产品）是销售珠宝的，而我也是珠宝的生产商或者零售商，或想找客户，那么我可以这样输入"To：jewellerylondon'jewellery'"，结果见图 5－28。

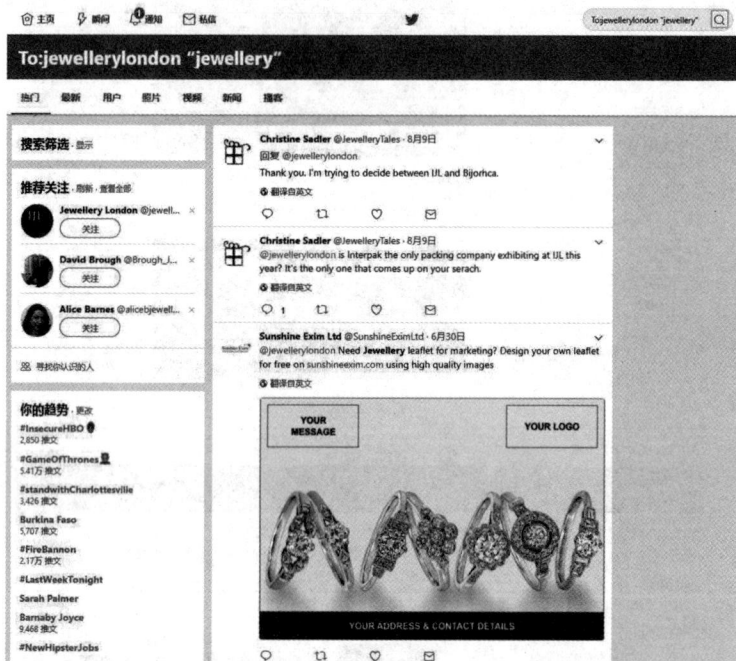

图 5－28

从搜索结果中大家可以看到很多的客户从 jewellerylondon 上面购买了产品，所以大量的客户就在你眼前，剩下就等你开发了！

同时，通过对竞争对手客户的分析，你也可以知道客户到底在谈论什么，需要什么，赞赏什么，抱怨什么，这个对你的品牌和营销改进是很有帮助的。你甚至可以有针对性地给他们发一些打折的、符合他们喜好的信息。此外，社交是需要参与度的，融入这些目标客户中对于客户开发是很重要的！

2. 定位区域客户

如果你想查询本地区关于你品牌的相关信息，使用区域性的搜索功能是一个很不错的选择。这一功能可以很具体地定位某一国家、某一区域、某一城市。

做过广告的人都知道，广告的定位是越具象越好，如果选择一个国家（如美国）作为广告定位范围就太大了，所以，对某一区域客户进行定位越精准越好。并不是所有的品牌都要做全球市场，很多品牌只做一个国家的市场或面向一个区域的人群。做全面的广告营销成本太高，还缺乏针对性，此时，你就可以用下列语句。格式是 Near：我们想要定位的地区（邮编）within：具体的区域范围。

例如我现在是用美国的 VPN 登录 Twitter，假定我人现在在美国的洛杉矶，我想在方圆 5 公里之内的地方找人看电影，我就可以使用以下类似的句子"# movie" near：90210 within：5km，结果见图 5 – 29。

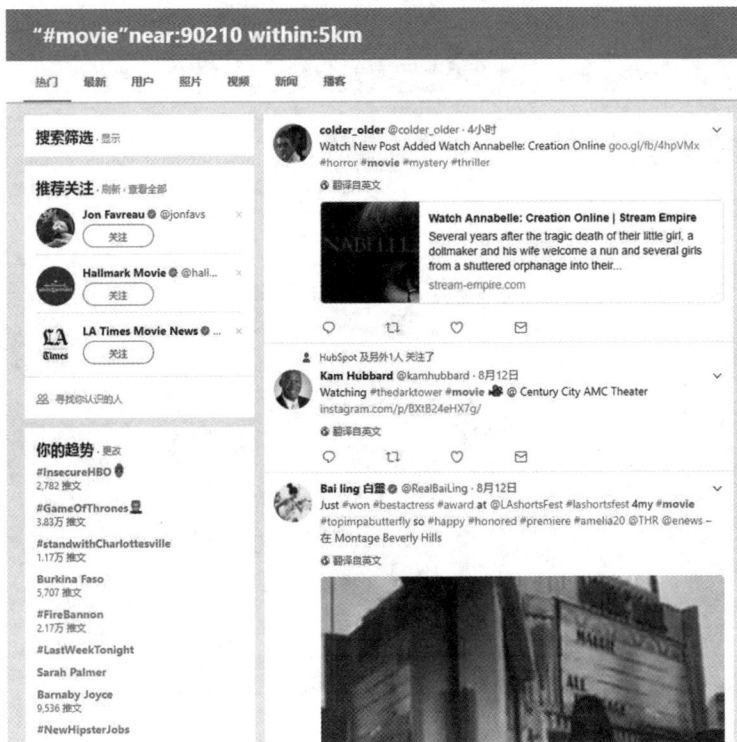

图 5 – 29

如果你是一家牛肉餐厅的老板，你想知道周围有谁在推荐美食，那么可以用下列语句。

"'Steak restaurant' near：London within：20km"。

3. 精确结果排除过滤法

（1）排除法。

有时候你想排除一些不必要的词汇，或者是不相关、有歧义的词汇，这个功能类似于 SEO 中的关键字排除法。

例如我想找一个珠宝设计师，但是我又不想提到任何关于我竞争对手（也是珠宝商）的信息，那么我就可以试用下列语句"'jewellery designer'－mynamenecklace"这样我可以找到很多珠宝设计师，见图 5－30。

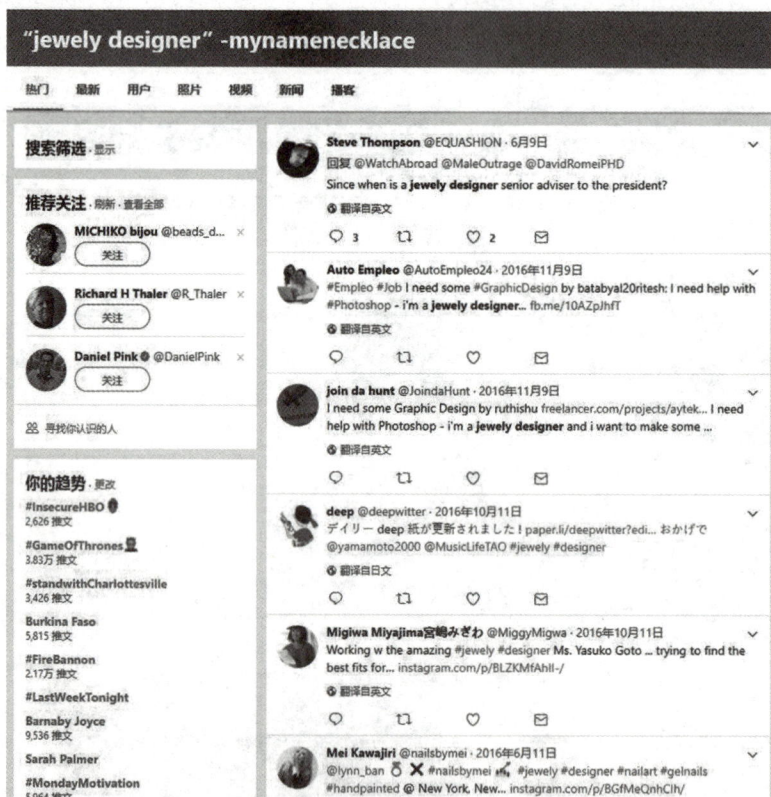

图 5－30

（2）过滤法。

当你想找一些信息的时候，需要过滤掉所有的链接，或者排除一些链接，例如我是做 vase 的，我想在我周围 5 公里之内发现客户，但是我要排除所有的链接，那么我就可以使用下列语句。

"'vase' near：518000 within：5km‒filter：links"。

这个语句的意思在周围 5 公里之内（依据邮编来判断）所有提到 vase 的客户，但是排除掉链接的所有帖子。

五、如何利用 YouTube 开展视频营销

YouTube 是什么？它是全球最大的视频网站，流量全球排名第三，仅次于 Facebook 和 Google，而且 YouTube 是全球第二大搜索引擎，是我们可以利用的推广平台，并且蕴藏着巨大的宝藏。

（一）YouTube 推广的主要形式

（1）在 YouTube 上寻找大的拍客与之合作。

（2）鼓励真实的买家帮我们拍 YouTube 视频评论。

（3）卖家自己拍视频（或找专业的人）上传到自己的 YouTube 频道里。（此项视各卖家的具体情况而定，见图 5‒31）。

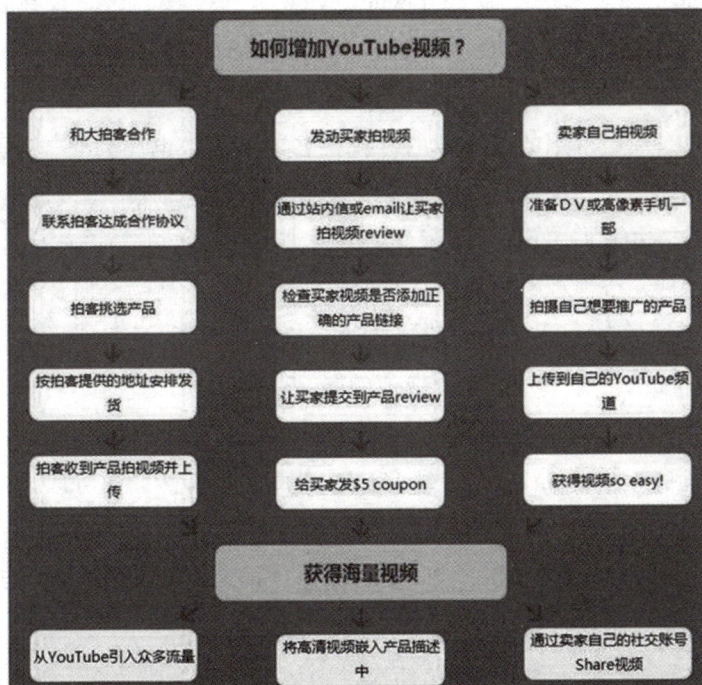

图 5‒31

（二）如何用 YouTube 推广

上文我们简单介绍了 YouTube 推广的形式，在这里，我们要详细地说明 YouTube 推广到底该怎么做。

1. 拍客推广

拍客推广的实质就是利用知名拍客的力量，将他的粉丝转化成你的买家。

（1）寻找拍客。

寻找拍客有两个主要的途径，第一，搜索关键字。在 YouTube 顶部的搜索框中输入你想要推广的产品名称，例如你要推广手机，就搜索"cellphone review，Samsung galaxy S5 Review"等；要推广假发，就搜索"hair review，wig review"等；要推广珠宝，就搜索"jewelry review，necklace review"等，根据不同的行业、不同的产品，搜索最贴合自己产品名称或特性的关键词。第二，在同类视频右侧的相关视频中查找符合你要求的视频。例如你正在观看一个"cellphone review"的视频，这时，在这个视频的右侧，会出现一列同类视频，这些视频所属的频道就很有可能是你需要找的频道。

以上只是你最常用的最有效的寻找拍客的方法，也还会有一些其他的方法可以找到你想要的拍客，各位读者可以在实际操作过程中慢慢摸索。

（2）联系拍客。

当你发现一个视频中拍的产品与你想要推广的产品吻合时，你就要点击这个拍客的频道名，进入他的频道主页。在他频道主页顶部导航条中最后一项是"about"，有一些拍客会把他的联系信息放在这里边，可能是他的邮箱，或者是 Facebook、Twitter、Google + 链接，你可以通过这些联系方式联系他。如果他在"about"里没有留下任何的联系信息，你可以通过站内信联系他。同样，在"about"页面，有一个"Send message"按钮，点进去，你就可以给拍客发站内信，当他登录他的 YouTube 频道的时候，系统会有相关提示。

我建议找视频订购数比较多的拍客合作，订购数至少要在 1 000 以上，这样视频拍出来推广效果会比较好。

（3）开发信内容。

给拍客发的开发信是合作的敲门砖，我建议要简明扼要地说明来意，篇幅不宜过长，否则对方会没有耐心读下去。内容要突出合作，你给他发免费的产品，他只需要帮你拍个视频，产品便归他所有等。

你可以把你的店铺链接放到开发信里边，这样拍客点进去看到有自己感兴趣的产品，会大大增加合作的可能性。

如果你是通过发邮件联系拍客，邮件标题也很重要，我建议可以突出合作、免费产品这样的关键字，标题不宜过长，6~8个单词比较适宜。

（4）拍客选品及发货。

在你发了相当数量的开发信之后，会有一些拍客给你回复，表明他们愿意合作。这时候，我建议大家先问一下拍客有没有在线聊天的联系方式，例如比较常用的 Skype、Kik、WhatsApp、Aol 等。如果拍客告诉你他的即时联系方式，你一定要马上添加，因为在线聊天的沟通方式比邮件沟通要方便很多。

然后，你让拍客在你的店铺里挑产品，把产品链接及对应的尺码、颜色等信息发给你，还有要向拍客要邮寄地址，注意向拍客要电话号码，因为有的物流方式电话是必填项。即使物流用不到，你将来也可能给拍客打电话或者发短信。第一次合作的拍客，建议少发产品，试下效果，然后再决定是否继续合作或者是否增加产品量。拍客选好产品之后，及时给拍客发货，并告知对方快递单号。在此有一点需要指出，在拍客选产品的时候，你要尽量推荐对方选新品，或者选当下热卖的产品，这样产品比较有卖点，视频拍出来效果会更好。

（5）提醒对方拍视频，并加入你店铺或产品带跟踪码的链接。

在你发货之后，快递单号你要保存，并在3~5天之后跟踪包裹，有的时候会出现包裹未妥投的情况，这时你要及时联系拍客让他取包裹或者联系物流公司。如果你跟踪到拍客已经收到包裹，这时候你要向拍客询问对你产品的看法，并问下什么时候可以把视频上传上去，还有让拍客记得添加产品链接，产品链接要带上跟踪码，这样你可以查询到哪个拍客给你带来了多少订单，好的拍客你将来要继续合作，并且可以多发产品。

跟踪码添加规则："? f = youtube – creator – creator ID – Itemcode – category"。

以上是你需要在产品链接中添加的跟踪码以便追踪视频效果。Creator ID 是拍客的频道名，比如说一个拍客频道链接是"https：//www.youtube.com/user/androidphones14"那此部分就是他的频道名，也就是我们所说的 Creator ID。所推广产品的 Item Code，在你产品链接中可以找到。Category 是指你所推广的产品所属的大类，如 3C、HB、hair 等。

（6）追踪视频效果，对于宣传效果好的视频的拍客，你要继续联系他，再让他选新产品。

（7）如果有拍客制作了很好的视频，画质清晰，产品展示非常详细等，你可以把视频嵌入所在平台产品最终页的产品描述里（这一点需要平台允许，并且有这个功能）。

2. 买家推广

如果你的店铺已经有一定的成交量，那你的买家也是非常好的宣传资源。买家收到产品后，你可以联系买家，问他对产品有什么评价。如果他喜欢你的产品，请他帮你做个 YouTube 视频评论，你可以给他一些折扣券或者其他的奖励，卖家可以自定。

如果有买家帮你拍了视频，你要建议买家将其提交到产品评论里（平台不同，操作方法会有差异），这样这个买家的视频评论会展示在客户评论里边，见图 5-32。

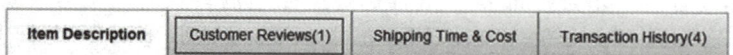

| Item Description | Customer Reviews(1) | Shipping Time & Cost | Transaction History(4) |

展示效果如下：

★★★★★ By andyz28　10 02, 2014

very good item, the steel quality and finish are very good, easy instalation and quick respond to the control

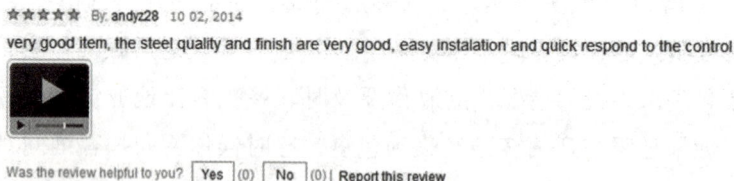

Was the review helpful to you?　Yes (0)　No (0) | Report this review

图 5-32

当其他买家点开视频按钮的时候，产品的视频评论就会在弹出的窗口中展示，其他买家就可以看到产品的细节以及此买家对产品的评论，从而大大提高该页面的转化率。

3. 自拍视频

卖家可以建立自己的 YouTube 频道，将一些火热的产品拍成视频，这样当有买家想看产品细节的时候，你可以把你的视频链接发给他。另一方面，视频放在 YouTube 上，总会有人通过某些关键词或者 YouTube 的相关视频推荐功能找到你的视频，这样你就可以把 YouTube 上的流量引到自己的店铺。你同样也可以将自己拍的视频嵌入产品描述里，方法和拍客项目视频嵌入是一样的。

通过以上三种方法你得到视频之后，不仅可以嵌入产品描述，让买家提交到产品评论里，还可以用自己的社交账号分享出去，比如你可以将视频贴到你的 Facebook，Twitter，Google + 上。还可以发送给你的买家，比如当有买家询问到相关产品时，你可以把视频链接通过站内信或其他途径发给他。

做品牌才是跨境电商企业未来的出路，这已经成为跨境出口电商人的共识。2017年速卖通宣布平台全面实施产品商标化；亚马逊不光自己拥有多个零售品牌，在2017年也推出了品牌旗舰店。显而易见，平台方都抢先跟随"品牌"这股潮流。从亚马逊品牌备案必须拥有独立支付功能的自建站来看，品牌化和自建站不可分割，做自有品牌就必须有自己品牌的独立零售网站。

第六章

跨境电商终极之路
——创品牌、自建站

第一节　做跨境电商要有自己的国际品牌

一、品牌战略的重要性

品牌，顾名思义就是品质的牌照，品质不只是指产品的质量，还有服务的质量等，而平常我们说的品牌，简单地讲是指消费者对产品及产品系列的认知程度。此外，还有一种解释，品牌是人们对一个企业及其产品、售后服务、文化价值的一种评价和认知，是一种信任。

在跨境销售中，我们国内的卖家要想让店铺获得持续发展，避开同行的价格战，必须创建自主品牌，提高品牌的科技含量或者创新性，实施全球化品牌战略。在全球范围内树立我们的品牌形象，这个也符合我们中国经济发展的宏伟目标。

创建品牌不仅仅是注册一个商标就可以，品牌是跨境企业在长期销售过程中，和消费者建立起来的区别于其他竞争对手的产品或企业标识。它让消费者可区分出我们的产品，使公司和产品具有知名度。建立品牌和消费者的信任关系是品牌战略能否成功的必要因素。

二、注册国际商标，塑造国际品牌

商标国际注册是指根据《商标国际注册马德里协定》或者《商标国际注册马德里协定有关议定书》（即马德里体系），由成员的法人和自然人，通过本国或地区商标主管机关向设在日内瓦的世界知识产权组织国际局提交的，可以同时在除申请人所在国或地区之外的其他成员要求取得领土延伸保护的商标注册申请。经过规定的审查程序，由国际局在《国际注册簿》上予以登记，在其编发的《国际商标公告》上进行公告，并发给注册人商标国际注册证。这样的一系列活动，被称为商标国际注册。

国际商标注册分类：（1）马德里商标注册申请；（2）非洲知识产权组织商标注册；（3）单个国家商标注册；（4）欧盟商标注册。

申请注册国际商标有两种方式：方式一，到当地商标注册机构去直接申请。方式二，通过国内的马德里协议，在国家工商行政管理总局商标局提交申请。建议跨境卖家在申请国际商标的时候可以找专业的商标代理机构操作，这样能更高效地完成商标注册。

三、常见的几个查询商标是否已注册的网址

下面是一些比较常见的国家查询网址。

欧洲国家商标公告查询：

"http：//tmview. europa. eu/tmview/basicSearch. html"。

马德里国际商标注册费用查询网址：

"http：//www. wipo. int/madrid/en/"。

欧盟商标免费查询网址：

"http：//oami. europa. eu/CTMOnline/RequestManager/en_ SearchBasic"。

英国商标免费查询网址：

"https：//www. gov. uk/topic/intellectual－property/trade－marks"。

美国商标免费查询网址："http：//www. uspto. gov/"。

加拿大商标免费查询网址："http：//www. cipo. ic. gc. ca/app/opi"。

德国专利商标免费查询网址："http：//depatisnet. dpma. de/"。

日本商标查询网址："http：//www. jpo. go. jp/"。

四、注册美国品牌实操流程

作为跨境电商卖家，我们可以通过美国商标局网站自主注册品牌。

（一）商标局网站主要功能区

美国商标局网站网址："http：//www. uspto. gov/trademark"，其主要功能

区包括 3 个，如图 6 - 1 所示。

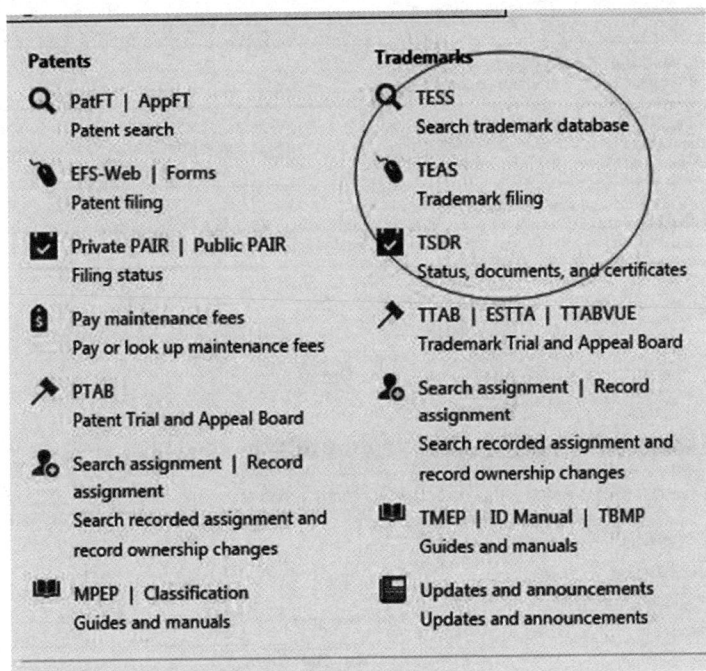

图 6 - 1

（1）TESS，Trademark Electronic Search System：商标检索系统。

（2）TEAS，Trademark Electronic Application System：商标网上申请系统。

（3）TSDR，Trademark Status and Document Retrieval：商标详细信息查询系统。

其中，如果要申请商标，进入 TEAS 功能区即可。

通过 TESS 系统我们可以查询商标的大体信息，用 TSDR 系统我们可以查询商标的详细信息，包括商标注册人的信息和提交的资料信息。如果有人不懂怎么填在线注册商标表格，可以在 TSDR 里面查询别人注册的商标，然后学习别人的填写格式。

（二）利用 TESS 查询商标的大体信息

点击进入 TESS 功能区后，点 "Basic Word Mark Search（New User）"，见图 6 - 2。

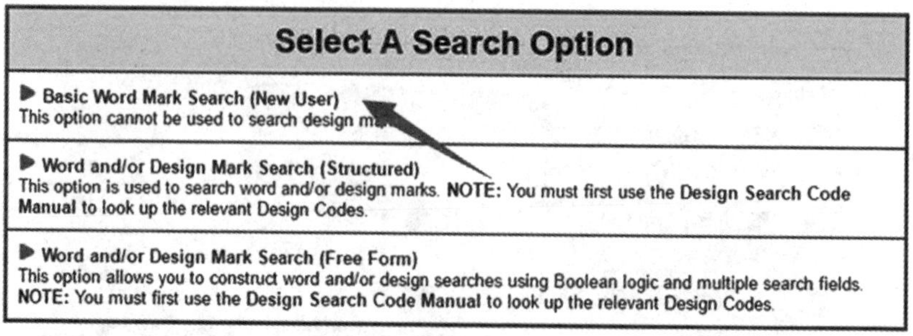

图 6 - 2

接着，输入一个品牌关键词，见图 6 - 3。

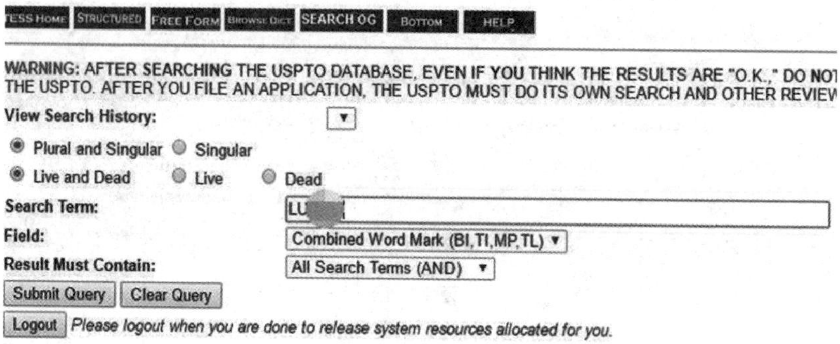

图 6 - 3

如果能精确地找到一个对应的商标，则会显示如图 6 - 4 所示的结果。

有些情况下，我们搜索一个关键词会出来很多结果，比如输入"coach"，结果如图 6 - 5 所示。

(三) 如何自己动手注册美国商标

1. 点击"TEAS"功能区

点击 TEAS 功能区后，我们会看到如图 6 - 6 所示的表格，这 3 个表格中列出的商标申请费用为什么相差很多？

图 6 - 6 中显示，通过 TEAS Plus, TEAS Reduced（简称 TEAS RF），以及 TEAS Regular 注册商标的费用分别为 225USD，275USD，400USD，为什么三种注册方式价钱不同呢？

ESS HOME | NEW USER | STRUCTURED | FREE FORM | BROWSE DICT | SEARCH OG | BOTTOM | HELP

Logout Please logout when you are done to release system resources allocated for you.

Record 1 out of 1

TSDR | ASSIGN Status | TTAB Status | (Use the "Back" button of the Internet Browser to return to TESS)

Word Mark LUENX

Translations The wording "LUENX" has no meaning in a foreign language.

Goods and Services IC 009. US 021 023 026 036 038. G & S: Cases for children's eye glasses; Children's eye glasses; Eye glass cases; Eye gla cords and head straps which restrain eyewear from movement on a wearer; Eyewear cases; Eyewear, namely, sunglasses, for sports; Nose pads for eyewear; Optical glasses; Protective eyewear and component parts thereof; Protective glasses; Re glasses; Sunglass chains and cords; Sunglass cords; Sunglass lenses; Sunglasses; Sunglasses and spectacles; Swimming

Standard Characters Claimed

Mark Drawing Code (4) STANDARD CHARACTER MARK

Serial Number 86695954

Filing Date July 17, 2015

Current Basis 1A

Original 1A

图 6-4

ESS HOME | NEW USER | STRUCTURED | FREE FORM | BROWSE DICT | SEARCH OG | PREV LIST | NEXT LIST | IMAGE LIST | BOTTOM | HELP

Logout Please logout when you are done to release system resources allocated for you.

Start | List At: [ ] OR Jump to record: [ ] **3868 Records(s) found (This page: 1 ~ 50)**

Refine Search (coach)[COMB] [ ] Submit

Current Search: S5: [coach][COMB] docs: 3868 occ: 8084

	Serial Number	Reg. Number	Word Mark	Check Status	Live/Dead
1	87558713		AUTOCOACH	TSDR	LIVE
2	87558092		PLATINUM FUNERAL COACH	TSDR	LIVE
3	87447544		COACH IT FORWARD	TSDR	LIVE
4	87446485		SMART REALESTATECOACH.COM REAL LESSONS FROM THE FIELD	TSDR	LIVE
5	87446456		SMART REAL ESTATE COACH	TSDR	LIVE
6	87445460		CROSS KEYS COACH	TSDR	LIVE
7	87282549		AFCA AMERICAN FOOTBALL COACHES AWARDS	TSDR	LIVE
8	87222290		COACHING THE COACHES	TSDR	LIVE
9	87178052		ACTING COACH	TSDR	DEAD
10	87110217		NATIONAL WRESTLING COACHES ASSOCIATION	TSDR	LIVE
11	87438998		COACH	CONNECT	COLLABORATE	TSDR	LIVE
12	87424317		COACH BERNIE SUCCESS IS YOURS!	TSDR	LIVE
13	87553891		COACHLIST	TSDR	LIVE
14	87553408		COACH ASSISTED LEARNING	TSDR	LIVE
15	87472208		PROFIT COACH	TSDR	LIVE
16	87157947		WBCA WOMEN'S BASKETBALL COACHES ASSOCIATION	TSDR	LIVE
17	87157944		WBCA WOMEN'S BASKETBALL COACHES ASSOCIATION	TSDR	LIVE
18	87157941		WBCA WOMEN'S BASKETBALL COACHES ASSOCIATION	TSDR	LIVE
19	87110215		NATIONAL WRESTLING COACHES ASSOCIATION	TSDR	LIVE

图 6-5

Trademark application forms (select one to start) --->	TEAS Plus form	TEAS Reduced Fee form	TEAS Regular form
Filing fee per class of goods/services	$225	$275	$400
E-mail address required for USPTO application-related correspondence?	Yes	Yes	No
Additional submissions, like responses to Office actions, must be filed online?	Yes	Yes	No
Goods/services listing must be selected from the USPTO Trademark Identification (ID) Manual?	Yes	No	No
Full Filing fee paid upfront (per class for all classes listed on the application)?	Yes	No	No
Certain statements regarding the mark be provided in the application as filed, if applicable (e.g., translation statement, claim of ownership, color claim and description)?	Yes - see TMEP §819.01	No	No
Additional processing fee if applicant does not satisfy the relevant filing option requirements ?	Yes - $125 per class of goods/services	Yes - $125 per class of goods/services	No

图 6 - 6

通过 TEAS Plus，TEAS RF 在提交申请时要附上一个可收取文件的邮箱，供 USPTO 发送商标的后续文件，而用 TEAS Regular 注册不需要。

TEAS Plus，TEAS RF 提交后续相关程序时需要通过 TEAS。

通过 TEAS Plus 提交申请时，商品或服务描述必须根据 USPTO 提供的商品/服务列表选择；而用另外两个注册则不需要，申请人可以根据自己的具体商品/服务进行描述，但需要尽可能地详细准确，避免后期审查提出意见。

通过 TEAS Plus 提交申请时必须付清所有类别的费用。

此外，通过 TEAS Plus 提交申请时必须提供有关的商标描述（如翻译后的商品详情描述、颜色声明等），另外两个方式不作要求。

如果在提交申请时未满足相关的要求，TEAS Plus，TEAS RF 后期可能产生 50 美元/类的费用，TEAS Regular 不需要。

2. 选择你需要的表格点击进入填表

这里你选择最便宜的一档，TEAS Plus 即可，是否代理项选择"NO"，见图 6 - 7。

红色加粗部分的内容要点击进去进行填写，如图 6 - 8、图 6 - 9 所示。图中"＊"号标志的内容为必填项，全部填写完后，点击图 6 - 9 中的"Continue"。图 6 - 10 所示的这个部分要填有关商标的信息了。

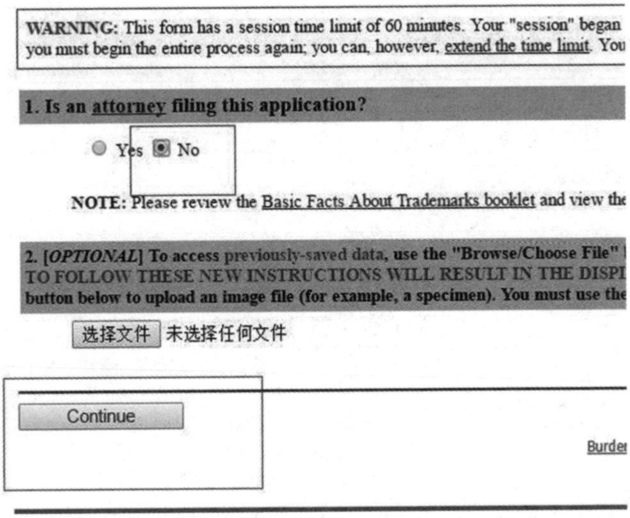

图 6 - 7

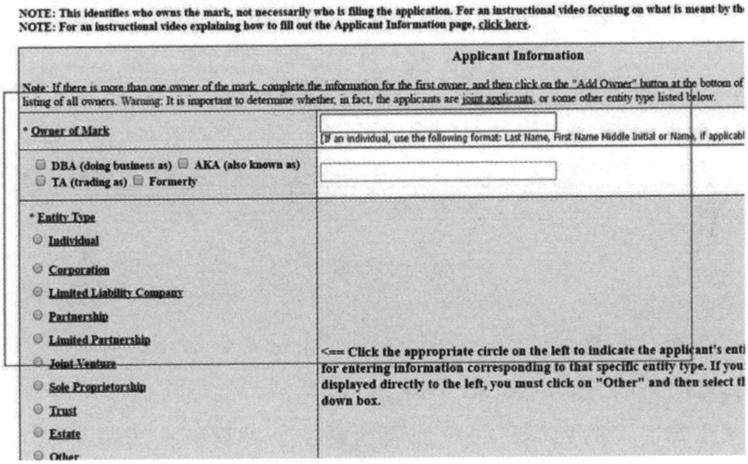

图 6 - 8

商标有三种类型：（1）"Standard Characters"是普通标准（文字）；（2）"Special Form（Stylized and/or Design）"是文字跟图案一起的商标；（3）"Sound mark"是声音商标。

商标属于第一种的情况下直接在图 6 - 10 所示界面的空白框填上你的商标文字就可以了，例如"beanbing"之类的，右下角的选项要打钩，填完就点击"continue"即可。

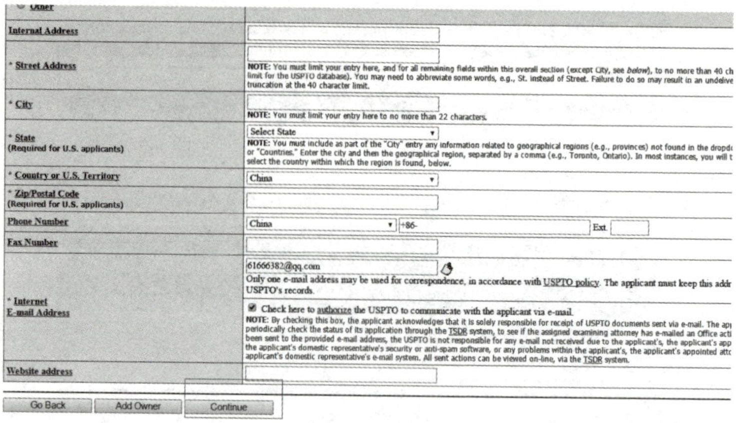

图 6 - 9

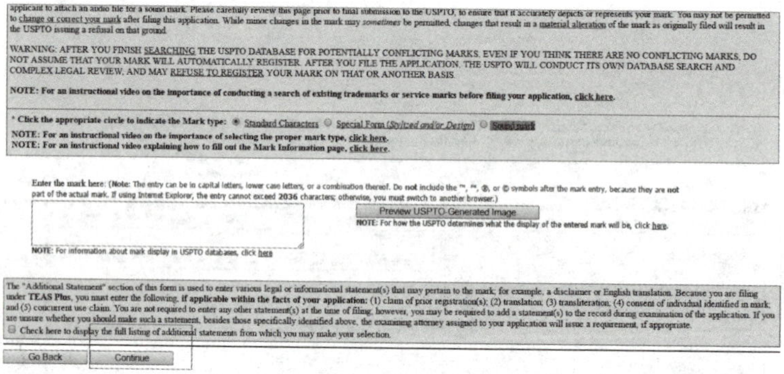

图 6 - 10

　　然后就是为你的商标找一个类目了，注意要看清楚，务必要选对类目，因为支付之后无法退款，如图 6 - 11 所示。

　　在这里有很多的大类，如户外用品是一个类目，家居用品为一个类目，家居用品里面还有无数多的小类目，每个大类只能选 20 个。

　　根据世界贸易组织的尼斯分类（商标分类），可以在这里进行查阅"ht-tp：//www. wipo. int/classifications/nice/zh/"。如图 6 - 12 所示，然后按照名字或者编码去 WIPO（World Intellectual Property Organization，世界知识产权组织）官网上找，结果如图 6 - 13 所示。

　　在图 6 - 14 所示界面，你要四选一填表格，表格内容如图 6 - 15 所示，表格中带"＊"号的是必填内容，填完之后返回图 6 - 14 所示界面，点击"Assigned Filming Basis"。

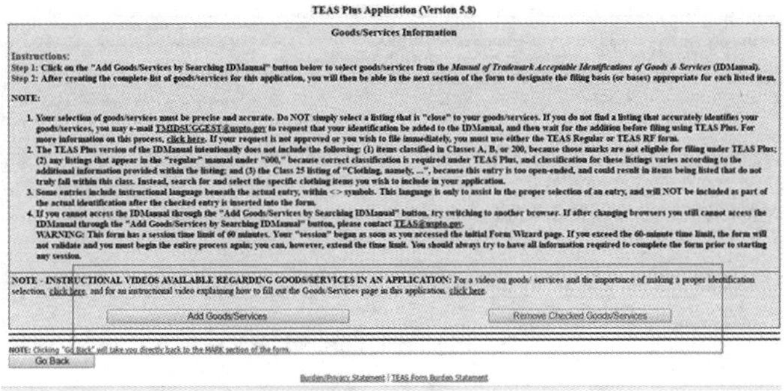

Goods/Services Information

Instructions:

Step 1: Click on the "Add Goods/Services by Searching IDManual" button below to select goods/services from the *Manual of Trademark Acceptable Identifications of Goods & Services (IDManual)*.

Step 2: After creating the complete list of goods/services for this application, you will then be able in the next section of the form to designate the filing basis (or bases) appropriate for each listed item.

NOTE:

1. Your selection of goods/services must be precise and accurate. Do NOT simply select a listing that is "close" to your goods/services. If you do not find a listing that accurately identifies your goods/services, you may e-mail TMIDSUGGEST@uspto.gov to request that your identification be added to the IDManual, and then wait for the addition before filing using TEAS Plus. For more information on this process, click here. If your request is not approved or you wish to file immediately, you must use either the TEAS Regular or TEAS RF form.

2. The TEAS Plus version of the IDManual intentionally does not include the following: (1) items identified in Classes A, B, or 200, because those marks are not eligible for filing under TEAS Plus; (2) any listings that appear in the "regular" manual under "900," because correct classification is required under TEAS Plus, and classification for these listings varies according to the additional information provided within the listing; and (3) the Class 25 listing of "Clothing, namely, ...", because this entry is too open-ended, and could result in items being listed that do not truly fall within this class. Instead, search for and select the specific clothing item you wish to include in your application.

3. Some entries include instructional language beneath the actual entry, within < > symbols. This language is only to assist in the proper selection of an entry, and will NOT be included as part of the actual identification after the checked entry is inserted into the form.

4. If you cannot access the IDManual through the "Add Goods/Services by Searching IDManual" button, try switching to another browser. If after changing browsers you still cannot access the IDManual through the "Add Goods/Services by Searching IDManual" button, please contact TEAS@uspto.gov.

   WARNING: This form has a session time limit of 60 minutes. Your "session" began as soon as you accessed the initial Form Wizard page. If you exceed the 60-minute time limit, the form will not validate and you must begin the entire process again; you can, however, extend the time limit. You should always try to have all information required to complete the form prior to starting any session.

NOTE - INSTRUCTIONAL VIDEOS AVAILABLE REGARDING GOODS/SERVICES IN AN APPLICATION: For a video on goods/ services and the importance of making a proper identification selection, click here, and for an instructional video explaining how to fill out the Goods/Services page in this application, click here.

| Add Goods/Services | Remove Checked Goods/Services |

NOTE: Clicking "Go Back" will take you directly back to the MARK section of the form.

| Go Back |

图 6 – 11

| 100 ▾ results per page | Search for: bag | | Go | Insert Checked Entries |

Found 485 entries in 5 page(s) for [bag]. (For instructions on how to build the complete goods/services list, click here.)

	International Class	Description	TMS
☐	007	Electric *bag* sealers	N
☐	007	Paper *bag* making machines	Y
☐	028	Golf *bag* straps	N
☐	028	Golf *bag* trolleys	N
☐	028	Golf *bag* tags	N
☐	028	Golf *bag* covers	N
☐	028	Boxing *bag* swivel mechanisms	N
☐	020	Bean *bag* beds	N
☐	020	Bean *bag* pillows	N
☐	020	Sleeping *bag* pads	N
☐	020	Bean *bag* chairs	N
☐	024	Sleeping *bag* liners < On 01-01-2014, this entry of 07-30-2004 was transferred from Class 20 to Class 24 pursuant to the Nice Classification, Tenth edition, version 2014, effective 1-1-14. >	Y
☐	006	*Bag* closures of metal	N
☐	022	Portable toy storage *bag*	N
☐	028	Bean *bag* dolls	N
☐	006	*Bag* hangers of metal	Y
☐	028	Golf *bag* carts	N
☐	028	Golf *bag* pegs	N
☐	028	Toys, namely, bean *bag* animals	N
☐	028	Non-motorized golf *bag* carts < On 01-01-2015, this 04-02-1991 entry was amended to add the word "*bag*" to clarify the nature of the goods. Golf *bag* carts are carts that are used to carry golf *bags* and equipment. Motorized or non-motorized golf *bag* carts are classified in Class 28 because they are in the nature of sporting apparatus rather than vehicles. Golf carts in the nature of vehicles are classified in Class 12. >	N
☐	020	*Bag* closures not of metal	N
☐	016	Food *bag* tape for freezer use	N
☐	021	Plastic *bag* holders for household use < 03-03-2016 - "Plastic *bag* holders for household use" are classified in Class 21 because they function as household containers. The term "containers for household or kitchen use" appears in the Nice Alphabetical List in Class 21 (Basic No. 210199). >	N
☐	016	Lawn and leaf disposal system comprising a *bag*, a *bag* support, and a handle for attaching to the *bag*, sold as a kit < 07-06-2015 - Status changed from "A" ... Added to "X" , example ...	N

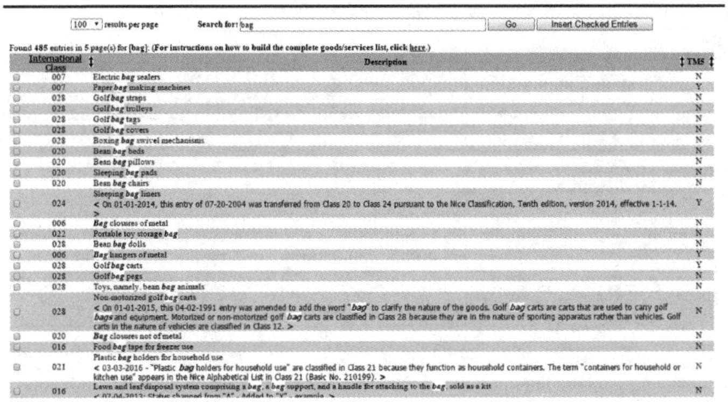

图 6 – 12

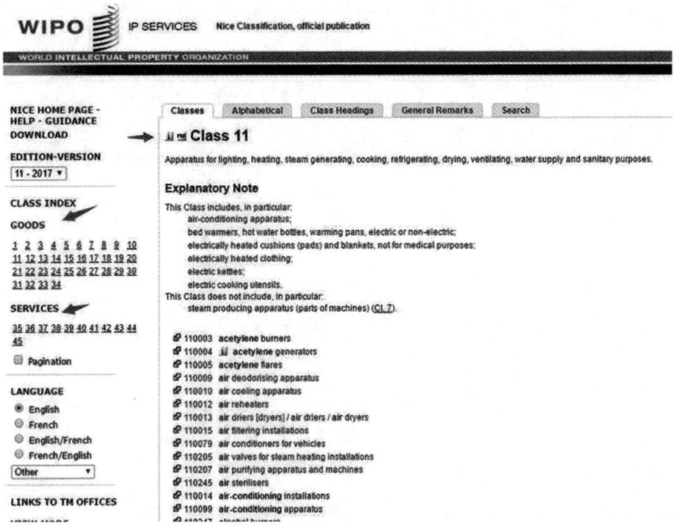

图 6 – 13

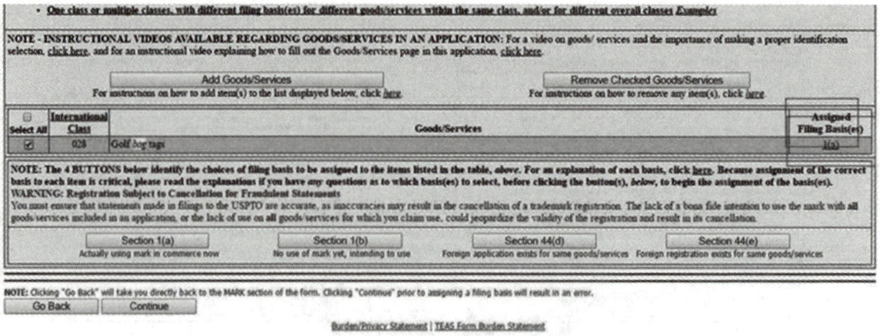

图 6－14

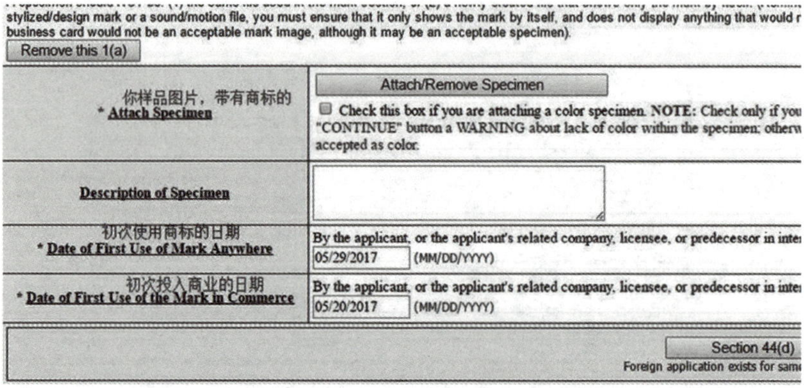

图 6－15

图 6－16 所示的界面是要求你确认资料是否无误。

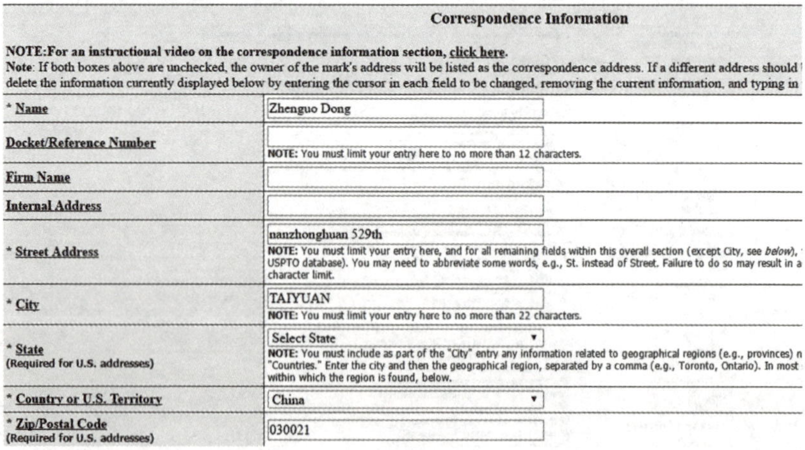

图 6－16

签名部分有三种不同的签名方式，简单点的就是第一种，电子签名，如图 6 - 17 所示。

（1）签名名字的格式应当为"/名字/"。

（2）所有的框都要打钩，点击"continue"。

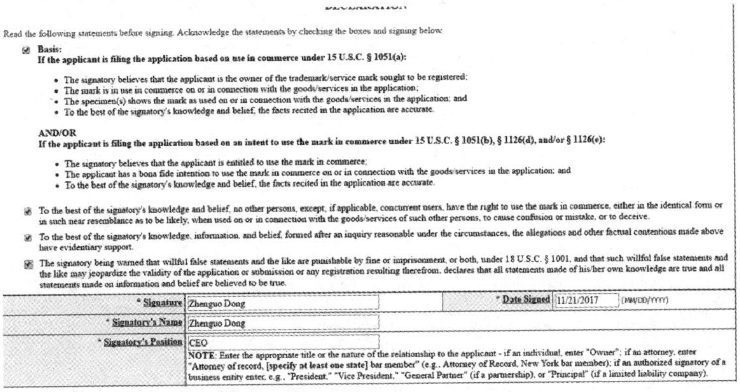

图 6 - 17

图 6 - 18 的第一个方框里你可以看到相关申请文件，这是最后一次机会去确认资料是否填对，确认无误后，在图 6 - 19 所示的小方框处打钩，然后点击"Pay Submit"。

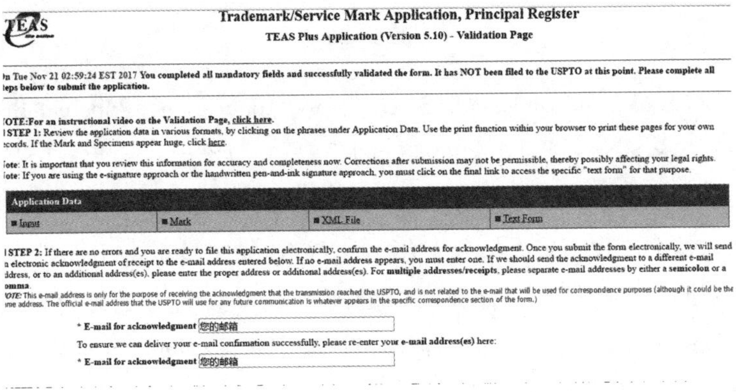

图 6 - 18

付款支持信用卡、PayPal，等等，如图 6 - 20 所示。此外，你选择游客登录模式就可以了。

在线申请完商标后，你会收到一封信，内容格式如下："Serial number 87 ×

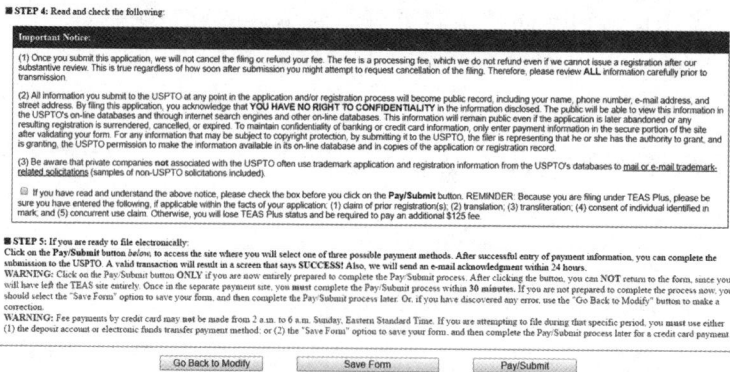

图 6 - 19

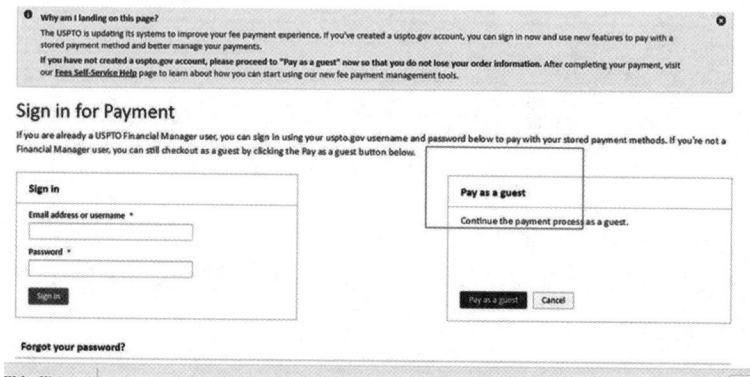

图 6 - 20

×××：Received Your Trademark/Service Mark Application，Principal Register"。

　　其中，87××××就是申请的商标的受理号，大约 3 个月后，USPTO（The United States Patent and Trademark Office，美国专利商标局）的律师会开始处理商标申请。整个流程下来大概要 1 年，注意不同的"Filling Basis"所需时长也是不一样的。在此期间，你要及时处理 USPTO 发过来的邮件，或者通过"http：//tsdr.uspto.gov/"查询商标申请进度。如果有问题逾期不处理，则商标申请会被转入"DEAD"状态。

　　（四）拿到商标受理号后的流程

　　USPTO 出受理号后 3 个月左右，律师会核实申请。如果他们发现任何问题，比如你的商标和已有商标高度近似等，律师会写邮件（Office action）告诉你问题所在。收到邮件后，你必须在 6 个月内回复。如果超过时间不回复，商标申请失败，注意，商标申请失败是不能退款的。

如果没有问题（商标没有被拒绝申请，而且也不需要提供额外材料），那么律师会让商标通过，然后进入每周一次的网上公示流程。在商标被公示前的三周左右，USPTO 会写信（Notice of Publication）告诉你商标公示的具体时间。

等到商标公示那天，USPTO 会再发一封信，标题一般是 "Official Gazette Publication Confirmation"。

公示期 30 天，如果公示期内没有人提出异议，而且我们的 Filling Basis（填写基础）选择的是 1A，即产品在注册商标的时候已经在售了，那么在公示期结束后，大概 11 周时，USPTO 发放商标注册证书。这时你的商标就有注册号，而不仅仅是受理号了。

五、如何向各跨境电商平台提交品牌

（一）亚马逊品牌备案流程

亚马逊品牌备案是自有品牌企业做跨境零售必须做的保护措施，备案后的品牌不仅能被亚马逊平台保护，不受恶意卖家骚扰，更是提高品牌知名度的有效方法，尤其是在亚马逊推出了品牌旗舰店功能之后，品牌备案成为更好的品牌宣传渠道。注意，亚马逊品牌注册流程要求品牌必须有 R 标。品牌从 TM 标变成 R 标，正常情况下需要 8 ~ 12 个月的时间。

亚马逊品牌备案的步骤。

（1）进入亚马逊品牌备案页面 "https：//services. amazon. com/brand - registry. html"，见图 6 - 21。

（2）点击 "Get Started" 进入新的注册页面，见图 6 - 22、图 6 - 23。

（3）填完表格进入图 6 - 24 所示界面。

（4）继续下一步进入品牌操作流程（必须有商标编号）见图 6 - 25、图 6 - 26。

（5）提供带有 Logo 的产品图片和外包装图片。另外需要一张 Logo 的单独图片。注意，除了提交品牌网站链接外，还可以提交社交媒体的主页，见图 6 - 27、图 6 - 28。

图 6 – 21

图 6 – 22   图 6 – 23

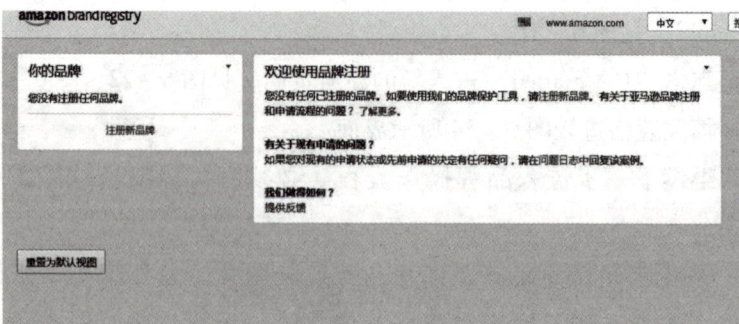

图 6 – 24

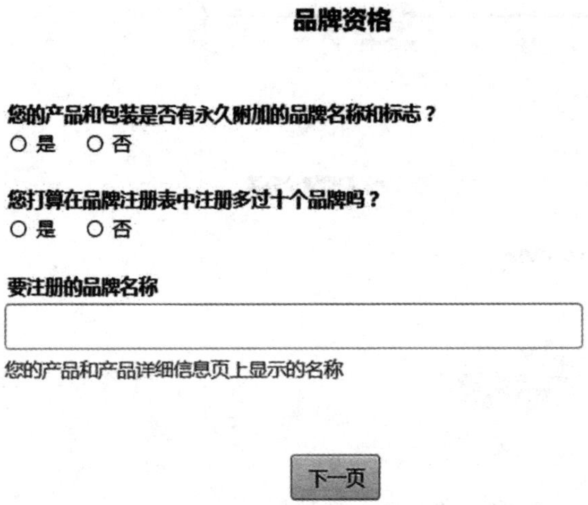

品牌资格

您的产品和包装是否有永久附加的品牌名称和标志？
○ 是　　○ 否

您打算在品牌注册表中注册多过十个品牌吗？
○ 是　　○ 否

要注册的品牌名称

[   ]

您的产品和产品详细信息页上显示的名称

[下一页]

图 6－25

知识产权

请为 bloomoak 提供您的商标

Amazon　　　amazon　　　〵

✓　　　　　✓　　　　　✗

（文字商标）　（设计商标）

可接受的商标类型
- 包含文字、字母或数字的文字商标和设计商标
- 商标名称必须与您品牌注册申请中所显示的品牌名称相符

要申请设计商标，请在下拉菜单中选择"设计商标"，并在下方附上设计商标的图片。

商标类型

[选择商标类型   ⇕]

标记名称

[bloomoak   ]

商标编号　　　　　　　　　　**注册办公室**

[   ]　　[选择国家   ⇕]

[上一页]　[下一页]

图 6－26

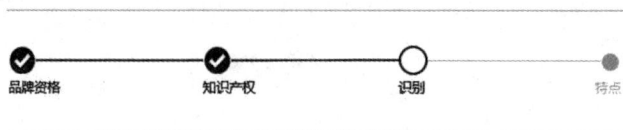

帮助我们识别这个品牌

上载商品图像

图像要求
- 上传最多10个文件1.5 MB或更少。
- 产品图像必须显示品牌

提交产品包装图像

图 6 – 27

上传产品图片

图像要求
- 品牌标识图片必须只显示徽标本身，而不是打印在产品盒上的

您的在线存在
这些字段是非强制的，但将其留空可能会阻止品牌被批准。

品牌网站

品牌社交媒体页面

上一页　下一页

图 6 – 28

注意在详情页面选择产品原产国家或地区和分销国家或地区。最后，点击"Done"备案流程结束，见图 6 – 29。

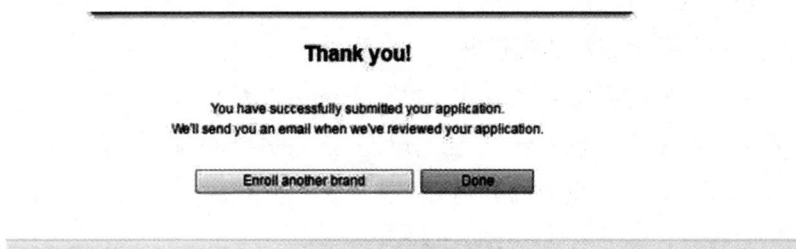

图 6 – 29

（二）WISH 品牌备案流程

WISH 商户必须确保销售的每一件商品都具有品牌授权，否则其账号将面临暂停或永久关闭的风险。那么，WISH 商户如何创建添加品牌授权？WISH 品牌授权是指店铺能提供相关授权，证明其拥有销售该产品的许可，以此避免侵犯他人知识产权。

1. WISH 商户创建品牌授权需要的材料

首先，要确保自己拥有品牌授权需要的材料。

如果你正在销售的产品有合法授权，你有责任提交充分的授权证据。授权包括以下三种类型：

（1）你是知识产权（商标、专利或版权）所有者。

（2）你拥有知识产权所有者的官方授权。

（3）你的合作供应商分销某品牌产品，且该供应商拥有知识产权所有者的转售授权。

如果你不符合以上三种类型的任意一种，即不具备 WISH 平台创建品牌授权的资格。

（1）如果你是知识产权所有者，需要提供以下材料：

①商标、专利、版权的证明图片；

②证明文件所示的姓名或实体必须与店铺信息相符；

③可证明你是证明文件所示姓名或实体的有效证据。

（2）如果你拥有知识产权所有者的授权，需要提供以下材料：

①商标许可证、专利证明、版权证明；

②知识产权文件的图片；

③给予产品售卖权利的授权书；

④知识产权所有者的联系方式，授权书务必带有知识产权所有者公司的抬头，提供的联系方式务必与在授权书上签字人的联系方式一致。

（3）如果你的合作供应商分销某品牌产品，且该供应商拥有知识产权所有者的转售授权，我们需要提供以下材料：

①商标许可证、专利证明、版权证明；

②知识产权文件的图片；

③证明该供应商有转售授权的文件；

④证明你与该供应商有合作伙伴关系的文件；

⑤该供应商业务发展代表的联系方式。

若需提供你的供应商拥有转售授权的证明文件，你可提供如下任一文件：

①知识产权所有者提供给供应商的转售权利授权书；

②你的供应商开具的可确认他们拥有来自知识产权所有者转售授权的证明。

若需提供你与供应商合作伙伴关系的证明文件，可提供如下任一文件：

①供应商开具的合作关系证明，以此确认该品牌产品转售权利；

②近期从供应商处采购该品牌产品的发票。

2. WISH 商户创建添加品牌授权流程

（1）进入品牌授权页面：点击"Account（账户）"，选择"Brand Authorizations（品牌授权）"，见图6-30。

点击"Create New（创建新品牌）"，见图6-31。

（2）在侵权纠纷中，点击"Add New Brand Authorization（添加新品牌授权）"，见图6-32。

（3）上传知识产权文件，见图6-33。

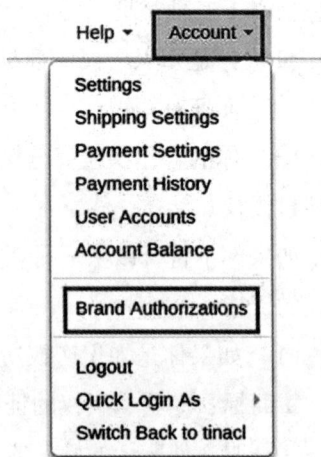

Help ▼　Account ▼
- Settings
- Shipping Settings
- Payment Settings
- Payment History
- User Accounts
- Account Balance
- **Brand Authorizations**
- Logout
- Quick Login As　▶
- Switch Back to tinacl

图6-30

Brand Authorizations

Brand Name	[🔍]		+ Create New	Previous	Next

Brand Name	State	Updated	Action
	No data available		

图 6 – 31

Product Authorization

Proof of authorization to sell brand

Choose existing brand author ▼	Add New Brand Authorization

Add Brand Authorization

In order to sell branded items, you must add a brand authorization. This includes brand names, logos, trademarks and etc.

Here's what you need to create a brand authorization:
- proof of intellectual property rights
- letter of authorization to sell
- (optional) proof of partnership with your supplier if your supplier has authorization to resell

Click here to learn more about the materials you need.

Click here for a step by step guide on how to create a brand authorization.

[Get Started]

图 6 – 32

Add Brand Authorization

Step 1: Upload intellectual property document

Intellectual property document is a document which proves intellectual property rights.
Learn more about intellectual property documents.

Please select the type of document you will upload:
- ⊙ Trademark License
- ⊙ Proof of Patent
- ⊙ Copyright Ownership
- ⊙ Other [_____]

Select a File	Or drag a file here		No file selected

Expiration Date ● [dd] / [mm] / [yyyy]

Brand Name ● [Search for a brand and select it from the dropdown menu]

Owner Name ● [_____]

Authorization ●
- ⊙ I am the owner of this intellectual property
- ⊙ I have permission directly from the intellectual property owner to sell
- ⊙ My supplier has permission from the intellectual property owner to resell

Please make sure the following information in the document matches the information you have provided:
- Brand Name
- Owner Name

☐ I agree, under penalty of perjury, that the information I have provided is correct.

[Back]   [Next]

图 6 – 33

①选择将上传的知识产权文件的类型，文件应为证明知识产权所有权或法律权利的法律文件。

②上传知识产权文件，最多可以上传5个文件。

③输入知识产权文件中所述的到期日期，品牌名称和所有者名称。

④选择拥有的授权类型。

⑤确认提供的信息是正确的，然后单击下一步。

（4）如果选择"我的供应商有知识产权所有者的许可转售"，请转到步骤（6）。

（5）上传授权书，见图6-34。

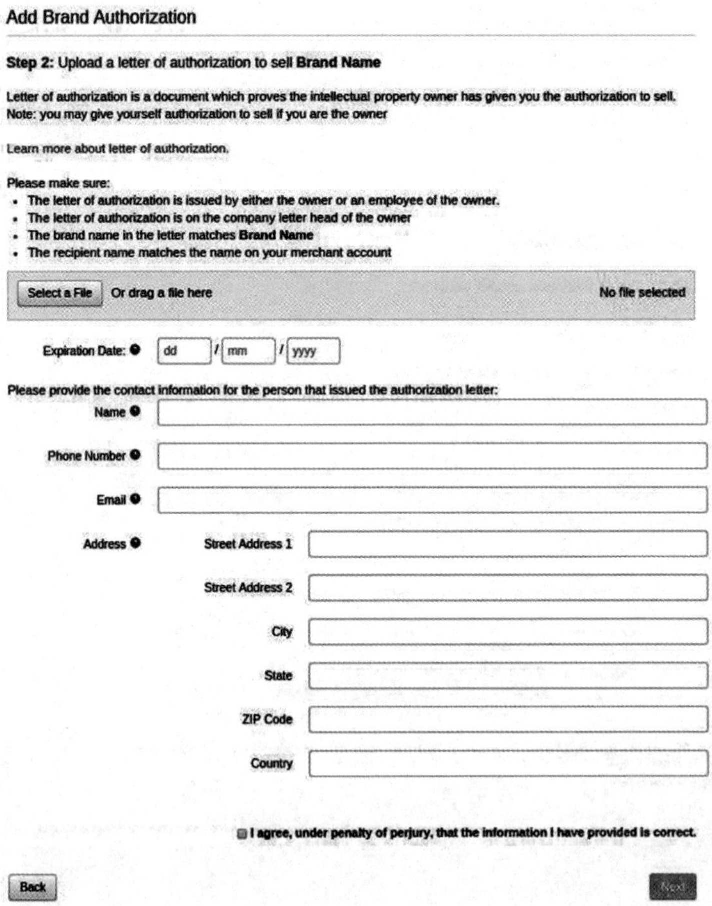

Add Brand Authorization

Step 2: Upload a letter of authorization to sell **Brand Name**

Letter of authorization is a document which proves the intellectual property owner has given you the authorization to sell.
Note: you may give yourself authorization to sell if you are the owner

Learn more about letter of authorization.

Please make sure:
- The letter of authorization is issued by either the owner or an employee of the owner.
- The letter of authorization is on the company letter head of the owner
- The brand name in the letter matches **Brand Name**
- The recipient name matches the name on your merchant account

| Select a File | Or drag a file here | No file selected |

Expiration Date: ● [dd] / [mm] / [yyyy]

Please provide the contact information for the person that issued the authorization letter:

Name ●

Phone Number ●

Email ●

Address ●　Street Address 1

Street Address 2

City

State

ZIP Code

Country

☐ I agree, under penalty of perjury, that the information I have provided is correct.

Back　　　　　　　　　　　　　　　　　　　Next

图6-34

（6）上传任何其他文件，以证明你的产品授权出售。此步骤是可选的，如果你已经按照上述步骤上传了这些文档，则不必上传任何其他文档，点击"Finish（完成）"即可，见图6-35。

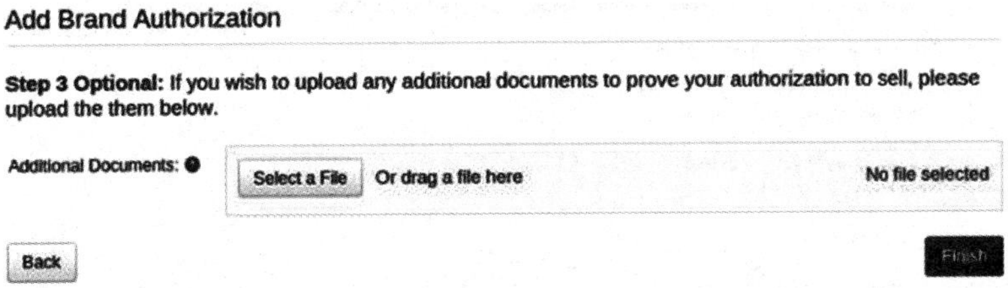

图6-35

（7）仅当你选择你的供应商获得知识产权所有者的许可转售时，才需要提供你的供应商有权转售的证明，见图6-36。

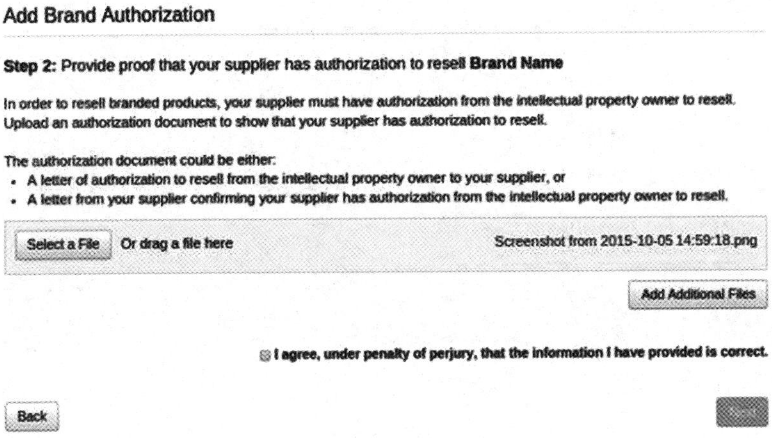

图6-36

①上传证明你的供应商有权转售的文件。该文件可以是所有者的信件或来自供应商的信件，以确认他们有权转售。

②确认你提供的信息是正确的，然后单击下一步。

提供你与供应商之间的合作伙伴关系转售证明，见图6-37。

①上传文件以证明你与供应商有合作关系。该文件可能是供应商发出的一封信或最近发出的从供应商处购买产品的发票。

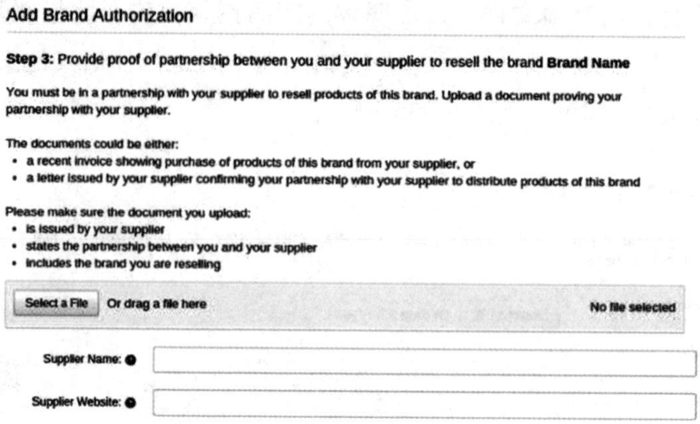

Add Brand Authorization

Step 3: Provide proof of partnership between you and your supplier to resell the brand **Brand Name**

You must be in a partnership with your supplier to resell products of this brand. Upload a document proving your partnership with your supplier.

The documents could be either:
- a recent invoice showing purchase of products of this brand from your supplier, or
- a letter issued by your supplier confirming your partnership with your supplier to distribute products of this brand

Please make sure the document you upload:
- is issued by your supplier
- states the partnership between you and your supplier
- includes the brand you are reselling

| Select a File | Or drag a file here | No file selected |

Supplier Name: ●

Supplier Website: ●

图 6 – 37

②输入供应商的名称和网站。

（8）提供供应商业务代表的联系信息，见图 6 – 38。

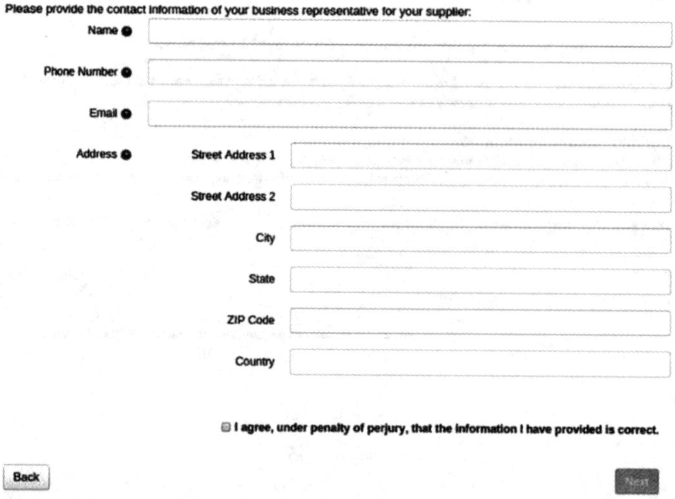

Please provide the contact information of your business representative for your supplier:

Name ●

Phone Number ●

Email ●

Address ●　Street Address 1

Street Address 2

City

State

ZIP Code

Country

☐ I agree, under penalty of perjury, that the information I have provided is correct.

Back　　　　　　　　　　　　　　　　　　　　　　　　　　　Next

图 6 – 38

①输入供应商业务代表的姓名、电话号码、电子邮件和地址，以及"您与谁联系可验证我们与供应商的合作关系"。

②确认你提供的信息是正确的，然后单击下一步。

上传任何其他文件，以证明你的授权出售。此步骤是可选的，如果你已经按照上述步骤上传了这些文档，则不必上传任何其他文档。点击"Finish"

即可完成 WISH 品牌授权创建，见图 6－39。

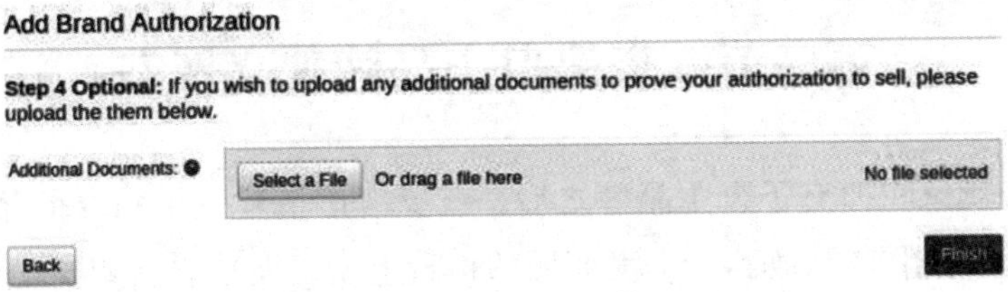

图 6－39

（三）LAZADA 品牌备案流程

相对亚马逊、WISH 等平台，LAZADA 的品牌备案申请流程比较简单。具
体操作流程如下。

（1）进入 LAZADA 品牌申请链接

"https：//lazada. formstack. com/forms/add_ a_ brand"。

根据表格填写品牌信息，品牌名必须用英文填写，提交给 LAZADA，见
图 6－40。

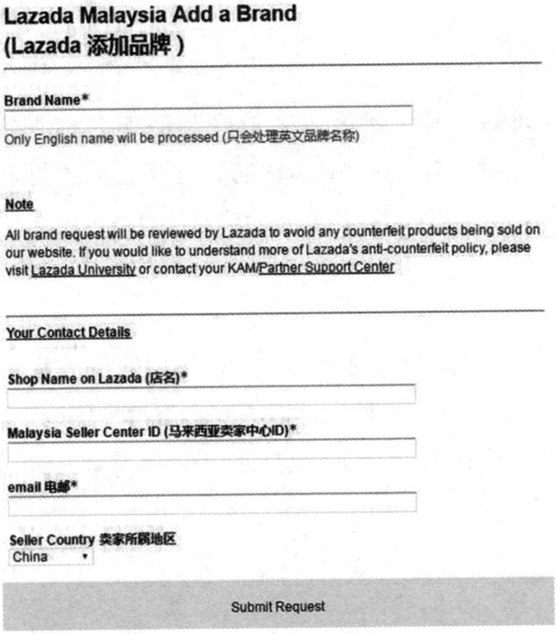

图 6－40

提交表格后等待 LAZADA 审核，审核通过后邮件就会收到通知了。

第二节　搭建自主品牌独立网站

跨境卖家在拥有了自主品牌之后，就要考虑搭建一个独立的品牌网站。做平台相当于将产品放到一个大商城的柜台上卖，而独立站相当于自己开店铺。这两者有各自的优缺点，如果要推广自己的品牌那么就要平台和独立站两手抓。目前，随着技术的发展，独立站建设已经不是许多跨境电商卖家想象中的价格高昂了。

一、什么是独立网站

独立网站就是在网络中具有自己独立域名的网站。例如有一个网站"www. abc. com"，其中 abc. com 就是一个独立域名。跨境电商卖家基于自己的品牌名或公司名等独立的域名搭建的具备跨境电商销售功能的独立网站可以称为跨境 B2C 独立网站。

搭建独立站需要准备以下材料。

（一）网站域名

域名是指空间的地址，建议域名最好和品牌名称一致，我们可以到 godaddy 或者国内万网、新网这些地方注册。值得注意的是国内注册网站域名必须经过实名认证，所以一定要用真实的信息注册域名。

（二）虚拟主机

外贸零售网站建议直接买海外的空间，我们的目标客户都是海外买家，外国空间的速度快，此外，我们也可以买我国香港地区的空间。这些空间我们可以通过万网等国内的空间服务商购买，也可以向 godaddy 等国外的空间提供商购买。

（三）数据库

数据库应该和虚拟主机是一起的，一般提供虚拟主机的服务商同时也赠送一个数据库。安装网站的时候会提示要数据库，数据库就是用来存储网站数据的，非常重要。

（四）外贸 B2C 网站程序

这方面网上有很多可用的开源程序，常用的有 Zencart、Opencart、Word-Press 等。

二、搭建独立网站的优缺点

（一）独立网站是最好的展示自己品牌和公司形象的根据地，可以增加用户信任度

在独立网站上卖家可以任意展示公司或者品牌形象，不像平台那样有种种限制，无法全方位展示。例如我们可以通过视频、动态图片、文字、FLASH 等形式展示。

另外亚马逊等平台品牌备案要求必须有独立站。

（二）选品更自由

独立网站上销售什么类型的产品是由自己决定的，不需要平台审核，有很多产品类目已经无法在跨境平台销售，比如速卖通已经停止对假发类目的招商，那么如果你也是做假发的商家就需要考虑独立网站。

（三）便于保存客户资料

独立网站产生的用户数据沉淀属于我们自己，我们可以对来访者的信息进行记录，或者留下客户的联系方式。这样，所有对产品感兴趣的客户或潜在客户都会被保留下来，我们就有了二次销售的机会。通过长时间的积累能形成自己的客户数据库，也为邮件推广和社交媒体营销准备了充分的条件。

三、手把手教你搭建一个独立 B2C 网站

下面以 WordPress 为例，教大家如何搭建一个独立 B2C 网站。

（1）注册独立域名，通过"www. net. cn"可以注册独立域名，见图6－41，注册完之后需要实名认证。

图6－41

（2）购买虚拟主机和数据库，建议选一个比较好的空间服务商进行采购，比如"www. 51php. com"，因为这些服务商后台可以直接预装网站。

（3）通过虚拟主机将空间和域名绑定，同时在虚拟主机后台直接点击预装网站，选择自动创建数据库，见图6－42。

图6－42

（4）搭建好 WordPress 网站后我们需要进入网站管理后台，搜索安装 WooCommerce 主题，安装 WooCommerce－excelling eCommerce，Page Builder by SiteOrigin，Contact Form 7，Meta Slider，Product Enquiry for WooCommerce，YITH Woocommerce Compare，WooCommerce Products Per Page 插件，见图 6－43。

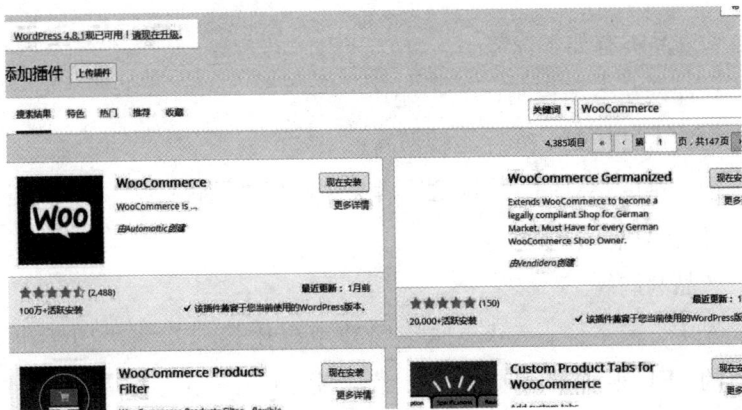

图 6－43

通过以上 4 步就可以简单搭建一个外贸网站，当然如果我们想做一个真正符合国外用户习惯的网站最好还是找专业的建站公司去做。

搭建好独立网站之后就需要推广网站了，大家可以借鉴第五章提到的站外引流方法推广独立站。通过网站的搜索引擎、社交媒体、邮件营销、视频营销等方法，让网站获取流量。

第三节　通过外贸 B2C 提升 B2B 订单量

从事跨境 B2C 零售的卖家经常会纠结到底该不该转向跨境 B2B，其实跨境 B2C 和 B2B 并不矛盾。当 B2C 做到一定阶段，自然会带来一些小 B 的订单，甚至大额贸易订单。我认为小 B 客户未来会成为跨境电商的主流客户，所以做跨境零售一定要随时做好做 B2B 的准备。

一、什么样的企业适合 B2C 转 B2B

无论通过平台还是独立网站做零售，专注经营垂直品类或者自主品牌的企业最容易从零售转化为 B2B。这些企业面对的大多是国外的小企业，这些小企业中有许多是垂直行业的店铺或者是想代理或者加盟品牌的。如果跨境电商店铺本身是一个杂货铺，就会让国外小 B 企业对店铺的供应链是否稳定产生怀疑。所以垂直品类产品或者独立品牌企业最容易获得国外小 B 企业的青睐。

专注垂直品类有如下优势：

（1）产品质量容易控制；

（2）供应链好把控，库存运转率高；

（3）推广难度相对低，产品之间容易关联促进销售；

（4）容易形成品牌效应；

（5）产品利润高。

就拿 Anker 来举例，Anker 属于国外用户比较熟知的中国手机充电宝品牌，它的 SKU 很少，线上推广、线上分销、线下分销都做得非常好。最后，它可以做到和沃尔玛这些大企业线下合作，这就是 B2C 转 B2B 的典型案例。

二、B2C 转化为 B2B 的方法

（一）从现有客户里发展批发客户

外贸 B2C 客户订单量多起来之后，你就会发现，经常有老客户批量购买我们的产品，这种客户我们可以视为小额批发客户，可以尝试和他们联系沟通，最后将他们转化为我们的小 B 客户。通过传统贸易方式将产品批量发给客户，这样对客户来说可以降低成本，对跨境电商企业来说还可以因为走传统贸易流程，获得国家退税补贴。

除了直接挖掘现有的小 B 客户外，卖家也可以尝试通过网站或者产品包装里放招商广告的方式获得 B 端客户。我就通过在产品里做招商广告获得了很多 B2B 的订单。

（二）通过平台或网站功能或实现 B2B 转换

其实不管速卖通还是亚马逊，都有批发功能，我们可以通过在后台设置起订量和价格，吸引 B 端客户下单。亚马逊 2017 年推出的 AB 计划，就是专门帮国内的企业对接国外的 B 端采购商的。另外，我们可以在自己的独立网

站设定针对 B 端客户的下单要求和价格，同时，也在网站重要位置发布招商广告。

综上所述，跨境电商通过 B2C 提升 B2B 订单量是一个很好的出路。我这里说的 B2B 不是建议大家继续做传统外贸的代工企业，我希望每个跨境电商企业都能将自己的品牌输出国外，这样我们才能有更高附加值的产品去做国际市场，摆脱原有的代工厂的方式。

很多人在探讨跨境电商成功运营的秘诀是什么，其实跨境电商成功运营的因素有很多，产品、人才、资金、平台、运营等，但是我认为做好跨境电商最重要的是创新。通过创新选品、创意营销能更有效地推动跨境电商走向成功。

第七章

跨境电商创新选品以及创意营销

第一节　跨境电商创新选品六绝技

首先，我们要重新定义创新选品，我这里讲的创新不完全是创造发明一个新事物。我认为跨境电商选品，只要我们所做的产品在本平台里，甚至本类目里有独树一帜的独特性，这就可以称之为创新。比如你在速卖通平台销售的产品，只要在速卖通平台找不到第二家相同的店铺销售此产品，这样不管是否亚马逊上有销售或者淘宝上有销售，对于速卖通平台买家来说，你卖的产品就具备独特创新性。这里我就给大家介绍我的跨境选品六绝技。

(一) 跨境选品之斗转星移法

跨平台找爆款产品，将一个平台爆款产品复制到另外一个平台。

我们知道当一个平台出现爆款产品时说明这个产品有独特的卖点，是被本平台消费者接受的。你可以在一个平台寻找爆款产品，然后去比较另外一个平台。如果另外一个平台没有这个爆款产品，你就可以将这个产品在新平台上架。被一个平台消费者接受的产品往往也会被另外一个平台消费者接受。

案例 1

如图 7 - 1 所示，通过网址"https：//www. amazon. com/gp/movers - and - shakers"，可以看到亚马逊所有品类 Top100 产品的波动趋势，数据每 24 小时更新一次。亚马逊排行榜榜单上的商品都会有一个箭头，绿色箭头表示产品的人气在上升，红色的表示人气在下降。根据这些箭头的指示，卖家们可以选择一些潜力大的产品，在其他国家的亚马逊平台或者其他跨境平台销售。

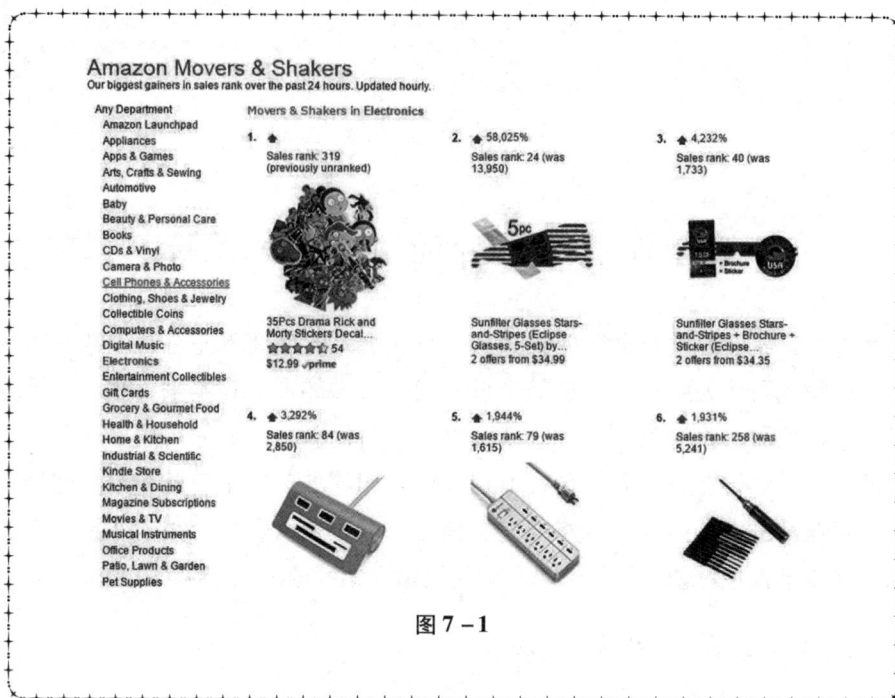

图 7 － 1

案例 2

　　通过国内的淘宝网站中的"中国质造"频道，挖掘优质销量高的产品，精选到跨境平台做销售。

（二）跨境选品之移花接木法

　　根据平台上的爆款产品属性组合上线新产品。

　　其实，每个平台的爆款产品不止一个，可能不同类目甚至相同类目都会出现很多种爆款产品，如果你能将不同的爆款产品，根据内在的关联性组合到一起，那么新组合到一起的产品组合或者套装你也可以视之为创新的产品。而且，结合几个爆款产品的组合装也可以是一个新的爆款产品。

如图7-2所示，类目排名第二名的产品是将排名前100名的各种产品样式组合到一个包装里面，形成的新的产品套装，这个就创造了新的爆款产品。

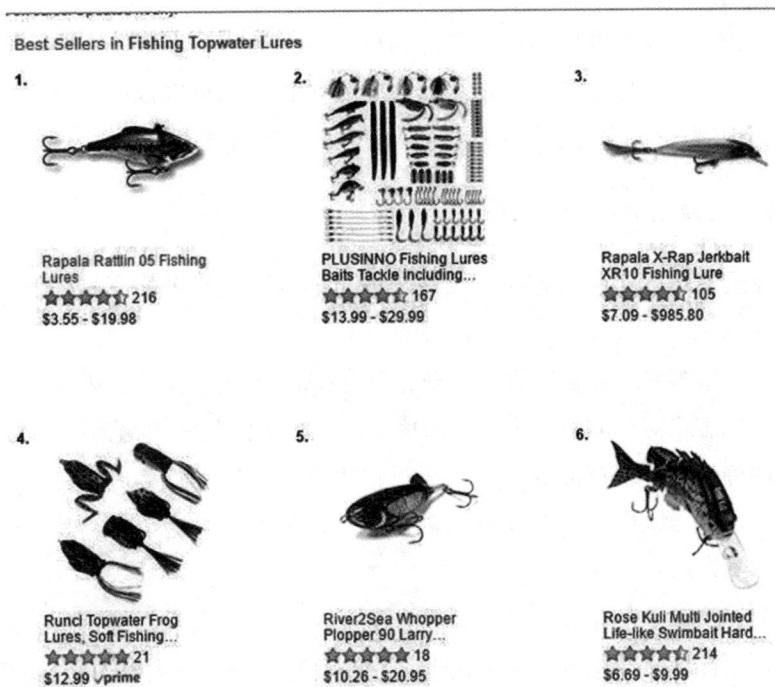

Best Sellers in Fishing Topwater Lures

1. Rapala Rattlin 05 Fishing Lures ★★★★☆ 216 $3.55 - $19.98

2. PLUSINNO Fishing Lures Baits Tackle including... ★★★★☆ 167 $13.99 - $29.99

3. Rapala X-Rap Jerkbait XR10 Fishing Lure ★★★★☆ 105 $7.09 - $985.80

4. Runcl Topwater Frog Lures, Soft Fishing... ★★★★★ 21 $12.99 ✓prime

5. River2Sea Whopper Plopper 90 Larry... ★★★★★ 18 $10.26 - $20.95

6. Rose Kuli Multi Jointed Life-like Swimbait Hard... ★★★★☆ 214 $6.69 - $9.99

图7-2

（三）跨境选品之一剑钻心法

找到平台刚刚出现的爆款，深挖供应链。如果你在一个平台能发现一个新上架的爆款产品，你也可以上架相同的产品，并且深挖产品供应链。从产品的价格、图片、描述、服务、售后等方面全部超越原有的爆款产品。那么你的销量也可能完全超越已经存在的这个爆款产品，这个就是合理的商业竞争。只要你善于深入挖掘钻研，机会总会留给有准备的人。

（四）跨境选品之未雨绸缪法

通过精准数据分析，预判将来会成为爆款的产品。

现在是大数据时代，通过互联网或平常的生活经验，你可以从很多现有的数据中挖掘出有价值的商机。通过精准的数据分析判断将来可能会出现的爆款产品，这样你可以未雨绸缪，在别的卖家还没有发现之前，上架将来会成为爆款的产品。

例如通过气象局的数据你了解到 2017 年 8 月 21 日美国即将出现日全食，日全食的路径也可以查询到。那么通过这个数据，你可以提前在跨境平台上针对可以观测日全食的地区销售观测日全食相关的用具。

（五）跨境选品之借花献佛法

根据现有爆款产品的评论、反馈等信息，修正现有爆款产品，创造全新爆款产品。

其实，很多对产品创新性的改进想法都来自客户。你可以从现有的爆款产品中挖掘客户对产品的评论等反馈信息，从产品的差评中挖掘产品的痛点，从产品的好评中发现产品的优势。通过再次总结，让工厂生产出更符合消费者需求的产品，这样你就完全可以创造一种新的产品，这个新产品更容易成为爆款产品。

比如亚马逊的产品评论就可以给你的选品提供很大的参考价值，通过评论数量可以评估产品销量。通常在非人为因素的影响下，大概 100～200 个订单中才能够自然产生一个评论，卖家可以根据评论数量来评估竞争对手的销量，进而评估选品的可行性。分析竞争对手的评论，更有利于发掘产品本身的品质状况以及客户诉求。从差评中，可以大概发现该产品的品质问题，设计缺陷，以及客户诉求是什么，从而便于自己在产品研发和选品中避免同类问题出现。

（六）跨境选品之独孤求败法

不断创新、创造就是创新的最高境界。

大多数卖家无法像发明家那样去发明创造产品，但是却可以从现有的产品中发现它新的用途，当你将一个产品新的用途挖掘出来，那么在这个新用途所属的类目里你就创造了一个新的产品。

如图 7-3、图 7-4 所示，茶叶罐在改变用途成为宠物骨灰罐之后，可以以很高价格卖出，这就是对现有产品的使用创新。

图 7－3

图 7－4

第二节　做跨境电商要懂得创意营销

（一）什么是创意营销

创意营销就是通过具有创意的点子将你的产品或品牌更好地传播出去，起到事半功倍的作用。

我曾经看过国外一个很有名的公益广告，一个在路边乞讨的盲人，旁边的牌子上写着一句话"我是盲人"，结果路人中只有很少人施舍硬币给他。但当一个好心路人把牌子上的话改成"今天多美好啊，而我却看不到！"结果路人纷纷给盲人投下了硬币。

一句话能改变人生！所以，有创意地营销，能让更多客户愿意为你的产品买单。

（二）创意营销成功的关键要素

创意营销需要在产品上发挥创意，比如在产品的功能、图片、标题、描述等方面有创意地营销。

创意营销想成功的关键要素是要学会挖掘趋势。所谓趋势就是能吸引眼球的东西。一个有创意而且吸引眼球的产品，会让消费者更愿意为你的创意埋单。

例如美国大选结束后，当人人都开始关注新任美国总统的时候，美国总统的名字就是一个吸引眼球的焦点，相应与总统相关的产品就有可能成为爆品。

总之，在跨境电商的路上，只有创新才能让你的跨境电商事业走得更长远，走得更稳健。

书目介绍

乐 贸 系 列

外贸操作实务子系列

1. 外贸高手客户成交技巧 2——揭秘买手思维　　毅冰　　55.00 元　978-7-5175-0232-6　2018 年 1 月第 1 版

2. 外贸业务经理人手册(第三版)　陈文培　48.00 元　978-7-5175-0200-5　2017 年 6 月第 3 版

书名	作者	定价	书号	出版时间
3. 外贸全流程攻略——进出口经理跟单手记(第二版)	温伟雄(马克老温)	38.00 元	978-7-5175-0197-8	2017 年 4 月第 2 版
4. 金牌外贸业务员找客户(第三版)——跨境电商时代开发客户的 9 种方法	张劲松	40.00 元	978-7-5175-0098-8	2016 年 1 月第 3 版
5. 实用外贸技巧助你轻松拿订单(第二版)	王陶(波锅涅)	30.00 元	978-7-5175-0072-8	2015 年 7 月第 2 版
6. 出口营销实战(第三版)	黄泰山	45.00 元	978-7-80165-932-3	2013 年 1 月第 3 版
7. 外贸实务疑难解惑 220 例	张浩清	38.00 元	978-7-80165-853-1	2012 年 1 月第 1 版
8. 外贸高手客户成交技巧	毅冰	35.00 元	978-7-80165-841-8	2012 年 1 月第 1 版
9. 报检七日通	徐荣才　朱瑾瑜	22.00 元	978-7-80165-715-2	2010 年 8 月第 1 版
10. 外贸实用工具手册	本书编委会	32.00 元	978-7-80165-558-5	2009 年 1 月第 1 版
11. 快乐外贸七讲	朱芷萱	22.00 元	978-7-80165-373-4	2009 年 1 月第 1 版
12. 外贸七日通(最新修订版)	黄海涛(深海鱿鱼)	22.00 元	978-7-80165-397-0	2008 年 8 月第 3 版

出口风险管理子系列

1. 轻松应对出口法律风险	韩宝庆	39.80 元	978-7-80165-822-7	2011 年 9 月第 1 版
2. 出口风险管理实务(第二版)	冯斌	48.00 元	978-7-80165-725-1	2010 年 4 月第 2 版
3. 50 种出口风险防范	王新华　陈丹凤	35.00 元	978-7-80165-647-6	2009 年 8 月第 1 版

外贸单证操作子系列

1. 跟单信用证一本通(第二版)	何源	48.00 元	978-7-5175-0249-4	2018 年 9 月第 2 版
2. 外贸单证经理的成长日记(第二版)	曹顺祥	40.00 元	978-7-5175-0130-5	2016 年 6 月第 2 版
3. 信用证审单有问有答 280 例	李一平　徐珺	37.00 元	978-7-80165-761-9	2010 年 8 月第 1 版
4. 外贸单证解惑 280 例	龚玉和　齐朝阳	38.00 元	978-7-80165-638-4	2009 年 7 月第 1 版
5. 信用证 6 小时教程	黄海涛(深海鱿鱼)	25.00 元	978-7-80165-624-7	2009 年 4 月第 2 版
6. 跟单高手教你做跟单	汪德	32.00 元	978-7-80165-623-0	2009 年 4 月第 1 版

福步外贸高手子系列

1. 外贸技巧与邮件实战(第二版)	刘云	38.00 元	978-7-5175-0221-0	2017 年 8 月第 2 版
2. 外贸电邮营销实战——小小开发信 订单滚滚来(第二版)	薄如骢	45.00 元	978-7-5175-0126-8	2016 年 5 月第 2 版
3. 巧用外贸邮件拿订单	刘裕	45.00 元	978-7-80165-966-8	2013 年 8 月第 1 版

书名	作者	定价	书号	出版时间

📖 **国际物流操作子系列**

书名	作者	定价	书号	出版时间
1. 货代高手教你做货代 ——优秀货代笔记(第二版)	何银星	33.00 元	978-7-5175-0003-2	2014 年 2 月第 2 版
2. 国际物流操作风险防范 ——技巧·案例分析	孙家庆	32.00 元	978-7-80165-577-6	2009 年 4 月第 1 版

📖 **通关实务子系列**

书名	作者	定价	书号	出版时间
1. 外贸企业轻松应对海关估价	熊 斌 赖 芸 王卫宁	35.00 元	978-7-80165-895-1	2012 年 9 月第 1 版
2. 报关实务一本通(第二版)	苏州工业 园区海关	35.00 元	978-7-80165-889-0	2012 年 8 月第 2 版
3. 如何通过原产地证尽享 关税优惠	南京出入境 检验检疫局	50.00 元	978-7-80165-614-8	2009 年 4 月第 3 版

📖 **彻底搞懂子系列**

书名	作者	定价	书号	出版时间
1. 彻底搞懂信用证(第三版)	王腾 曹红波	55.00 元	978-7-5175-0264-7	2018 年 5 月第 3 版
2. 彻底搞懂关税(第二版)	孙金彦	43.00 元	978-7-5175-0172-5	2017 年 1 月第 2 版
3. 彻底搞懂提单(第二版)	张敏 张鹏飞	38.00 元	978-7-5175-0164-0	2016 年 12 月第 2 版
4. 彻底搞懂中国自由贸易 区优惠	刘德标 祖月	34.00 元	978-7-80165-762-6	2010 年 8 月第 1 版
5. 彻底搞懂贸易术语	陈岩	33.00 元	978-7-80165-719-0	2010 年 2 月第 1 版
6. 彻底搞懂海运航线	唐丽敏	25.00 元	978-7-80165-644-5	2009 年 7 月第 1 版

📖 **外贸英语实战子系列**

书名	作者	定价	书号	出版时间
1. 让外贸邮件说话——读懂 客户心理的分析术	蔡泽民(Chris)	38.00 元	978-7-5175-0167-1	2016 年 12 月第 1 版
2. 十天搞定外贸函电	毅冰	38.00 元	978-7-80165-898-2	2012 年 10 月第 1 版
3. 外贸高手的口语秘籍	李凤	35.00 元	978-7-80165-838-8	2012 年 2 月第 1 版
4. 外贸英语函电实战	梁金水	25.00 元	978-7-80165-705-3	2010 年 1 月第 1 版
5. 外贸英语口语一本通	刘新法	29.00 元	978-7-80165-537-0	2008 年 8 月第 1 版

📖 **外贸谈判子系列**

书名	作者	定价	书号	出版时间
1. 外贸英语谈判实战 (第二版)	王慧 仲颖	38.00 元	978-7-5175-0111-4	2016 年 3 月第 2 版
2. 外贸谈判策略与技巧	赵立民	26.00 元	978-7-80165-645-2	2009 年 7 月第 1 版

📖 **国际商务往来子系列**

书名	作者	定价	书号	出版时间
国际商务礼仪大讲堂	李嘉珊	26.00 元	978-7-80165-640-7	2009 年 12 月第 1 版

书名	作者	定价	书号	出版时间

📖 贸易展会子系列

书名	作者	定价	书号	出版时间
外贸参展全攻略——如何有效 参加 B2B 贸易商展(第三版)	钟景松	38.00 元	978-7-5175-0076-6	2015 年 8 月第 3 版

📖 区域市场开发子系列

书名	作者	定价	书号	出版时间
中东市场开发实战	刘军 沈一强	28.00 元	978-7-80165-650-6	2009 年 9 月第 1 版

📖 加工贸易操作子系列

书名	作者	定价	书号	出版时间
1. 加工贸易实务操作与技巧	熊 斌	35.00 元	978-7-80165-809-8	2011 年 4 月第 1 版
2. 加工贸易达人速成 ——操作案例与技巧	陈秋霞	28.00 元	978-7-80165-891-3	2012 年 7 月第 1 版

📖 乐税子系列

书名	作者	定价	书号	出版时间
1. 外贸企业免抵退税实务 ——经验·技巧分享	徐玉树 罗玉芳	45.00 元	978-7-5175-0135-0	2016 年 6 月第 1 版
2. 外贸会计账务处理实务 ——经验·技巧分享	徐玉树	38.00 元	978-7-80165-958-3	2013 年 8 月第 1 版
3. 生产企业免抵退税实务 ——经验·技巧分享(第二版)	徐玉树	42.00 元	978-7-80165-936-1	2013 年 2 月第 2 版
4. 外贸企业出口退(免)税常 见错误解析 100 例	周朝勇	49.80 元	978-7-80165-933-0	2013 年 2 月第 1 版
5. 生产企业出口退(免)税常 见错误解析 115 例	周朝勇	49.80 元	978-7-80165-901-9	2013 年 1 月第 1 版
6. 外汇核销指南	陈文培等	22.00 元	978-7-80165-824-1	2011 年 8 月第 1 版
7. 外贸企业出口退税操作手册	中国出口 退税咨询网	42.00 元	978-7-80165-818-0	2011 年 5 月第 1 版
8. 生产企业免抵退税从入门 到精通	中国出口退 税咨询网	98.00 元	978-7-80165-695-7	2010 年 1 月第 1 版
9. 出口涉税会计实务精要 (《外贸会计实务精要》 第二版)	龙博客 工作室	32.00 元	978-7-80165-660-5	2009 年 9 月第 2 版

📖 专业报告子系列

书名	作者	定价	书号	出版时间
1. 国际工程风险管理	张 燎	1980.00 元	978-7-80165-708-4	2010 年 1 月第 1 版
2. 涉外型企业海关事务 风险管理报告	《涉外型企业海关 事务风险管理 报告》研究小组	1980.00 元	978-7-80165-666-7	2009 年 10 月第 1 版

📖 外贸企业管理子系列

书名	作者	定价	书号	出版时间
1. 小企业做大外贸的制胜法 则——职业外贸经理人带 队伍手记	胡伟锋	35.00 元	978-7-5175-0071-1	2015 年 7 月第 1 版
2. 小企业做大外贸的四项修炼	胡伟锋	26.00 元	978-7-80165-673-5	2010 年 1 月第 1 版

书名	作者	定价	书号	出版时间

📖 国际贸易金融子系列

书名	作者	定价	书号	出版时间
1. 国际结算单证热点疑义相与析	天九湾贸易金融研究汇	55.00 元	978-7-5175-0292-0	2018 年 9 月第 1 版
2. 国际结算与贸易融资实务（第二版）	李华根	55.00 元	978-7-5175-0252-4	2018 年 3 月第 1 版
3. 信用证风险防范与纠纷处理技巧	李道金	45.00 元	978-7-5175-0079-7	2015 年 10 月第 1 版
4. 国际贸易金融服务全程通（第二版）	郭党怀 张丽君 张贝	43.00 元	978-7-80165-864-7	2012 年 1 月第 2 版
5. 国际结算与贸易融资实务	李华根	42.00 元	978-7-80165-847-0	2011 年 12 月第 1 版

📖 毅冰谈外贸子系列

书名	作者	定价	书号	出版时间
毅冰私房英语书——七天秀出外贸口语	毅冰	35.00 元	978-7-80165-965-1	2013 年 9 月第 1 版

"实用型"报关与国际货运专业教材

书名	作者	定价	书号	出版时间
1. 进出口商品归类实务（第三版）	林青	48.00 元	978-7-5175-0251-7	2018 年 3 月第 3 版
2. e 时代报关实务	王云	40.00 元	978-7-5175-0142-8	2016 年 6 月第 1 版
3. 供应链管理实务	张远昌	48.00 元	978-7-5175-0051-3	2015 年 4 月第 1 版
4. 电子口岸实务（第二版）	林青	35.00 元	978-7-5175-0027-8	2014 年 6 月第 2 版
5. 报检实务（第二版）	孔德民	38.00 元	978-7-80165-999-6	2014 年 3 月第 2 版
6. 现代关税实务（第二版）	李齐	35.00 元	978-7-80165-862-3	2012 年 1 月第 2 版
7. 国际贸易单证实务（第二版）	丁行政	45.00 元	978-7-80165-855-5	2012 年 1 月第 2 版
8. 报关实务（第三版）	杨鹏强	45.00 元	978-7-80165-825-8	2011 年 9 月第 3 版
9. 海关概论（第二版）	王意家	36.00 元	978-7-80165-805-0	2011 年 4 月第 2 版
10. 国际集装箱班轮运输实务	林益松 郑海棠	43.00 元	978-7-80165-770-1	2010 年 9 月第 1 版
11. 国际货运代理操作实务	杨鹏强	45.00 元	978-7-80165-709-1	2010 年 1 月第 1 版
12. 航空货运代理实务	杨鹏强	37.00 元	978-7-80165-707-7	2010 年 1 月第 1 版
13. 进出口商品归类实务——实训题参考答案	林青	12.00 元	978-7-80165-692-6	2009 年 12 月第 1 版

"精讲型"国际贸易核心课程教材

书名	作者	定价	书号	出版时间
1. 国际贸易实务精讲（第七版）	田运银	49.50 元	978-7-5175-0260-9	2018 年 4 月第 7 版
2. 国际货运代理实务精讲（第二版）	杨占林 汤兴 官敏发	48.00 元	978-7-5175-0147-3	2016 年 8 月第 2 版
3. 海关法教程（第三版）	刘达芳	45.00 元	978-7-5175-0113-8	2016 年 4 月第 3 版

书名	作者	定价	书号	出版时间
4. 国际电子商务实务精讲（第二版）	冯晓宁	45.00元	978-7-5175-0092-6	2016年3月第2版
5. 国际贸易单证精讲（第四版）	田运银	45.00元	978-7-5175-0058-2	2015年6月第4版
6. 国际贸易操作实训精讲（第二版）	田运银 胡少甫 史 理 朱东红	48.00元	978-7-5175-0052-0	2015年2月第2版
7. 进出口商品归类实务精讲	倪淑如 倪 波 田运银	48.00元	978-7-5175-0016-2	2014年7月第1版
8. 外贸单证实训精讲	龚玉和 齐朝阳	42.00元	978-7-80165-937-8	2013年4月第1版
9. 外贸英语函电实务精讲	傅龙海	42.00元	978-7-80165-935-4	2013年2月第1版
10. 国际结算实务精讲	庄乐梅 李 菁	49.80元	978-7-80165-929-3	2013年1月第1版
11. 报关实务精讲	孔德民	48.00元	978-7-80165-886-9	2012年6月第1版
12. 国际商务谈判实务精讲	王 慧 唐力忻	26.00元	978-7-80165-826-5	2011年9月第1版
13. 国际会展实务精讲	王重和	38.00元	978-7-80165-807-4	2011年5月第1版
14. 国际贸易实务疑难解答	田运银	20.00元	978-7-80165-718-3	2010年9月第1版
15. 集装箱运输系统与操作实务精讲	田聿新 杨永志	38.00元	978-7-80165-642-1	2009年7月第1版

"实用型"国际贸易课程教材

1. 海关报关实务	倪淑如 倪 波	48.00元	978-7-5175-0150-3	2016年9月第1版
2. 国际金融实务	李 齐 唐晓林	48.00元	978-7-5175-0134-3	2016年6月第1版
3. 外贸跟单实务	罗 艳	48.00元	978-7-80165-954-5	2013年8月第1版
4. 国际贸易实务	丁行政 罗 艳	48.00元	978-7-80165-962-0	2013年8月第1版

电子商务大讲堂·外贸培训专用

1. 外贸操作实务	本书编委会	30.00元	978-7-80165-621-6	2009年5月第1版
2. 网上外贸 ——如何高效获取订单	本书编委会	30.00元	978-7-80165-620-9	2009年5月第1版
3. 出口营销指南	本书编委会	30.00元	978-7-80165-619-3	2009年5月第1版
4. 外贸实战与技巧	本书编委会	30.00元	978-7-80165-622-3	2009年5月第1版

中小企业财会实务操作系列丛书

1. 做顶尖成本会计应知应会150问(第二版)	张 胜	48.00元	978-7-5175-0275-3	2018年6月第2版
2. 小企业会计疑难解惑300例	刘华 刘方周	39.80元	978-7-80165-845-6	2012年1月第1版
3. 会计实务操作一本通	吴虹雁	35.00元	978-7-80165-751-0	2010年8月第1版